日本の民俗学

「野」の学問の二〇〇年

福田アジオ

吉川弘文館

目 次

V　民俗学の確立

はじめに

日本の民俗学史についての記述研究は必ずしも多くない。専門的に日本民俗学史を研究している研究者もいない。そのため、柳田國男《やなぎたくにお》論の盛況をうけて、柳田國男中心の民俗学史が基本となっており、柳田國男から自立した民俗学史は見られないといってよい。ここでは、柳田國男を正当に位置づける努力をしつつ、柳田國男以外の動向や活動、あるいは民俗への認識をも十分に組み込んだ民俗学史を記述してみたい。そこで、まず民俗学史の先行記述の特色を概観しておこう。

日本における民俗学の事実上の創始者柳田國男は『郷土生活の研究法』(一九三五年)のなかで、「わが国郷土研究の沿革」という一章を設けて、民俗学の歴史を記述している。これが日本民俗学史のもっとも早い例であろう。そこでは最初に「この学風の芽生え」として、本居宣長《もとおりのりなが》『玉勝間《たまかつま》』を紹介することから始めている。そして、つぎに「計画的採集の試み」として『風俗問状《ふうぞくといじょう》』や『嬉遊笑覧《きゆうしょうらん》』を評価している。このように近世に民俗学の成立過程をみているのであるが、三番目の節である「新気運の黎明」では、明治末年に飛んでいる。郡誌・県誌の編纂から記述は再開し、次の「新たなる活動への準備」で自分たちが発行した雑誌『郷土研究』を置いて、学史の記述を終えている。大きな特徴は、近世に民俗学の芽生えをみるとともに、明治年間を完全に無視して、大正年間からの自分たちの活動を近世に接続させ、本格的な民俗学の形成を述べていることである。ここには明らかに柳田國男の立場が示されている。この学史のつぎの章は「新たなる国学」という表題であり、柳田國男が自らの民俗学を新国学《しんこくがく》と位置づけていたことが分かり、それと学史の組み立ては呼応している。

柳田國男の門弟であった大藤時彦《おおとうときひこ》はいくつか日本民俗学史を記述しているが、そのなかでもっとも早いのは「日本民俗研究小史」であろう。これは一九三八年に『ひだびと』に四回にわたって連載したもので、本格的な学史となっているが、大藤のこの民俗学史は、学問の発端を明治期の人類学に求めている。坪井《つぼい》正五郎《しょうごろう》を中心とした東京人類学会の活動に注目し、土俗会《どぞくかい》を紹介している。また雑誌『風俗画報』を舞台とした風俗研究の系譜も紹介し、そのなかで近世の随筆や『風俗問状』を前史として位置づけている。柳田國男とは見方が異なることは大いに注目すべき点であろう。しかし、民俗学の成立は、柳田國男と同様、『郷土研究』の発刊に求めている。大藤の学史は基本的に刊行物・著作物の歴史であり、研究内容や方法論あるいは研究の方向性におよぶ記述はほとんどなく、時期区分も刊行物によるものである。この刊行物の紹介と、それによる時期区分は民俗学史のその後の基本的なスタイルとなった。なお、大藤には、別に柳田國男執筆の形式で発表された「日本民俗学」(『学術の日本』一九四二年)がある。これは実際は大藤時彦の単独執筆である。これは近世の随筆・紀行文の記述から始めている。そして明治期の土俗調査を紹介しつつも、郷土研究に至って本格的な民俗学研究となったことを述べているが、やはり刊行物史である。また晩年には『日本民俗学史話』(一九九〇年)を著したが、その巻頭には一九八〇年に口述した学史が置かれている。これもやはり日本の民俗学は『郷土研究』の発刊からとし、明治期の人類学の研究を前史としている。その時期区分も雑誌の刊行年によっている。他方、マルクス主義民俗学樹立を目指した赤松啓《あかまつけい》介《すけ》も『民俗学』（一九三八年）において、日本における民俗学の形成・展開を記述している。そこでは民俗学の階級性を明確にしようとする。特に、柳田國男を中心とした民俗学をプチブル的とレッテルを貼って理解しようとしたことは有名である。

第二次大戦後の最初の本格的な民俗学史の記述は、関敬吾《せきけいご》による「日本民俗学の歴史」（『日本民俗学大系』二巻所収、一九五八年）である。関敬吾は日本の民俗学研究の発端を東京人類学会の活動にみる。そして二番目は『郷土研究』時代とする。関は柳田國男のもとにいたが、完全に柳田の虜《とりこ》にはならず、多くの欧米文献を読み、独自の立場を形成した。学史の記述にもそれがよく示されている。しかし、時期区分が相変わらず刊行物の年次にたよっている点が問題である。しかも、第二次大戦後の民俗学展開が独自の段階として把握されず、戦前との連続性で記述されていることに特色があり、問題点でもある。

民俗学の歴史に関心を有し、数回にわたってその記述を行ったのが和歌森太郎《わかもりたろう》である。和歌森は独立した著書ではないが、比較的詳細な学史の記述を概説書のなかで行った。一九五三年に刊行した『日本民俗学』のなかで「民俗学の発達」と題して近世から始めて、一九五〇年代まで記述した。近世の「古風」への関心、明治期の人類学の民俗研究、そして柳田を中心とした民俗学の成立、一九三五年前後における民俗学の確立から第二次大戦後までを記述している。刊行物と組織に重点を置いているが、一九三四、五年を「日本民俗学の全貌があらはにされ、民族学と違ふ民俗学の体系が示され、大講習会が盛況を見て爾後《じご》の普及繁栄の礎石を築いたからであるが、あはせてこの学問が、全国民生活の伝統と変遷とを知るべき歴史の学問であると闡明《せんめい》されたことを以《もっ》ても、さう見做《みな》せるものである」（同書一三四頁）というように、歴史的段階を研究内容で把握しようとしている。また、日本民俗学の進展の前提として欧米の民俗学の発達についても記述していることも注目してよいであろう。和歌森太郎はその後、自ら編集した『日本民俗学講座』の五巻「民俗学の方法」(一九七六年)で「民俗学の発達と現状・日本」を執筆し、同様に近世から記述をはじめ、一九七〇年代まで紹介している。その枠組みは基本的に変わっていない。

その後の民俗学史の記述としては、岩田重則「日本民俗学の歴史と展開」(『講座日本の民俗学』一「民俗学の方法」所収、一九九八年)がある。岩田は「学問全体の枠組の成立と展開を重視する日本民俗学史」をめざして記述を行っている。一九一〇年代の柳田國男による民俗学の成立、一九三〇年代以降の展開を重視しているが、その展開過程は柳田國男の批判する動向にも注目し、その代表としての赤松啓介を紹介し、評価している点は重要である。しかし、第二次大戦後を独立した一つの時期区分とはせず、一九三〇年代中頃以降を一括しており、旧来の記述に引きずられているといえる。

日本民俗学史の記述としては、ほぼ以上の文献にかぎられる。総じて刊行物と組織の時間的順序での紹介であり、記述も柳田國男が『郷土生活の研究法』で示した区分が大きな枠組みになっている。ここでは、民俗学研究の展開を刊行物中心で記述するのではなく、民俗学研究の全体的動向を把握し、そのなかに個別の研究も位置づけ、また社会的背景や基盤にも注意して、学史としての段階区分を行い、民俗学の形成・発展・変化という歴史として記述することを試みたい。

I　近世文人の活動と民俗認識

一　他者の民俗への関心

兵農分離と都市の成立　民俗事象への関心は近世にはじまった。それは自分たちの生活と異なる世界を知ることで、まずその異なる世界への好奇心にもとづいて観察が行われ、その自分たちとの相違に注目して意味を見いだすことが行われた。社会的に自他の区別が明確になるのに決定的に意味を持ったのは兵《へい》農分離《のうぶんり》であった。中世後期から武士身分がしだいに農村から離れて都市生活を送るようになって、もともと同じ故郷を持つ武士と農民が異なる生活空間を持つようになっていたが、それを最終的に確定したのは豊臣秀吉による太閤検地《たいこうけんち》と刀狩《かたなが》りによって全国的に進められた兵農分離であった。武士身分の者は城下町に集住し、農村から完全に離れて暮らすようになり、他方農民は農村に百姓身分として永続的に住むこととなった。また、武士身分と関係を形成することで生計をたてる商人・職人が町人として城下町構成員となった。

この身分的分離によって、文字を独占した武士や町人が他者として農村の百姓を観察し、そこに珍しい生活、変わった生活を発見し、興味を抱く人物が登場した。しかし、近世は儒学《じゅがく》が支配的思想となってお

貝原益軒

り、生活に注目しても、その歴史や意味を中国からの伝来・影響で理解するのが一般的であった。地方の農民や都市住民の生活を、それ自体として観察し、意味を発見しようとした人物はごく少数であった。

武士や町人を中心に旅が頻繁に行われるようになった。それは地方の農民、農村を観察する機会であった。民俗ともいうべき事象に対する関心はまず旅のなかからはじまった。知識人としての武士や町人は旅での見聞を書き残した。いわゆる紀行文である。近世前期の紀行文は少ない。中期以降しだいに増え、それにともない民俗についての関心も増大し、記述も多くなった。とはいえ、大部分の紀行文は名所を巡り、古典文学に登場する故地を訪れて確認し、また風景を愛でるという内容であり、地域の生活に関心を示す紀行文はごくわずかであった。

貝原益軒の紀行文　そのようななかで、近世前期の儒学者貝原益軒《かいばらえきけん》は注目すべき存在である。貝原益軒は筑前福岡《ふくおか》藩の儒者で、一六三〇年（寛永七）に生まれ、一七一四年（正徳四）に八五歳で亡くなった。近世前期の儒学者として知られるが、また『大和本草《やまとほんぞう》』一五巻、『養生訓《ようじょうくん》』八巻などの著書で知られ、また多くの紀行文を残したことも有名である。『大和本草』に見られるように、自然科学的な事象への関心を抱き、その実証的な記録作成の先駆者となった。そこには儒学者でありながら、中国の古典のみでなく、現実の日本にも注意していた優れた見識もあった。

彼は各地への旅をしばしば行ったが、そのときにも途中での観察を怠らず、紀行文に著した。『江東《こうとう》紀行』『大和巡覧記』『豊国《ほうこく》紀行』『諸州巡覧記』などあるが、その一つである『豊国紀行』を取り上げてみよう。この紀行文は六五歳の一六九四年（元禄七）四月に宇佐《うさ》・別府《べっぷ》を二〇日間かけて巡ったときのものである。記事の大部分は名所旧跡に属する場所についての記述であるが、そのなかにいくつかの注目すべき記事が記されている。豊後《ぶんご》高田《たかだ》を訪れた際に、以下のようなことを記している。

高田の隣村に、柴崎《しばざき》と云所有。小川を隔て高田に近し。是は国崎《くにさき》の郡也。むかしより此処のならわしにて、高田柴崎の小児共、卯月《うづき》の下旬より時々出て、ちいさき石を以てうちあふ。五月五日には里の長幼多く出で、中なる小川を隔《へだて》たがひに大なるつぶてを以てうつ。礫《つぶて》をさけんとて労す。かしらうたれ、かた・むねはらをうたれ、或《あるいは》足手をそこなひ、きずをこふぶる者多し。後にはやうやく近くなりてくみあひ、ねじあひて川に打ふせ、水に入れなどし。ちからをつくしていきおひをふるひ、かづにのりて。おひやるを以て期とす。いにしへよりとしごとにあり。寛文の末の頃、故有てやみぬ。今はなし。五月五日の石戦の事、むかし都にあり、又《また》朝鮮にも五月五日石戦ありし事、東国通鑑に見え侍る。いにしへ遠き国に有りしはきゝしかど、近き此国に近き頃までかかるあしき習俗の有し事、今はじめてきくこそ珍らしけれ。（『日本庶民生活史料集成』二巻所収、一九六九年、四八六頁）

最後には「かかるあしき習俗」と評しているように、儒学者の体質ははっきりと示しているが、それにもかかわらず、五月五日の石合戦《いしがっせん》に大きな興味を抱いていることの方が重要であろう。

橘南谿の『東西遊記』

近世後期になると多くの紀行文が書かれ、そのなかに民俗に関わる記述を発見できるようになる。橘南谿《たちばななんけい》『東西遊記』、古川古松軒《ふるかわこしょうけん》『西遊雑記』『東遊雑記』、司馬江漢《しばこうかん》『西遊日記』

などがよく知られている。

橘南谿は伊勢久居《ひさい》藩の武士の家に生まれたが、医者になり、京都で暮らした。一七九五年（寛政七）から九八年にかけて刊行された『東西遊記』（平凡社東洋文庫に収録）は東国を歩いた際の「東遊記」と西国の「西遊記《せいゆうき》」に分かれるが、それぞれの変わった生活ぶりに注目している。そして一定の解釈をしている。その理解の仕方はほぼ以下のようである。

山形で見た幸《さい》の神について以下のように評している。

誠に辺国古風の事なり。（中略）

すべて田舎には、色々の名は替りあれども、陰茎の形の石、陰門の形の石を神体として、所の氏神等にいわい祭りてとうとびかしずく所多し。日本の古風にや。神代の巻にいう所、或は鶺鴒《せきれい》の古事等ふるくいい伝うる事多ければ、神道の秘事にはかかる事も有るべしとぞおもう。

また、言葉についても注目し、つぎのように都から遠い東北地方には古い昔の言葉が残っていると解釈する。

二七　阿古屋《あこや》の松

すべて奥州筋にては童の事をワラシという。されば人の妻女を家童子《いわらじ》というも古代の詞なるべし。すべての事の昔の 俤《おもかげ》 残りたるは、都遠き片田舎にありというべし。

また地方に古い事象が見られるという点に関して、特に氏神祭祀を重視していることが国学的な知識に裏付けられて記述される。

六〇　舞楽

我国を神国という事ゆえなきにあらず。世間すべての事の古風残れるは多くは祭に見ゆ。殊に辺鄙《へんぴ》田舎は物事質朴にして、其氏神などの祭礼というもの最も古雅なる事多し。

西国を旅行した際の紀行文「西遊記」にも同様の記述が見られる。以下にいくつかの文章を掲げておこう。

七　権馬（宮崎）

薩州、日向の辺は都遠ければ都《すべ》て古代の風残れる事多し。

五〇　古朴《こぼく》

繁華の地は人の気も軽薄にて、年々月々に今様当世の風に移り、家居、器物、髪形、言語等にいたるまで、むかしの風はいずれへか失せて、美麗のみに長ずる事なり。辺鄙の地は是に違い、何事も質朴にして外を飾らず、古代の風儀、見るもたのもしげなり、辺国にても、城下町家などは都の風にも押移るものなるに、薩摩などは格別の遠国故にや、城下にも猶古風残れり。器物も、酒の銚子《ちょうし》というものなし。皆錫《すず》の徳利なり。（後略）

八二　綱引（鹿児島）

薩州鹿児島、八月十五日、太き腕のごとき長さ半町壱町にも及べる大綱を作り、大道の真中に引渡し、小児　夥《おびただしく》敷集まりて左右に別れ、此綱を引合う事なり。後には夜の事なれば若きおのこ皆出でて引く。其賑《にぎ》やかなる事祭の神輿《みこし》のわたるが如し。是を綱引という。古代には上方にも有しと聞きしが、今辺土にのみ残れり。

一〇〇　方言

国々に方言といふ事ありて其所々の言葉あり。世の人の古き言葉は多く西国に残れりといふなるも実に誠なりけり。

古川古松軒の『東遊雑記』『西遊雑記』　古川古松軒はもともと備中《びっちゅう》の人で薬種業を営み、また医者でもあったが、よく旅行をして、紀行文を著した。彼の紀行文のなかにも地域の生活に注目している部分が多い。

彼が一七八八年（天明八）に幕府の巡見使に随行して東北地方から北海道を巡った紀行文は『東遊雑記』（平凡社東洋文庫に収録）として残されたが、訪問先で地域の生活を観察して記述し、またしばしば船や農具あるいは信仰用具などをスケッチして挿入している。『東遊雑記』に対して『西遊雑記』がある。これは一七八三年（天明三）に個人で西国を旅した際の紀行文である。『東遊雑記』にはしばしば西国との比較が書かれているのは、五年前の旅が基礎になっていると思われる。出発してまもない下野《しもつけ》を通過しているときに、「郷中富家なく、農業の道具も上方《かみがた》・中国筋にみなれぬもの多し」（東洋文庫五頁）と記し、日本海側に出た地点（鼠ケ関《ねずがせき》）で、「これよりの海浜は、すべての模様上方・中国・四国筋の風俗とは大きに異なり」（東洋文庫六六頁）と記し、旅も終わりに近づいた常陸《ひたち》では、「宿々において料理むきなども奥羽と違い、取り合わせよく、上方に似たれども、ただ味噌・醤油の味あしきには人びとこまりしなり」（二七七頁）と評する。上方を上位においての理解が基本となっていることがわかる。

菅江真澄遊覧記　そして旅そのものに生活の中心を置いた人物も登場した。菅江真澄《すがえますみ》である。菅江真澄は本名を白井秀雄といい、三河《みかわ》の生まれで、故郷では国学を学び、三〇歳を過ぎた一七八三年（天明三）に旅に出て、二度と故郷にもどらなかった。三河から北上して、伊那路《いなじ》から越後《えちご》に出て、日本海を北上し、出羽《でわ》、南部《なんぶ》そして仙台を巡り、ついで津軽を訪れ、さらに松前にわたって各地を巡歴した。そこからふたたび津軽にもどり、出羽にきた。この間、訪れた先で見聞きした興味深い生活や事物を記録し、紀行文を兼ねた日記を書き残した。四八歳のときに秋田（当時は久保田《くぼた》）に定住し、それ以降は藩内を巡った。そして多くの日記と紀行文を残した。一八一三年（文化十）に藩より領内の地誌の編纂を命じられ、それ以降は藩内を巡り、地誌の編纂に従事した。それらを総称して『菅江真澄遊覧記』と呼ぶ。一八二九年（文政十二）に七五、六歳で亡くなったという（内田武志『菅江真澄の旅と日記』一九七〇年、内田武志編『菅江真澄全集』）。

　最初の旅日記である天龍川《てんりゅうがわ》に沿って北上したときの『いなのなかみち』をひもとくと、他の文人では注意もしないような記事がいくつも書き留められている。

菅江真澄

> 松川（長野県下伊那郡松川町）といへるが流たるを渡て、賢錐（片桐のこと）のうまやになりて、みち行人のかたるを聞ば、この伊那の郡には久陀《くだ》といふものありて人につき、ものゝけとなりてくるはせける。そのなやめるはじめは、つねのゑやみのごとく、あたゝかさは、身におきのゐたるごとく、みるめさへおそろし。此くだてふけだものは、いみじう人をなやませる、あやしきじちはありて、神のごとく人のめには見えねど、をりとしては、いぬ、猫にとりくはるゝことあり。そが形は、りし、むさゝびに似て

いろ黒う、毛は長く生ひたれて、つめは針をうへたるごとく、身はさゝやかながら、むくつけきものなり（後略）（『菅江真澄全集』一巻、一八頁）

クダギツネと呼ばれる憑《つ》きものの伝承を記述している。非常に詳しく憑きものの様相を書いており、たまたま地元の人間が話しているのを耳にしたので書き留めたというものではない。真澄自身が質問し、憑きものの内容を聞き出していると判断してよいであろう。

遊覧記の特色は秋田はじめ陸奥の各地の農民・漁民の生活がきめ細かく描かれていることである。村々を訪れ、人々の生活を観察し、その目に入った光景を丹念に記録している。最初ははるか遠くから訪れて知った珍しいものを観察し、記録していたが、秋田に落ち着いてからは秋田の生活に重点を置いて記述している。しかも、絵心があり、観察結果を写生画として表現している。名所旧跡の紀行文から生活の地誌へと展開したといってよいであろう。地誌は『雪の出羽路』『月の出羽路』『花の出羽路』と名付けられたが、平鹿《ひらか》郡・仙北《せんぼく》郡などその一部のみ完成し、ついに未完に終わった。

菅江真澄の記述はあくまでも旅人の観察であった。旅の途次で見たことを書き記した。もちろん観察したことだけを記しているのではない。そこで聞いた話や情報も記録している。そこは単なる紀行文とは異なる。しかも生活に関心を寄せ、儀礼や信仰に着目しながら記録している。その点では後に柳田國男がいう「旅人の採集」による民俗の記録であった。民俗調査とは言えないが、民俗を記録するという点で日本の民俗学の先駆者の一人であった。菅江真澄については不明な点が少なくない。その生年もはっきりしないし、出生地も確定できない。

鈴木牧之の『秋山記行』

またそう遠くはない秘境とも言うべき山間奥地をわざわざ訪れて紀行文を

著す人物も登場した。その場所は自分が住む地域から山に入ったところであり、かねてからさまざまな情報があって、興味をかき立てられている秘境である。その例が『秋山記行《あきやまきこう》』である。作者は越後塩沢の縮布問屋で文人の鈴木牧之《すずきぼくし》である。一八二八年（文政十一）九月に約一週間信越国境の秋山郷を旅し、それを紀行文として著した。集落を訪ね、住民に乞うて宿泊させてもらい、その家の人、さらにはその土地のことをよく知っている人物に会い種々質問をして、その問答の結果を記述している。

秋山の上結東《かみけつとう》村の太右衛門宅に宿泊したが、そこでも七九歳になる太右衛門老人を相手に以下のように聞き書きをしている。民家建築のこと、焼畑のことなどを聞き、その返答を筆記している。

又、此家・此村の姓、ならびに支配は何方と問ふに、苗字は滝沢、名は太右衛門と申す。此村、大方滝沢の同姓、その余は山田の氏なり。此処の地頭は、以前は会津の御支配なれども、妻有《つまり》十日町の元大割元関口、此処は格別御上の貢の役にもならずとや思ふて、寛政十年午の年、会津領の手を切られ、（中略）

又問ふ。此村へ来て始めて家作もよし、殊更壁塗りたる家も数々なるに、引酒して売家もなく、是迄の村々に紺屋《こうや》抔《など》らしきは、一軒も見ずと云ふに、家作は三四十年以前迄は残らず、柱は貫穴抔は猶さらなく、又木の丸柱に、細き横木を縄にて結付け、況や壁などは猶付かず。

（中略）

又問ふ。川東の秋山より川西の日向も能いやうに見請たり、耕作の義は相似たる事哉と問ふに、都《すべ》て川西も東と同じく新らたに畑を見立《みたつ》

鈴木牧之

るには、幾かかへとも云ふ大きなる樹原なれば、其大木の皮を前の年剝ぎ、立枯れにして、其翌とし四五月時分、小木は草諸共に伐り倒し、三十日も過ぎて日和後に火を付ると、只残るは大樹の立枯れと、処々に大小の盤石残るのみ。（鈴木牧之『秋山記行・夜織草』東洋文庫、一四七〜一四九頁）

聞き書きともいうべき方法で記録を作成し、また生活状況を細かに観察している。いわば現地に赴いての民俗調査を行っているのである。その記述内容も当然具体的であり、秋山地方の貴重な民俗資料集となっている。

名所図会　目的は案内書であったが、近世後期、特に幕末になると多くの名所記、名所図会《ずえ》が刊行された。それらは文字通り挿絵が入った名所案内記であるが、そこには名所に関連して行事や祭礼その他の信仰事象が記述されることが多かった。その点では民俗誌としての性格を持っている。江戸についてはすでに『あつまめぐり』『江戸名所記』など一七世紀段階から名所記が刊行されているが、そこには民俗的な記述はほとんどなく、名所旧跡案内に終始している。

ところが、近世後期になると大きく変化する。その最初は一七八〇年（安永九）刊行の『都名所図会《みやこめいしよずえ》』全五巻であった。京都市中の絵入り名所案内記で、その作者は京都在住の秋里籬島《あきさとりとう》、絵は竹原春朝斎《たけはらしゅんちょうさい》で、出版は京都の吉野屋為八であった。この『都名所図会』は好評を博し、おおいに売れたという。それまでにも挿絵入りの案内記は出されていたが、その挿絵は小さく簡単なものであり、実写としてイメージすることは不可能なものであった。『都名所図会』にはじまる多くの名所図会は、挿絵が大きく、風景や事物を丁寧に詳しく、ときには鳥瞰図《ちょうかんず》として、ときには目の高さで描いて、読者を絵で惹きつけるものであった。もちろん歌にうたわれた名所を描き、また歴史上の有名な事件を想像図で描くことも多かったが、そ

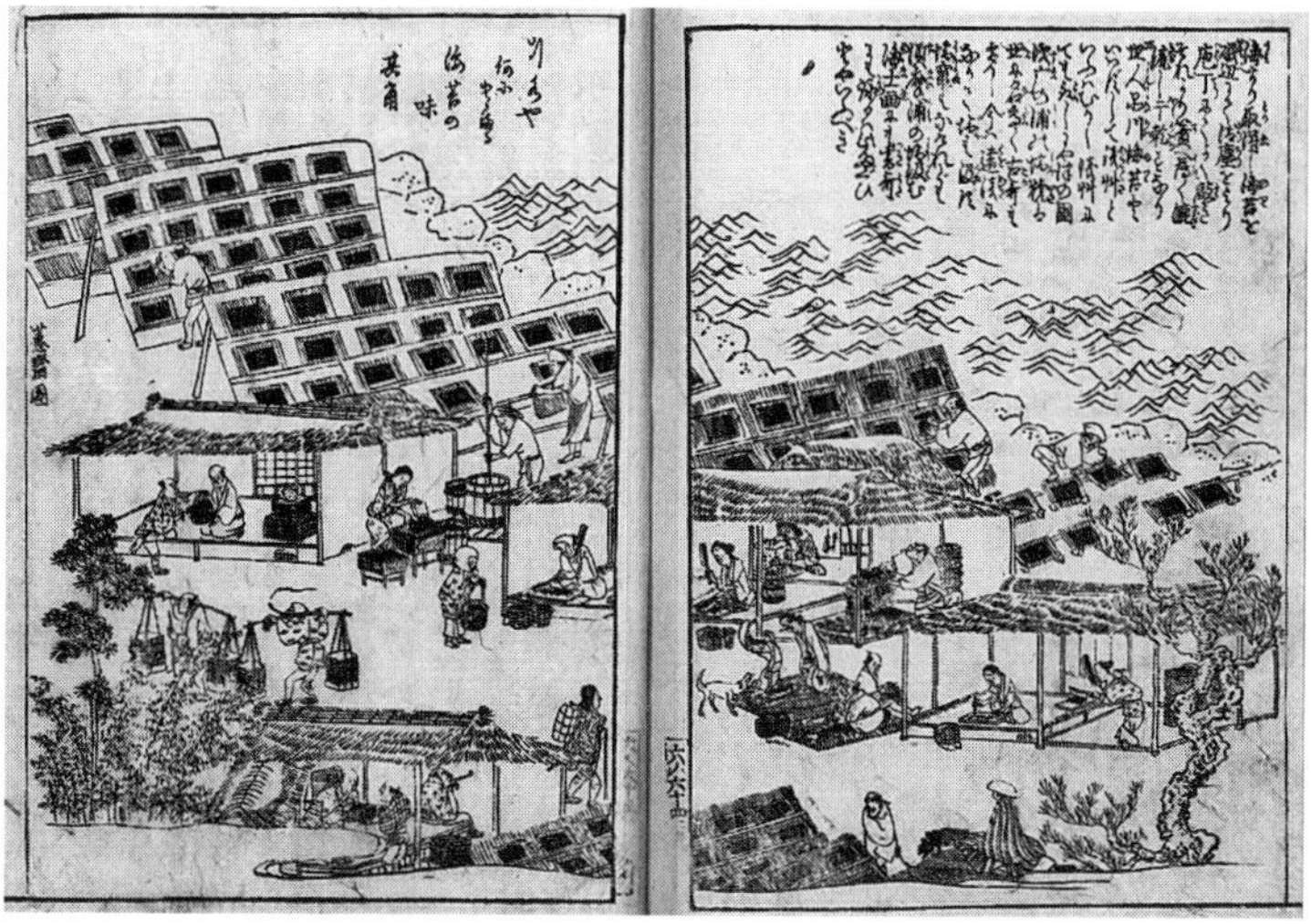

『東海道名所図会』大森の海苔生産
(神奈川大学非文字資料研究センター提供)

のなかに混じって具体的な行事や生活の様相が描き出された。それは、実際に現地に赴いて観察した結果によるものであった。

『都名所図会』に成功した秋里籬島は、『大和《やまと》名所図会』(一七九一年)、『住吉名所図会』(一七九四年)、『摂津名所図会』(一七九六〜九八年)、『東海道名所図会』(一七九七年)、『河内《かわち》名所図会』(一八〇一年)、『木曾路《きそじ》名所図会』(一八〇五年)、『近江《おうみ》名所図会』(一八一四年)などと、続々と企画し、執筆刊行した。『東海道名所図会』はこの一連の作品の中では最も広域的な対象を取り上げており、そこに挿入された挿絵も多く、しかも一人の絵師によるのではなく、多くの絵師の競作となっている。

『東海道名所図会』は全六巻であり、京都から出発して、江戸日本橋を最終到着地とする、東海道の道沿いに見られる名所旧跡を取り上げ、その地点の挿絵を描いている。「凡例」で明示しているように、東海道沿いの名所だけでなく、そこから数十キロメートルも離れた名所も対象にし、挿絵を描き入れている。基本的には、まず古く歌にうたわれたような名所を取り上げ、歌を挿入して紹介し、また歴史上の出来事の舞台となった場所を取り上げて説明するとともに、想像図でその歴史的事象を描いて入れている。『東海道名所図会』に描かれ挿入された絵は二〇〇ほどであるが、その多くはこのような古典的な名所旧跡である。その点では読み物としての性格も強い。しかしそれ以上に注目されるのは実際の宿場の様子であったり、名産の生産工程、各地の祭礼行事などが挿絵で具体的に描き出されていることである。挿入図の約四分の一がこのような図であり、おおいに注目される点である。そこには民俗的関心が見られるといえよう。

この系列の完成した姿は斎藤幸雄・幸孝・月岑《げっしん》（幸成）三代による『江戸名所図会』として確認することができる。江戸および近郊の詳細な名所案内であるが、神社の祭礼、寺院の縁日などの様相も詳しく記述され、また挿絵が入れられている。このような書物を入手した人々は、名所旧跡だけでなく、各地の祭礼や特色ある生業にも興味を抱くようになっていった。

二　生活世界への関心

『北越雪譜』　近世後期には文人たちが他国、他地方の変わった珍しいものに関心を持ち記録することから、しだいに自分たちの生活世界にも関心を抱き、民俗事象を記述することに向かい、随筆や地誌という形で増えてきた。

紀行文で紹介した鈴木牧之は一般には『北越雪譜《ほくえつせっぷ》』の作者として知られる。『北越雪譜』は一八三五年

（天保六）頃に成立し、一八三七年に刊行された（岩波文庫に収録）。しかしその構想は数十年前からあり、原稿も書き進められていた。越後塩沢を中心とした魚沼《うおぬま》地方の冬の生活を詳細に描いたものであるが、また雪についての観察記録ともなっている。さらに雪掻《ゆきか》きはじめ雪との関わりを具体的に記述していることも注目されるし、小正月を中心とした行事を詳細に記録している点も評価できる。

鈴木牧之が『秋山記行』や『北越雪譜』を執筆した背景には、江戸の文人たちとの交流があったことを忘れてはならない。山東京伝《さんとうきょうでん》・滝沢馬琴《たきざわばきん》・十返舎一九《じっぺんしゃいっく》などの著名な作家たちとも交流していた。『秋山記行』は十返舎一九の勧めによって執筆したものであり、刊行計画も一九によって進められていたが、一九の急逝により頓挫したものである。『北越雪譜』の刊行は当初、山東京伝に依頼し、後には滝沢馬琴にたのみ、そして最後には山東京伝の弟の山東京山《さんとうきょうざん》の協力で刊行された。牧之の作品は江戸の文人からの刺激と勧めをうけ、またその協力によって刊行されたものであり、地域の生活への関心は江戸の住人の他所への好奇心を基礎にしていた。その点でも過渡的な姿といえよう。

『利根川図志』　さらには自己の住む地域を詳細に観察し、系統的に記した地誌が登場する。赤松宗旦《あかまつそうたん》の『利根川図志《とねがわずし》』（一八五五年〈安政二〉。岩波文庫に収録）は利根川に沿っての地域の生活をも視野に入れた地誌として特筆できる。彼は後に柳田國男が居住することになる下総国《しもうさ》北相馬《きたそうま》郡布川《ふかわ》に住んでいた医師である。その内容は民俗誌と称してよいほど、地域の行事や伝承に注目している。

巻一の総説に当たるところで、気象・天候の伝承を取り上げている。

> 黒雲急に起こるその方より暴風来る徴なり。暁に黒雲奇峯を為すは、その方に風行くなり。東南風《いなさ》は晴にて、西北風《ならひ》は雨なり。然《しか》れども時節に因て差あり。日光山よく晴れたるは北西風なり。北西風又

ヤマデといふ。日光山より出づるの義なり。曇りたるは雨の徴なり。筑波山よく晴れたるは北東風なり（筑波オロシともいふ）。雨日《ママ》は晴徴とす。富士山に黒雲あれば西南風なり（これをフジカタといふ。南西風はフジミナミともいふ）。曇天に富士山のみ晴れたるも西南風なり。
鳥飛下るに必風に向ふ。是を以て風の方向を知る。
魚高く跳るは雨、低きは晴なり。（岩波文庫、五六頁）

この、人々の自然認識ともいうべき風位と天候・気象との関連についての記述は、立派に民俗学の調査記録である。この他に、各地の祭礼や行事についても記述している。その解釈はあまりしていないが、それでも「田舎には古風の残りたる最《いと》めでたし」とか「江戸には早く絶えたるに、此辺に遺れるもいとゆかし」などと記しており（岩波文庫、一七七頁）、紀行文の解釈と共通している。

『八丈実記』　自分の意志ではなく、強制的に特定の地域に移動させられ、結果的にそこに住むことで、地域の生活を観察し、記録を残すことになった人物もいる。その代表が近藤富蔵《とみぞう》である。近藤富蔵は幕末の蝦夷探検家として有名な近藤重蔵《じゅうぞう》の長男である。若いときに地主との土地争いから一家七人を殺して、二二歳のときに八丈島《はちじょうじま》に島流しになり、八丈島で暮らすことになった。『八丈実記』は彼が著した詳細な地誌である。八丈島の興味深い民俗を記述している。一例を示せば、八丈島の若者と娘の関係について次のように記述している。

此嶋ハ、男女トモ二八ノ盛リニナリヌレバ、マワリコトイ、テ巳レガ親ノ家ニ臥ス。日暮ルレハ他人ノ宅ニ往テ寝ネ、夜アクレバ己カ家ニ帰ル。寛政年中マテハコレヲ居タリト云フ。一軒ニ少キモ二三人、オ、キハ十人ニモ過テ止宿セリ。（中略）

又夜行ノ少年輩、夜毎ニ思ヒ思ヒノ家ニ忍ビ入リ、志ザス女ト枕席ヲ同シテ夜明ヌウチニ帰ル也。サレバトテサノミ隠ニモアラズ。コレヲ夜這入ト云フ。人家ニ戸ジマリナク、深更ニ出入スルハ盗難ノ患ナキ故也。（中略）
此嶋婚姻ノ式ハ、娵《よめ》ニモロフテモ三四年オ、クハ七八年、夫ノ家ニハユカズ女ノ家ニアリテ、オリオリ舅姑ノ家エ水汲バカリナリ。彼ノ廻リ宿ニ、夫婦寝ト久シキノマリシテ後ニ、漸ク舅姑ニツカヘテモ、女ハ己ノ家ニノミ在リガチ也。子ヲ養フ事ヲ学ンテ、後ニ嫁スル嶋ニコソアレ。（『日本庶民生活史料集成』一巻、七五〇〜七五八頁）

若者たちは一五、六歳になると若者宿に泊まり込み、娘たちのもとへ通い、結婚すると若者宿を婚舎にして暮らし、夫の家には移らない。そしてその後に嫁のひき移りがあるということを記している。

同様に、幕末に奄美《あまみ》大島《おおしま》に流罪になって、五年間そこに住んだ薩摩藩士の名越左源太《なごやさげんた》が、奄美大島で見聞した人々の生活を絵入りで記述した『南島雑話《なんとうざつわ》』（『日本庶民生活史料集成』一巻収録）も大いに注目される。

このように近世後期になると民俗事象を記述に含む地誌や随筆が増大し、人々の民俗への関心を喚起することとなった。

三　民俗認識の展開

神代の遺風　すでに近世前期の紀行文で、地方には古いものが残っているという解釈がしばしば行われていたことを紹介した。このような考えは近世前期にすでに見られ、近世後期には多くの文人たちの共通認識となっていたものと考えられる。

その比較的早い例として西川如見《じょけん》の見解がある。西川如見の『町人嚢《ちょうにんぶくろ》』（一七一九年〈享保四〉。『日本思想大系』五九巻所収）に以下のような文章がある。

或人の曰、「町人の詞《ことば》あまりに様子めかしたるもおかしきものなり。いひもならはぬ都の詞よりは生つきたる国郷談《くにきょうだん》こそ聞よき物なれ。都の詞にもかたこと多し。いなかの詞なりとて笑ふべからず。神代《かみよ》の遺風は結句《けっく》外鄙《いなか》に残りてある事多しとかや。いやしと思ふ詞も其いにしへいひ初《そめ》し人有て、いかさまわけある事あらん。一偏に捨べからず。聞及び侍る品々をおもひ出るままにかき付置し」とて見せられしを、うつしをく事左《さ》のごとし。

あひい　母をいふ。（中略）

てゝ　父をいふ、宇治拾遺物語に見へたり。（中略）

てちやう　老たるおとこをいへり。家のあるじ、又は年たけたるものをいふ。親をもいへり、亭《てい》長《ちょう》なるべし。

ばぼう　兄をいふ。（中略）

いが　孩児《がいじ》をいふ。生れて五十日の内なるものをいふべし。誕生より五十日めを、五十日《いか》の悦《よろこび》とて祝ふ事あり。源氏物語などにも見えたり。（一一〇～一一一頁）

「神代の遺風は結句外鄙に残りてある事多しとかや」と述べているように、はるか遠い昔の事象が辺境に残るという考えを表明している。これと同じ考えは『百姓嚢』（一七三一年〈享保十六〉、『日本経済大典』四巻所収）でも「諺に、神代の遺風、鄙にありという事あり、山家の農民、心をつくべき事なり」（五一八頁）と記している。如見が地方に古い事柄が存在すると判断するのは、彼自身が読んだことがある古典に出てくる単語が長崎地方で行われているからである。『源氏物語』や『宇治拾遺物語』に出てくる言葉に対応させて古いと言っているのであり、基準は文字にある。

『町人嚢』ではまた七月の盆行事の特色をとらえて、以下のように、それが仏教以前からのものという解釈をしていることも注目してよいであろう。

　或人の云、「七月の盆を一偏に仏道の儀共いひがたし。七月十五日を中元《ちゅうげん》の日といひて、儒道にも位牌《いはい》を祭る事あり。（中略）灯籠も強《あなが》ちに天竺仏法《てんじくぶっぽう》のみにあらず、古より唐土《とうど》にありと見えたり。又日本にての聖霊祭《しょうりょうまつり》の躰《てい》も、一向に仏法のみを用いたるものにもあらず。みそ萩《はぎ》、青萱《あおかや》の筵《むしろ》、土器《かわらけ》、麻《あさ》がらの箸など、唐天竺の様子にはあらず。神道の玉祭《たままつり》の躰なりといへり。（中略）仏法日本に渡らざる以前より、七月に玉祭といふ事有し物にや。（後略）（一二七頁）

なお、西川如見には葬法について別に『水土《すいど》解弁《かいべん》』（岩波文庫）があり、同様に、日本の葬法は仏教や儒教に影響されている面もあるが、さまざまな儀礼について「本朝上古の遺風」とか「神国上代の風俗」と理解し、本質的には日本在来のものであることを説いている。地方の生活に外来文化が入ってくる前の姿を発見することは、柳田國男の民俗学の認識と共通する。

あるいは以下の『町人嚢』の文章に示される、子供の行っていることに古いあり方を見るという考えも柳田國男によって採用された理解であり、決して研究とはいえないが、その先駆性は注目してよいであろう。

本居宣長

或人の云、「世に童のあさはか成為業《しわざ》にも、古よりつたへ来る事には其子細ある事多し。末代に至りて其元の道理をとり失ひたる事あり。春の時分町人の子共、いかのぼりを揚《あぐ》る事多し、異国にもある事也。（一三〇頁）

ここでは、子供たちの行うことにも古くからのことが伝えられていると指摘する。

古の詞は田舎に残る　また、荻生徂徠《おぎゅうそらい》も随筆『南留別志《なるべし》』（『日本随筆大成』第二期一五巻）のなかでほぼ同様のことを表明している。

一　古の詞は、多く田舎に残れり。都会の地には、時代のはやり詞といふ物、ひた物に出来て、ふるきは、みなかはりゆくに、田舎人は、かたくなにて、むかしをあらためぬなり。此頃ハ、田舎人も、都に来りて、時の詞を習ひつゝゆきて、田舎の詞もよきにかはりたりといふは、あしきにかはりたるなるべし。（『日本随筆大成』第二期一五巻、七頁）

古い言葉は地方に残っており、近年地方の言葉が都市の影響を受けて変化してきているのは、地方の言葉が良くなってきたというべきではなく、むしろ悪くなったというべきであると評している。

本居宣長　以上のような見解を継承したのが本居宣長である。有名な随筆『玉勝間』（岩波文庫、『日本思想大系』四〇巻所収）のなかで、まず言葉の問題を取り上げている。『玉勝間』は一七九五年（寛政七）から一八〇二年（享和二）にかけて書かれたものであるという。その七の巻に以下のような記述がある。

ゐなかにいにしへの雅言《みやびごと》のゝこれる事

すべてゐなかには、いにしへの言のゝこれること多し、殊にとほき国人のいふ言の中には、おもしろきことゞもまじれる、おのれとしごろ心をつけて、遠き国人の、とぶらひきたるには、必その国の詞をとひきゝもし、その人のいふ言をも、心とゞめてきゝもするを、なほ国々の詞共を、あまねく、聞あつめなば、いかにおもしろきことおほからん、（中略）

いづれの国にても、しづ山がつのいふ言は、よこなまりながらも、おほくむかしの言をいひつたへたるを、人しげくにぎはゝしき里などは、他国人も入まじり、都の人なども、ことにふれてきかよひなどするほどに、おのづからこゝかしこの詞をきゝならひては、おのれもことえりして、なまさかしき今やうにうつりやすくて、昔ざまにとほく、中々にいやしくなんなりもてゆくめる、（岩波文庫、上、三〇一～三〇二頁）

そして、次の巻の八において、言葉のみでなく、さまざまな行為においても地方に古い姿が残っていると指摘する。

ゐなかに古のわざのゝこれる事

詞のみにあらず、よろづのしわざにも、かたゐなかには、いにしへざまの、みやびたることの、のこれるたぐひ多し、さるを例のなまさかしき心ある者之、立まじりては、かへりてをこがましくおぼえて、あらたむるから、いづこにも、やうやうにふるき事のうせゆくは、いとくちをしきわざ也、葬礼婚礼など、ことに田舎には、ふるくおもしろきことおほし、かゝるたぐひの事共をも、国々のやうを、海づら山かくれの里々まで、あまねく尋ね、聞きあつめて、物にもしるしおかまほしきわざ也、葬祭などのわざ、後世の物しり人の、考へ定めたるは、中々にからごゝろのさかしらのみ、多くまじりて、ふさはしからず、うるさしかし（上、三〇七頁）

地方に古い事象が見られるという認識は、本居宣長にはじまるのではないことは明らかであるが、ここで注目されるのは、まず第一に、婚礼や葬式を例にあげて、地方に古い行為（わざ）が残っていると指摘したことである。それまでの言葉についての認識を行為にまで拡大した点は重要である。後に民俗と把握される事象までを捉えている。そして、第二に「かゝるたぐひの事共をも、国々のやうを、海づら山かくれの里々まで、あまねく尋ね、聞きあつめて、物にもしるしおかまほしきわざ也」と、実際に地方に赴いてそれらを聞き書きして記録に残したいものだと、調査への願望を述べていることである。現地調査への志向はここに初めて表明された。しかし、宣長は伊勢松坂を離れず、具体的に調査の計画を立てたり、誰かに調査を勧めたりした様子はない。願望を述べたにとどまる。そうであっても、調査への志向表明は重要である。柳田國男が、宣長にこの学問の芽生えを見るのも首肯できるといえよう。

地方には古い言葉、古い行事・儀礼あるいは制度が残っているというのは、近世後期の知識人たちにとって一つの常識であった。後に紹介する根岸鎮衛《やすもり》の『耳嚢《みみぶくろ》』の巻六には「在郷は古風を守るにおかしき事ある事」という見出しで大和の村落での家格制を記しているが、その出だしは「京都江戸などの繁華の地と違い、すべて在辺は古風にて」というものであった（東洋文庫、二四八頁）。また地方の文人にもその考えは浸透していた。上州高崎の川野辺寛《かわのべかん》は一七八〇年に『閭里歳時記《りよりさいじき》』を著したが、その凡例で「凡ふるき言詞・ふるき行事は、田舎にのこれる例多ければ、今吾郷に行ふ事共も古実猶多かるべし」と記して、高崎の年中行事を記述した（『日本庶民生活史料集成』九巻所収）。

四　民俗調査の志向

諸国風俗問状　一定の調査項目にもとづいて全国的に調査を行うという動向がすでに近世末には形成されていた。それが「諸国風俗問状《といじょう》」である。世界的にも希有な例といえるが、江戸から全国へ民俗事象についての質問状を発して、それに対する回答を求め、そこから地方差を考えようとしたものと推察される大規模なアンケート調査である。

「諸国風俗問状」は屋代弘賢《やしろひろかた》が中心となって実施した。屋代弘賢は江戸幕府の御家人で、当時幕府の編纂物である『古今要覧《ここんようらん》』の編纂に従事していた。その『古今要覧』編纂の参考とするためと思われるが、彼が石原正明《まさあきら》などとともに計画したのが「諸国風俗問状」である。それは木版本として印刷された全部で一三一項目の質問状で、一八一三年（文化十年）前後に発送された。質問の内容は、ほとんどが年中行事に関するものであった。正月から始めて年末に至る一年間の行事について質問している。それを月別に集計してみると以下のようになる。

正月	三四
二月	九
三月	五
四月	四
五月	五

六月	九
七月	八
八月	六
九月	六
十月	五
十一月	五
十二月	九
冠婚葬祭等	二六

その質問は標準的なものを「通例」として掲げて、それに対してそれ以外の特色あることが行われているかという形式が基本であった。たとえば、質問の第一項目の「正月元日門松の事」は以下のような質問文になっていた。

松竹を立、だいだい・ゆずり葉・裏白・海老等を付るは通例、他草他木を用る事も有之候哉、蘇民将来の札の有無、製作如何様といふ事をも御注し可被下候《くださるべくそうろう》

このような一三一項目を印刷した冊子がどのように配布されたかは明らかでないが、屋代弘賢たちから各藩の江戸屋敷に渡され、藩邸はそれを国元に送付し、多くの場合国元では領内の大庄屋等の地方役人に示して回答を準備するように指示したものと思われる。丹後《たんご》峯山《みねやま》のように、僧侶が回答を執筆している場合もある。統一項目による最初の大規模なアンケート調査であった。その問状に対して各藩がどの程度真剣に回答を作成し、江戸へ届けたかは明らかでない。回収された回答がいくつあったのかも明らかでない。

幕府側には何も残っていない。各地に提出した回答の控えと思われる文書が残されている。それを見ると、しばしば目につくのが通例と異なることなしというような文言である。公儀からの問い合わせに対して、特別な内容を回答して、のちのち面倒なことになってはいけないという判断からか、質問に例示された通例と変わらない回答を記す傾向があったものと思われる。たとえば「常陸国水戸領風俗問状答《こたえ》」は、第一項の門松の回答を「異様の事なし」という文章で始めている。しかし、なかには非常に熱心に記述を行った回答もある。

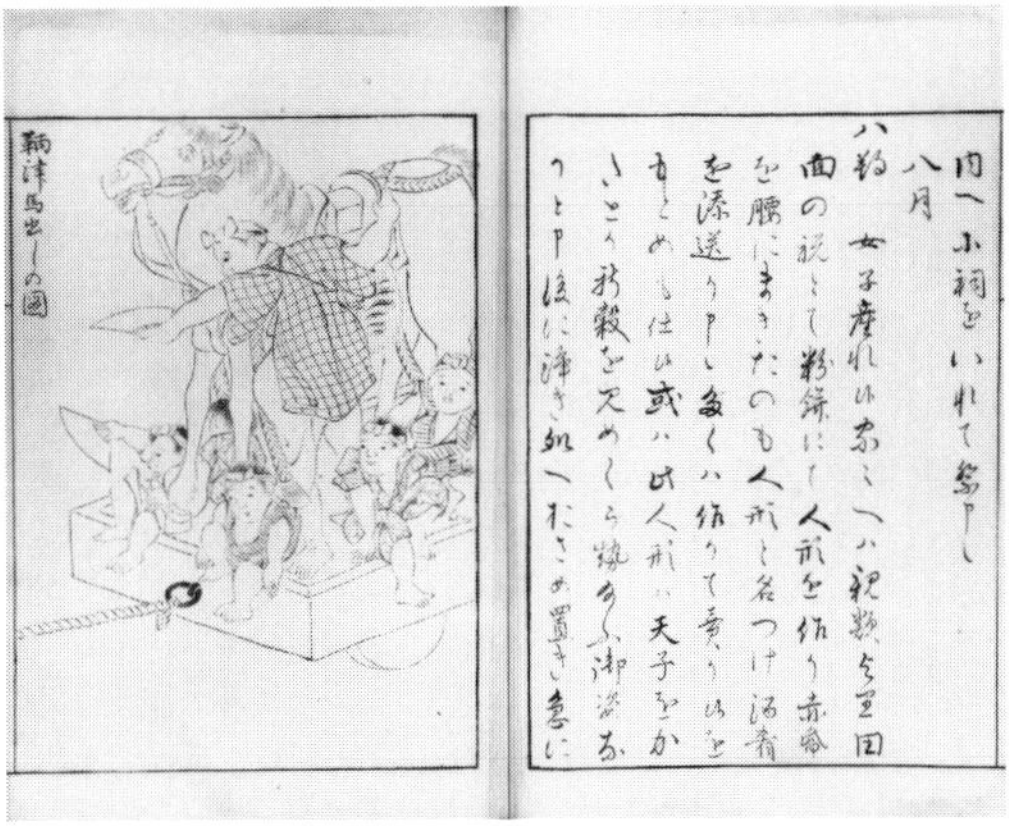
風俗問状答（備後国福山領答書，国立公文書館内閣文庫所蔵）

風俗問状答　「風俗問状」は『風俗画報』の創刊号（一八八九年）に掲載されたが、その時点では特別注目されることはなかったようである。「風俗問状」と「風俗問状答」に最初に注目したのは柳田國男であった（『郷土研究』四巻九号）。柳田がその存在を紹介した答書はわずかに五種類であった。その後、柳田の指摘を受けて各地から「問状答」が発見されだし、継続的に発見収集に努力した中山太郎によってそれらが集成されて『校註諸国風俗問状答』（一九四二年）として刊行された。一五の答書を収録しており、はじめてその全体像が明らかになった。戦後も発見収集がつづき、二〇種類となり、それらは平山敏治郎によって集成され『日本庶民生活史料集成』第九巻（一九六九年）に収められた。

陸奥国信夫《しのぶ》郡伊達《だて》郡風俗問状答
陸奥国白河領風俗問状答
出羽国秋田領風俗問状答
常陸国水戸領風俗問状答
三河国吉田領風俗問状答
越後国長岡領風俗問状答
北越月令
伊勢白子《しろこ》領風俗問状答
近江国多羅尾村風俗問状答
大和国高取領風俗問状答
若狭国小浜《おばま》領風俗問状答
丹後国峯山領風俗問状答
備後国福山領風俗問状答
備後国深津郡本庄村風俗問状答
備後国品治《ほんち》郡風俗問状答
備後国沼隈《ぬまくま》郡浦崎村風俗問状答
紀伊国和歌山風俗問状答
淡路国風俗問状答

阿波国風俗問状答

阿波国名西《みょうざい》郡高川原《たかがわら》村風俗問状答

肥後国天草郡風俗問状答

平山の集成後にもいくつかの発見があった。まず平山自身が報告した「備後国今津村風俗問状答書」(『柴田実先生古稀記念日本文化史論集』一九七六年)、つぎに鈴木昭英が報告した「諸国風俗問状長岡領答書」(「小泉蒼軒自筆の諸国風俗問状越後国長岡領答書」長岡市立科学博物館研究報告二五、二六、一九九〇年)、そして小来《お》栖《ぐ》《す》健治による「諸国風俗問状淡路国津名《つな》郡来馬《くるま》組答書」である(小来栖健治「諸国風俗問状淡路国津名郡来馬組答書について」『法明上人六百五十回御遠忌記念論文集』一九九八年)。これによって全部で二四の風俗問状答が知られることになった。

屋代弘賢たちが、なぜこのようなアンケート調査を実施したのかは明らかではない。問状にもその趣旨、目的などは記載されていない。一般的にいわれているのは、屋代たちは当時幕府の公的な編纂物としての『古今要覧』の編纂に従事していたので、そのための資料を全国的に集める目的で質問文を作成し、広く各藩に配布したというものである。状況としては首肯できるものがあるが、実際に残された『古今要覧稿』(未完のまま残されていたものが一九〇五年に印刷刊行された)には問状答にもとづいて地方の様相を記述したと判断される部分はなくはないが、ないに等しいというべきものである。しかし、問状の配布を受けた側は幕府の権威を後ろ楯とした『古今要覧』編纂のためと理解したものと思われる。屋代とともにこのアンケート調査を行った人物として石原正明や中山信明《のぶな》がいる。そのうち中山信明は、尾張《おわり》国神守《かもり》の本陣《ほんじん》に生まれ、本居宣長の門下になり、後には塙保己一《はなわほきいち》の塾に入った人物であり、本居の影響が問状の着想にはある可能性も否定できない。

五　民俗に関する知識の集成

百科事典の編纂　「諸国風俗問状」は全国的な規模でアンケート調査を行い、各地の民俗を集成しようとしたものであるが、それとは異なる方法で民俗事象を含んで多くの生活事象について整理分類し、解説する試みがなされるようになった。現在でいう百科事典の編纂である。日本における大規模な百科事典の最初は寺島良安《てらしまりょうあん》の編纂した『和漢三才図会《わかんさんさいずえ》』（一七一三年〈正徳三年〉刊行）である。それは記述対象を現実の日常生活のなかからも採録し、図に描き、系統的に分類しているが、その来歴を儒学その他の漢籍や日本の古典、あるいは故実書から引用し、漢文で解説するものであった。中国明《みん》代の『三才図会』にならった書物である。

それに対して、もっぱら人々の生活事象から項目を選定し、その来歴を古典に求めて解説したのが喜多《きた》村信節《むらのぶよ》（号を筠庭）の『嬉遊笑覧《きゆうしょうらん》』（一八三〇年〈文政十三〉の自序）である（『日本随筆大成』別巻）。これは生活に関する事象を分類整理し、各項目について来歴を述べたものであるが、その解説は完全に文献にもとづいており、文学作品・随筆・有職故実書などの文献からの引用で埋まっている。その点では、民俗への関心は決して強くないが、身の回りの生活事象を解説しようとした関心は評価すべきものといえる。

『守貞謾稿』　『嬉遊笑覧』よりもはるかに民俗的な記述が豊かな百科事典が喜多川守貞《きたがわもりさだ》の『守貞謾稿《もりさだまんこう》』である。一八五三年（嘉永六）に完成したが、その後も追加補記され、幕末に全体が整ったとされる。執筆の意図は巻頭の「概略」で「専ら民間の雑事を録して子孫に遺す。ただ古今の風俗を伝へて、質朴を失せざらんことを欲す」と記しており、時勢・地理・家宅・人事・生業・雑業・貨幣・男扮・女扮・男服・女服から食物にいたるまで三〇巻に分けて、各巻に小項目を掲げ、解説をしている。解説は故事来歴を文献で詮索するのではなく、現在の様相に記述の重点を置き、近年の変化に注意している。

作者の喜多川守貞はその伝記はほとんど不明であるが、「概要」において、「余、文化七年庚午（一八一〇）六月、浪華《なにわ》に生まる。本族石原氏なり。天保十一年庚子（一八四〇）九月、東武に来る。時に歳三十一」と記しているように、大坂で三〇歳まで暮らした後に江戸に来た人物で、記述は都市生活全般について江戸と京坂を比較している点に大きな特色がある。その資料的基礎は自己の体験であり、また見聞したことであるが、加えて文献からの記事が副次的に登場する。内容的には江戸・大坂の生活であり、それ以外の地方、特に農村社会におよんでいないが、方法としては文献にたよらず、現実に行われている生活を経験と観察で把握しており、後の民俗学の資料獲得の方法と一致する。

なお、『守貞謾稿』は一般には『近世風俗志』として知られているが、これは一九〇八年（明治四十一）に翻刻出版された際につけられた書名であり、もともとのものではないが、近年岩波文庫に収録された際にも『近世風俗志（守貞謾稿）』として出され、親しまれるようになっている。

方言辞典　辞典のなかでも方言に関する辞典は必然的に地域の生活に密着した語彙《ごい》を取りあげることで、民俗についても記述することになる。多くの紀行文がすでに方言に注意し、そこに古い言葉を発見することが共通の作法ともなっていたが、それは地誌の記述にも継承されていた。方言辞典として最も早いのは越谷吾山《こしがやござん》の『物類称呼《ぶつるいしょうこ》』（岩波文庫に収録）であろう。一七七五年（安永四）の刊行である。著者は俳人であり、方言を系統的に調査したり、収集したものではない。著者は名前に示しているように、越谷《こしがや》（現在の埼玉県越谷市）の人であり、後に江戸に出ている。もちろん各地を旅行しているが、方言の採録は東日本中心である。方言を、天地・人倫・草木・気形・器用・衣食・言語の七分野に区分し、項目を掲げ、それに対する各地の方言を掲げている。その説明は民俗語彙集としての側面を見せている。

六　技術と観察に見る民俗

農書の時代　近世後期の産業の発達は、その基礎に生産技術に関する研究があった。当時の産業の中心はいうまでもなく農業であり、農業技術の経験的な工夫を記述する農書というジャンルも発達し、多くの農書が刊行された。農書には中国の農書の紹介に止まるものもあるが、多くは地域の農業生産に関する努力、工夫を基礎に、いかに効率よく生産を行うか、いかに多くの収穫を上げるかを説いている。そのなかに当然ながら生産技術に関する民俗が記述され、農業をめぐる生活事象全般、またときには農耕儀礼も紹介された。

比較的早い時期の農書である『百姓伝記』（日本経済大典、岩波文庫、日本農書全集に所収）は、その内容から判断して、一七世紀後半に遠江《とおとうみ》中部の農村を背景にして執筆されたものと思われるが、そこにはいくつかの注目すべき記事が見られる。この書はまず巻一では「四季集」からはじめる。四季の変化を気象の変化と植物の様相から説いている。巻二は日常生活の心得を説き、巻三では土壌の性質を述べ、巻四で屋敷構えについて論じる。それを終えてようやく農具を述べる。全体的には陰陽五行説《おんようごぎょうせつ》にもとづく解説も目立つが、しかし実地経験にもとづく自然観察の記述が豊かに見られる。遠江から三河にかけての農業生産がどのように行われているか、その基礎としての屋敷の具体相が描き出されている。

近世後期には地方的な特色をもった多くの農書が著された。それらには地方の古くからの農法や農具について記述されており、また行事や儀礼にも及んでいる。現在、日本各地で著された農書は『日本農書全集』として集成されている。

大蔵永常『除蝗録』

農書と生活誌　さらに商品生産の進展によって、商品作物を栽培する新しい農業を説く書物も現れた。その代表が大蔵永常《おおくらながつね》の一連の作品である。大蔵永常は『広益《こうえき》国産考《こくさんこう》』において新しい商品作物を紹介しているが、そこに登場する作物はそれまで特定地方で栽培されていたものを他の地方に紹介するものであり、各地の農業生産に関する民俗を記述している。合理的な目で各地の農法を記録した大蔵永常の著作は、一種の民俗調

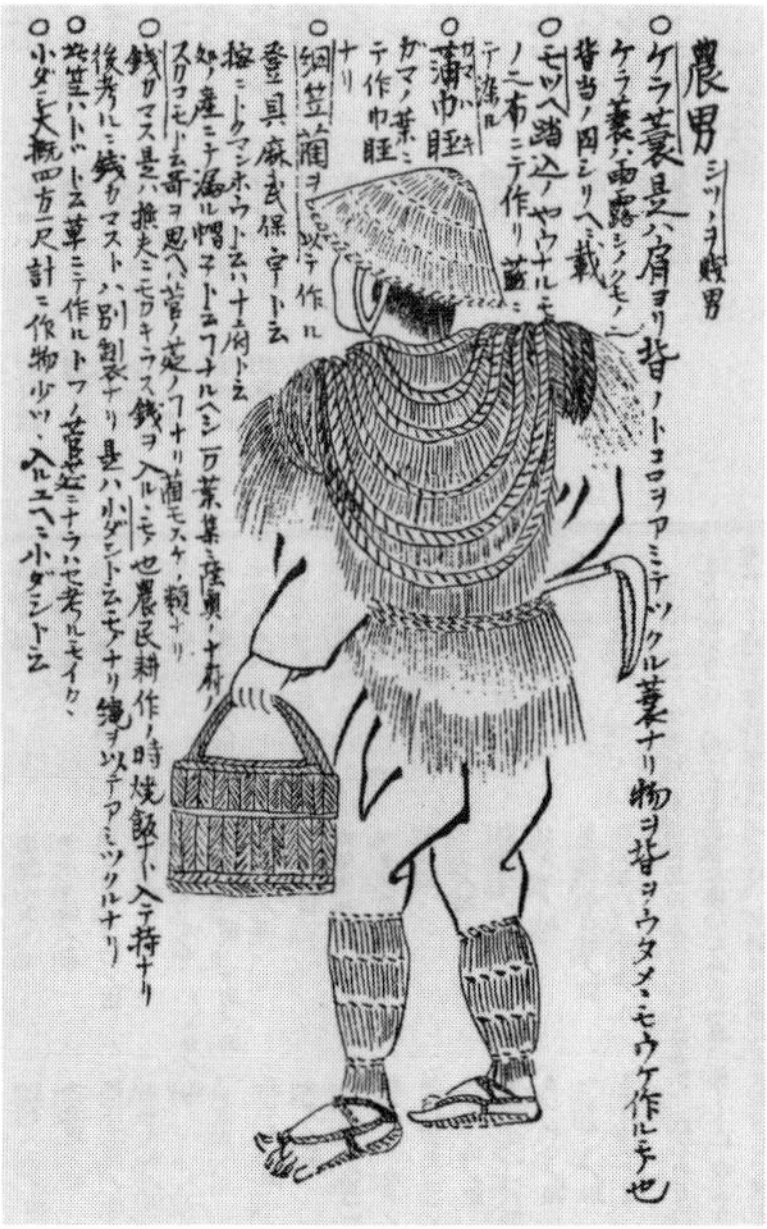

比良野貞彦『奥民図彙』

査報告書となっているといえる。『農具便利論』では、同じ鍬であっても地方によって形態が異なることを図で示し、比較可能な状態で掲げている。

『奥民図彙《おうみんずい》』（日本庶民生活史料集成、日本農書全集 二）はたしかに農書であるが、著者の比良野貞彦は江戸詰の武士であり、彼が本国に戻ったときに観察した結果を多くの挿絵を入れて解説した、やや特異な一冊である。成立は一八世紀末と考えられる。天明の大飢饉後の津軽の状況を記録して、藩主に実情を示すための著述であったと考えられる。内容は、農事からはじまり、漁業、山樵、運輸、住居、街、年中行事、動植物と続く。いずれも多くの挿絵を挿入し、生活全般を説明している。記述に挿絵を併せることで、実態をよくイメージすることができる。最初に掲げられた挿絵は「農男」と「シツノ女」である。描いた服装について、個別に文章で解説している。たとえば「ケラ蓑《みの》　是ハ肩ヨリ背ノトコロヲアミテツクル蓑ナリ。物ヲ背ヲウタメニモウケ作ルモノ也。ケラ蓑ハ雨露シノクモノ也」と記している。そして、衣食住を描く。また年中行事を示すが、津軽地方の特色ある行事のネプタも描き説明している。農書というよりも生活誌と呼ぶべきものである。

農書は技術書であるが、合理的思考で生活の向上を目指しているのであり、記述も農業技術からさまざまな生活場面におよんでいった。

七　不思議な現象への関心

不思議への関心　民俗学は妖怪を研究する学問かのような印象を与えるほど、今日の民俗学では妖怪研究が盛んなようにみえる。しかし、これは実態ではなく、出版やマスコミの世界での見せかけの姿にすぎない。そのことについては後に述べることにして、妖怪その他の不思議な現象に興味関心を持ち、それらを記録することは近世にはじまった。というよりも近世においてもっとも盛んであったというべきかもしれない。妖怪・化け物・怪談・怪異、あるいは死後の世界の経験などについての関心は強く、近世後期になるとそれらが盛んに記録されるようになる。

もちろん不思議な話は近世にだけ興味をもたれたのではない。『日本霊異記』『今昔物語』にはじまる長い歴史がある。それらにも民俗として興味深い不思議な話が多く収録されている。しかし、仏教的な因果応報の物語であり、一定の解釈の作法があり、そのために収録された話には選択があった。それに対して、近世後期には実際の体験を記録することに重点を置いた多くの書物が地方ごとに著された。宗教的説明も抜けきってはいないが、しかしその程度は軽く、実際に起こった不思議を記録しようという姿勢が強くなった。

有名な書物に根岸鎮衛《やすもり》の『耳嚢《みみぶくろ》』（一般に『耳袋』と表記。岩波文庫、日本芸林叢書、平凡社東洋文庫、日本庶民生活史料集成に収録）がある。根岸鎮衛は旗本であり、佐渡《さど》奉行をへて江戸町奉行を長く一八年も勤めた人物である。彼は耳にした佐渡における不思議な話、すなわち奇談をメモしていたが、それに加えて江戸での見聞を書き、随筆としてまとめたのが『耳嚢』である。その記事の下限は死去する前年までである。全部で一〇巻で、順序は執筆年代順と考えられるが、内容は系統的に分類されておらず、また佐渡の話が最初に置かれているわけではない。話は佐渡や江戸のことだけではなく、全国におよぶ。『耳嚢』は今日では非常に有名であるが、同時代的には知られた存在ではない。印刷され刊行されたものではないからである。近世において不思議な事柄への関心を知る重要な史料であるが、当時の人々の共有するものではないことに注意しなければならない。

さまざまな奇談　奇談を収録した書物は読み物として歓迎され、多く出版された。それは地方にもおよび、地方の奇談が書物となって登場した。鈴木牧之の『北越雪譜』も多くの奇談を含んでいたが、さらに越後の奇談集として橘《たちばな》崑崙《こんろん》の『北越奇談』（一九七八年野島出版より翻刻刊行）がある。これは一八一二年（文化九）に江戸で刊行されたものであるが、著者は越後三条《えちごさんじょう》の人である。伝記などは不明であるが、北越の奇談を集めていて、特にその巻四、五では「怪談」として不思議な話を集めている。たとえばつぎのような話である。

高田大工又兵衛弟、某西山本に雇れ数日留りけるが、ある夜急げる私用ありてひとり山路を帰りしに、岨道《そばみち》の引回りたる所にて、不慮《はからず》大人に行逢たり。其形赤身にして長《たけ》八尺ばかり、髪肩にたれ目の光星のごとく。手に兎一ツを提《さげ》しずかに歩行来、大工驚て立止ればかの大人も驚たるさまにて立止まりしが、つゐに物もいはず。路を横ぎりて山に登り去りぬといへり。是等もかの山男なるべし。（一二八頁）

同様に地方の奇談を集めた書物に『遠山奇談』（『日本庶民生活史料集成』一六巻所収、一九七〇年）がある。作者は華誘居士《かゆうこじ》というが、伝記などは不明である。一七九八年（寛政十）に刊行された初編四巻、一八〇一年（享和元）に刊行された後編四巻がある。信州南部山間部の遠山地方の紀行文の形式を取りながら各地の奇談を収録している。後編には信州各地の奇談が記されている。主に山中で出会った不思議な、あるいは恐ろしい動物、たとえば巨大なヒキガエル・大鳥・白い怪獣、さらには天狗・うわばみ等の話である。また『信濃奇談』（同上書所収）がある。著者堀内元鎧《ほりうちげんがい》は若くして亡くなってしまったが、父親から聞いていた信州伊那《いな》地方の奇談を書き残したものである。元鎧の死後、彼を悼んで父親が出版したものであるという。その巻頭の話は諏訪《すわ》湖の神渡《みわた》りである。また遠江の奇談を集成したものに『事実証談《じじつしょうだん》』がある。遠州地方で実際に起こったとか見られたという不思議を多く記録している。

平田篤胤　不思議な話に大きな関心を抱き、記録し、さらに考察まで試みたのが平田篤胤《あつたね》である。篤胤は『霊《たま》の真柱《みはしら》』、『古道大意《こどうたいい》』等を通じて、復古神道《ふっこしんとう》を唱え、幕末の政治思想にも大きな影響を与えたが、同時にその基礎には霊魂観についての実証的な検証作業があった。それを実践した『勝五郎再生記聞』を著している（岩波文庫、および『日本庶民生活史料集成』一六巻所収）。これは、武蔵《むさし》国中野《なかの》村百姓源蔵の倅《せがれ》勝五郎が八歳頃から姉、さらに両親に対して、自分の前世は小宮領程窪《ほどくぼ》村百姓久兵衛の子供で藤蔵という者であるが、六歳のときに病死し、その後勝五郎に生まれ変わったことを告げ、そのことを程窪村に確認するとその通りであったという。篤胤はその話を記録するだけでなく、実際に勝五郎に会って話を聞き、それを記録している。単なる不思議話ではなく、それを客観的に把握し、理解することを考えており、民俗学の先駆的研究といってもよいであろう。

II　人類学の成立と土俗

一　人類学の成立

坪井正五郎　日本における人類学は、輸入学問として明治中期に成立した。もちろん前史としての近世における文人たちの人類学的関心の形成はあった。人類学の一分野というべき考古学的事象、すなわち土中から出てくる人間の活動の痕跡としての遺物への関心は比較的早くから見られた。新井白石が石器について考察していることは知られている。近世の文人で考古学の先駆者とされるのは木内石亭《きうちせきてい》である。木内石亭は近江《おうみ》に住み、石器類を収集して、観察記録を取り、またコレクションとして整理した。

日本における人類学のはじまりは、他の学問と同様に、お雇い外国人教師によって開始された。一八七七年（明治十）にアメリカ人E・S・モースが横浜から新橋に到る車窓から大森貝塚《おおもりかいづか》を発見し発掘したことがその最初である。このことが非常に大きな刺激を与えた。理科大学に在学中の若い学生たちが考古学・人類学に興味を持つようになった。モースは遠い昔の考古学的遺跡にだけ関心を抱いたのではない。当時の日本の生活にも興味を抱き、後に『日本のすまい・内と外』（一八八六年）、『日本その日その日』（一九一七年）など、生活実態を記述した書を著した。これらは民俗学的記述の先駆といって良いであろう。

日本の近代的人類学の生みの親は坪井正五郎《つぼいしょうごろう》である。江戸幕府の奥医師《おくいし》の家に生まれ、一八歳のときに帝国大学の理科大学生物学科に入学し、在学中から人類学に興味を持ち、活動を開始した。一八八八年(明治二十一)に理科大学助手となり、一八八九年から九二年までイギリスに留学した。二九歳で帰国して理科大学教授となり、人類学教室を作った。一九一三年(大正二)ロシアのペテルスブルグで開かれた万国学士院連合大会に出席後、そこで客死した。

日本の唯一の人類学研究機関としての東京帝国大学人類学教室には多くの人々が集った。正規の学生だけではなく、人類学に興味関心を抱くさまざまな人々が訪れ、研究をした。その代表的な人物が鳥居龍蔵《とりいりゅうぞう》である。鳥居は一八七一年(明治四)に徳島の商家に生まれ、ほとんど学校を出ずに、独学で勉強し、しだいに人類学に興味関心を抱くようになり、坪井へ手紙を書き交際がはじまった。一八八八年(明治二十一)に坪井が徳島を訪ねて会い、その後東京に出た。留学から帰った坪井のもとで、人類学教室の標本整理係となって研究をした。

鳥居龍蔵

人類学会の成立　坪井は帝国大学入学後の一八八四年(明治十七)十月に渡瀬荘三郎《わたせしょうざぶろう》、白井《しらい》光太郎《こうたろう》、福家《ふけ》梅太郎《うめたろう》などの友人たちとともに研究会を発足させた。この会は年末には人類学会を名乗ることになったが、後の学会組織とは異なり、研究会というべき存在であった。しかし、そこに集まった若者は意欲に満ち、会報を『人類学会報告』と題して、その創刊号を一八八六年二月に出した。驚くべきことに月刊誌であった。その五号から、存在を明確にするため東京人類学会という名称にして、誌名も『東京人類学会報告』とした。これが今日までつづく日本人類学会および『人類学雑誌』のはじまりである。

当時の人類学会の会員は考古学的事象に興味関心を持ち、人類史に関連して事象を把握する努力を行った。『人類学会報告』創刊号には「本誌ニハ動物学上及ビ古生物学上人類ノ研究、内外諸国人ノ風俗習慣、口碑《こうひ》、方言、歴史前或ハ史上詳ナラザル古物遺跡等ノ事」を収録するいう方針を表明しているように、風俗習慣口碑を対象に含んでいた。しかし初期の号には石器・土器・古墳などについての報告や論文がもっぱら掲載されていた。

渡瀬荘三郎の風習研究　そのなかで、『人類学会報告』第二号に掲載された渡瀬荘三郎の「我国婚礼ニ関スル諸風習ノ研究」は大いに注目される。結婚に関する民俗研究の意義を述べ、このような内容も人類学の一部であることを示した。渡瀬は当時北海道におり、これは一七回人類学会で坪井によって代読されたものである。渡瀬の考えは「我国山間僻地《さんかんへきち》ニハ今日尚ほ奇怪なる婚姻法の存するあるを聞けども未だ比較研究の法に因て之を捜索し其真面目を知らしめし者あるを聞かず」という認識に立ち、各地の婚姻についての民俗を比較研究して古い姿を明らかにしようという提案であった。そこには「古代遺習の能《よ》く僻地に存する」という考えが前提にあった。それは近世以来の知識人の考えであり、また西洋から得た進化主義的な理解でもあった。

渡瀬は現在行われている婚姻の民俗を調査して記録することを提案し、「婚礼諸風俗の研究項目」を掲げた。その項目は全部で三四項目で、地域の交通・人口・職業などの条件からはじめて離婚・再婚におよぶ婚姻全般に関する調査項目であった。その文末には「付言」として、報告を募る文章が掲げられている。

その結果、つぎの三号から毎号「婚姻風俗集」が掲げられた。それは一八号までの長期連載となった。婚姻についての各地の多くの事例が紹介された。三号で渡瀬は「我国に行はるる婚礼風俗の性質を知らんには多くの捜索と研究を要し固《もと》より一朝一夕にして其成果を望むべきに非ず之を知らんハ先づ各地方に行はるる婚姻諸風俗の捜索より始めざる可《べ》からず然《しか》れども一地方に行はるる婚姻風俗を調ぶるには特に其目的を以て其地に臨み或は其地に住して能其状況を熟知する者に託さざる可からず」と現地調査の必要性を説いている。しかし実際には「血族婚姻」、「婚姻荷物を奪ふ風習」、「新婦馬に乗る」、「新婦の顔に墨を塗る」など珍しい伝聞資料が集まってきた。渡瀬は完全な資料とはいえないことを承知していたが、それでも価値があると各地からの報告をまとめた。これがおそらく日本における最初の婚姻に関する民俗の集成であったろう。

渡瀬の提起は大きな影響を与えた。その後しだいに日本の現行の民俗が報告されるようになった。会の中心人物である坪井正五郎も七号に「本邦に行はるる当て物の種類及び起原」を掲載した。これは「なぞなぞ」についての論文である。その文章の最初に掲げられたなぞなぞは「渋柿トカケテ巾着《きんちゃく》の紐《ひも》ココロハ口を絞《しぼ》る」というものであった。

二　土俗会の発足

土俗会の開始　一八九三年（明治二十六）七月二十四日午後六時から東京麹町《こうじまち》区富士見《ふじみ》町の明治義会で「土俗会」が開催された。これは明治義会夏期講習会参加者に呼びかけて開催したものであるが、その

東京人類學會雜誌第九十五號

一七〇

論説及報告

○土俗調査より生ずる三利益　理學士　坪井正五郎

何所の住民は如何なる風俗であるか、何所には如何なる習慣が存するかとの調べは、單に奇事珍談を知ると云ふ樂みたるに過ぎないかと申すに決して左様ではござりません。先づ第一に諸地住民所業の異同が知れる。第二に如何なる有様が存在し得べきものであるかと云ふ事が悟れる。第三に風俗習慣の起源變遷が推測される。以上の三利益が土俗調査より生ずる所のものでござります。第一に關しては殆ど説明が無用でござりませう。何れの土地の人民の事と云ふに付いても其風俗習慣を知る事が肝要で有る。總ての人民が同一樣の狀況に居ると信じては諸事の解釋に誤を生じます。或る出來事を見聞しても其起つた土地に依つて考へが異らなければなりません。象て斯く斯くの風俗習慣ある所の人民が此事を行ふとは誠に例であるとか、此人民にして此事有るは怪むに足らぬと

○第九十四例會。本會第九十四例會ハ來ル三月四日（第一日曜日）午后一時ヨリ理科大學人類學教室ニ開ク當日ハ左ノ二氏ノ外會員諸氏ノ談話アルベシ

武藏國南埼玉郡ノ石器時代遺跡　岡部精一　武藤虎太

坪井正五郎「土俗調査より生ずる三利益」

発起人は鳥居龍蔵であった。会は鳥居の挨拶にはじまり、つぎに坪井正五郎の「土俗調査より生ずる三利益」と題する講演があって、その後で「日本各地新年の風習」を共通課題として参加者がこもごもに自分の居住地の正月について語った。その談話筆記が『東京人類学会雑誌』九四号（一八九四年一月）に掲載された。また坪井の講演「土俗調査より生ずる三利益」は九五号（一八九五年二月）に掲載された。

坪井の「土俗調査より生ずる三利益」は以下の三点を利益として掲げている。「先づ第一に諸地住民所業の異同が知れる。第二に如何なる有様が存在し得べきものであるかと云ふ事が悟れる。第三に風俗習慣の起源変遷が推測される」。このうち、第三点について「第三の利益は最も価値が有る。一地方に行はれて居る或る事柄が何の為とも分からぬ時分に、他地方に行はれて居る類似の事柄と比べて其異同を考へ、変化を推究し、追々と数多くの例を集めて、始めて其由来を知り其真意の有る所を知る事が往々でござります」と述べ、具体例として遠江地方の正月のヤイカガシの唱えごとを紹介し、正月始めに臭い物を嗅ぐということの意味はほとんど理解不可能であるが、八丈島の正月行事中のフングサという、ユズリハの葉を焼いて、その匂いを嗅ぐというもので、そのときの唱え言葉には「カイコセンダン」「コメセンゴク」という言葉があり、そこからこの行事はユズリハを焼いて豊凶を占っ

たものと解釈し、それを知れば遠州地方のヤイカガシも理解できるとした。

比較研究によって古い姿、意味不明の事象の本来の意味が分かるとするのは、後の民俗学の比較研究と同じであり、そこに違いはない。相違があるとすれば、その論文の末尾で「以上申しました三利益は決して日本国内の事に付いてのみ云ふべきものではござりません。世界万国諸人種に通じても亦云へるのでござります」とする点である。この点は明らかに柳田の主張する一国民俗学と異なり、そこに人類学たる所以があったといえよう。

第二回土俗会　第二回土俗会は翌一八九四年八月二十日に前年同様に明治義会で開催された。鳥居龍蔵の趣旨説明の挨拶、坪井の講演「土俗談話に関する注意」、そして出席者の報告であったが、出席者は四〇人であった（「第二回土俗会」『東京人類学会雑誌』一〇二号、一八九四年九月）。課題は「各地贈答の風習」であった。この回の課題は現在見ると非常に興味深いことを教えてくれる。それは、現在では年二回の贈答の機会となっている中元《ちゅうげん》や歳暮《せいぼ》について、歳暮のことは各地から報告されているが、中元についてはまったく見られないことである。たとえば、茨城県北相馬《きたそうま》郡から来た岡田穀三郎は詳細に一年間の贈答を報告しているが、七月については七月節句は七夕《たなばた》ということで農休みにはなるが、物品の贈答はないし、盆は嫁聟が実家に贈り物を手土産として持参する程度としている。それに対して、十二月歳暮は「隣保の間柄并に格別恩顧に預かれる人の下には必ず歳暮として物品を贈る」としている。このように中元という言葉もまた七月に贈答をすることも報告されていない。他の地方からの報告でも同様で、中元が一般化していなかったことを示している。

この第二回に伊能嘉矩《いのうかのり》（喜矩）が参加し、「科学的土俗研究の必要及び普通教育に於ける関係」と題して見解を述べている内容は大いに注目される。伊能は最初に「土俗の研究は科学的なること要す」として、明治以前の文献に記載された記事から採録した資料は「過去の土俗、乃《すなわ》ち歴史的沿革の研究には、参考に資すべき事項之なきにあらざれども、現在の土俗の研究に資すべき価値ある記録は、一も見出しませんでした」とし、「土俗研究に要すべき材料乃ち風俗は、其の地方に於ける現在の観察に取るを要すべきは、亦《また》疑ひなき事でありますのです」と主張した。ややもすると近世以前の随筆や地誌の記述に依存しがちな傾向に対し、現在学としての土俗研究を主張したものとして重要である。そして、研究法についても提言をする。特殊な事例を一般化してはならないこと、珍奇な土俗を追求するのではないことなどを主張し、結論として「土俗の研究は帰納的なるを要すること」と主張した。これまた重要な指摘であり、後の民俗学が主張したこととまったく同じであるといえる。

その後の土俗会

第三回土俗会は一八九五年（明治二十八）八月二十五日に開催された。二八名の出席であった。課題は「地方ノ若者ガ年中ノ楽ミトナシ居ルハ何事ナリヤ」および女子についても同じ課題として報告をした（「第三回土俗談話会」『東京人類学会雑誌』一一四号、一八九五年）。その内容は一一五号に「第三回土俗会談話録」として掲載された。

第四回土俗会は一八九六年八月二十二日にやはり明治義会講堂を会場に行われた。第四回の課題は「育児風習」であった（「第四回土俗会談話録」『東京人類学会雑誌』一二八号、一八九六年）。この会の司会は八木《やぎ》奘三郎《しょうさぶろう》が行った。鳥居龍蔵が遼東《りょうとう》半島に調査に行って不在だったためである。出席者は三七人であった。

第五回土俗会は一八九七年八月七日に明治義会で開催された。鳥居龍蔵が開会の挨拶をし、ついで山中笑《えむ》が課題説明、そして坪井正五郎が土俗調査の意義について講演した。参加者は一三一名という大規模な会であった（「第五回土俗会談話録」『東京人類学会雑誌』一四一号、一八九七年）。課題は「日本諸地方の食事に関する事実」で、『東京人類学会雑誌』一三六号（七月号）に公表してあった。そのため参加者が非常に多くなったものと思われる。

第六回土俗会は一八九八年八月九日に従来と同じように明治義会講堂で開催された。司会は八木奘三郎、課題は「諸地方の妄信俗伝」であった（「第六回土俗会速記録」『東京人類学会雑誌』一五〇、一五一号、一八九八年）。

土俗調査と土俗学

この第六回土俗会を最後にそれ以降は開かれなかった模様で、『東京人類学会雑誌』に関連の記事はみられない。六年間継続して開催されたことは驚くべきことであり、その後の日本の民俗研究に与えた影響も大きいといえる。これよりも四〇年後に柳田國男の主導の下に開催された日本民俗学講習会も各地から参加した人々を集めて座談会を開き、各自の居住地のことについて報告させており、その方式は同じである。土俗会はまず土俗という言葉を普及させた。『東京人類学会雑誌』の初期には、後に民俗と表現するようになる事象はもっぱら風俗と表現していた。ときには習俗という言葉も用いられたが、土俗という表現はなかった。ところが、土俗会が土俗という語を用いるようになって、雑誌の個別の報告や論文にも土俗という語が登場してくるようになった。もちろん土俗という語はこのときに新しく作られたのではない。近世にすでに用いられていたが、その頻度は低かった。単に地方の人間の風俗という意味であり、研究上の用語ではなかった。

土俗はもちろん土俗学という用語を前提にしている。第一回土俗会が開催される三ヵ月前の一八九三年（明治二十六）五月の『東京人類学会雑誌』八六号に坪井正五郎が「人類学研究の趣意」と題する論文を掲載している。イギリス留学から帰国した坪井は、日本では人類学は古物穿鑿《せんさく》の学問と思われる傾向があるが、それは正しくないとして、人類学の学問的性格について説いた文章である。そのなかで坪井は、人種学（Ethnology）は諸人種そのものを調べ、土俗学（Ethnography）は諸人種の風俗習慣の調べであるとする。英語の原語を付けているので現在の用語との対比ができる。これによれば、人種学は現在の民族学であり、土俗学は民族誌学ということになる。同様の趣旨を坪井は同じ号で「通俗講話人類学大意」と題して述べている。

土俗会は現実に行われている生活事象に学問上の価値があることを広く知らせることになった。坪井が「土俗調査から生じる三利益」で述べているように、現実の土俗を通して人類史が明らかにできるということを一般化させた。それは当時の欧米の人類学の基本的な認識であった進化主義にもとづくものであった。人類は基本的に同じ歩みをするものであり、地域差は時間差であるという認識であった。その方法はしたがって各地の類例を集積して比較するというものであり、その方法にもとづく研究が多く出されたわけではなかったが、その比較のための資料の収集というのが土俗会の活動であり、土俗調査であった。これは日本における民俗学の前史というよりも、日本における民俗学研究の第一段階というべきものであった。

三　土俗学から民族学へ

日本から大陸へ　土俗会が一八九八年を最後に開かれなくなったことは、人類学が大きく変わっていくことを表していた。日清戦争の勝利で台湾を植民地化し、また朝鮮への侵略の歩を進めることとなった日本の状況のなかで、人類学は積極的に日本列島外の地域を研究対象とするようになった。その後、日露戦争、第一次世界大戦を経過する過程で、人類学はその中心を日本の外の研究に置くに至った。

鳥居龍蔵は一八九六年に植民地となった台湾にさっそく出かけている。一九〇〇年を迎える頃から『人類学雑誌』には台湾に関する報告や論文が急増する。また朝鮮や中国東北部（旧「満州」）に関するものも増える。そして加えて太平洋の島々、ミクロネシアやメラネシアに関する報告も増加する。その過程で、土俗という用語は急速に使われなくなり、それに代わるように、台湾では土蕃《どばん》という用語が、太平洋の島々では土人《どじん》という表現が一般的に用いられるようになった。関心が生活文化からそこに暮らす人々そのものに移ったといえよう。

民族の登場　現在では日常用語ともなっている民族は古くから使用されてきたことばではない。今まで見てきたように、初期人類学にも民族という用語は存在しなかった。後の民族学と訳されることになるエスノグラフィーやエスノロジーは、前者が土俗学、後者が人種学と訳されて一八九〇年代の『東京人類学会雑誌』に登場した。それがどのような過程を経て民族にその地位を譲り渡したのであろうか。民族および民族学がいつどのような過程を経て登場したのか確認する必要がある。

日本語としての民族は近代に作り出された。その早い用例としては、一八八八年に志賀《しが》重昂《しげたか》が「大和民族」と表現した民族があげられる。しかしこの時期にはそれほど普及はしなかった。

民族を明確に主張したのは、柳田國男と高木《たかぎ》敏雄《としお》が共同して発刊した『郷土研究』創刊号（一九一三年）で、高木が「郷土研究の本領」という巻頭論文を掲げて、郷土研究の意義を説いたときに用いたのが最初である。「郷土研究の目的は、日本民族生活の凡ての方面の根本的研究」とし、民族生活をしきりに強調している。

『人類学雑誌』にはじめて民族という言葉が登場したのははるか遅れて、鳥居龍蔵の「黒竜江畔の民族」（『人類学雑誌』三五―八四、一九二〇年）であろう。学術用語としての民族という用語は第一次世界大戦を経て普及し、確定したといえる。そして、民族学が成立した。一九二四年（大正十四）に雑誌『民族』が創刊され、一九二九年まで刊行されたことも、この語の普及に大きく関係している。人類学から自立した民族学はやがて登場し、二つの「みんぞくがく」の関係となるのは一九三〇年代であった。

Ⅲ　民俗学の萌芽

一『全国民事慣例類集』

民事慣例調査　明治新政府は欧米諸国に倣い法制度の整備をすることを急いだ。さまざまな法のなかでもっとも問題が多かったのは、周知のように、人々の生活に深く関わる民法である。欧米法の直輸入翻訳では民法として不十分であることを政府も認識していた。政府は、家族制度、相続、契約売買などについて全国規模で調査を行い、一八七七年（明治十）に『民事慣例類集』を刊行した。そして、それに追加調査を行い、増補版を一八八〇年に『全国民事慣例類集』として刊行した。その七七年版の巻頭に置かれた「序」は以下のように述べていた。

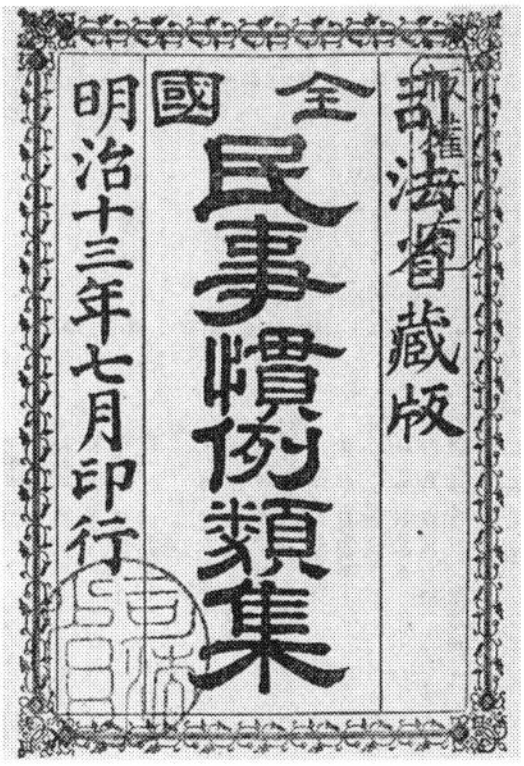

『全国民事慣例類集』

本邦古ヨリ民事ノ法律書ナシ。夫《そ》レ法律書ナシト雖モ豈《あに》民間慣行スル所ノ成例ナカランヤ。其成例或ハ旧時ノ政令ニ因リ、或ハ各地ノ人情ニ出テ一定ナラスト雖モ、之ヲ要スルニ人民慣行シテ安ンスル所ノ者ハ亦自然ノ道理アリテ其間ニ存スル事アレハナリ。我大木司法卿茲ニ見アリ、特ニ委員ヲ各地方ニ派遣シ民間慣行ノ成例ニ渉ル者ヲ採録セシメ、之ヲ類集シテ若干巻トス。人事、財産、契約ニ関スル権利義務ノ程度ニ於テ其一斑ヲ観ルヘク、亦以テ慣習ノ出ル所偶然ニ非スシテ立法ノ原由トナスニ足ル事ヲ知ルヘシ。乃チ上梓シテ世ニ公布ス。是レ民法集成ノ材料ニ供スルヲ以テ主旨ト為スト云ヘトモ、立法官ノ参考・裁判官ノ断決・法学者ノ講究ニ於テ亦視益スル所ナシトセス。敬斐等修撰ノ任アルヲ以テ其所由ヲ記シテ読者ニ諗《つ》ク。

明治十年五月

七等判事　長森敬斐

御用掛　生田　精

（風早八十二編『全国民事慣例類集』一九四四年、四頁）

注目すべき民俗　この調査はもちろん民俗調査ではないし、また『慣例類集』は民俗の資料集でもない。しかし、全国へ調査員を派遣し、地元の人から聞き書きを行って、記録を作成していることは注目すべきことである。しかも、その内容は後の民俗調査の内容と共通しており、明治初年ということもあって注目すべき事象が記録されている。

たとえば、夫婦が離婚をした際の子どもの帰属については「子女養育ハ大抵男子ハ父ニ付シ女子ハ母ニ付スル慣例ナリ。（大和国芳野郡、十三年版ニナシ）」とか「男子ハ夫ニ付シ女子ハ婦ニ付スルト云諺アレトモ実際此処置ヲ為ス者少シ男女トモ夫家ニテ養育スル例ナリ。（遠江国佐野郡、十年版ニナシ）」と、男子は父親に、女子は母親にという原則が記録されている。また相続について、「男女ニ限らす総テ年長ノ者相続スルノ権アリ。（伊豆国田方郡、十年版ニナシ）」、「男女ニ限ラス先ニ生レシ者相続スル風習ナリ。（常陸国新治郡、十年版ニナシ）」、さらに「家産相続ハ男女ニ拘ラス初生ノ総領ヲ以テス若シ総領早世スルトキハ亦男女ニ拘ラス第二第三ト順ヲ以テスル事ナリ。（羽前国置賜郡）」というように、いわゆる姉家督《あねかとく》（初生子相続）が東北地方だけでなく、関東地方から東海地方まで広汎に見られたことを記録している。

民俗への関心を強める内容であり、法と民俗の関係を考えさせるものであった。

二　『風俗画報』の発刊

図像による情報　一八八九年（明治二十二）二月十日に月刊誌『風俗画報《ふうぞくがほう》』が創刊された。雑誌名に示されているように、グラフ雑誌であった。毎号多くの石版画を挿入し、後には写真で風俗や生活を紹介した。

雑誌創刊の意図は、創刊号に掲載された「風俗画報発行主意書」で、「仮令如何《たとえいか》なる能《のう》文解筆《ぶんかいひつ》ありと雖《いえ》ども無数の事物を文字に写して形状を詳悉《しょうしつ》して一目に瞭然《りょうぜん》たらしむるは到底能《あた》はざる所なれば画の補足によりて始めて

『風俗画報』創刊号

備はることを得べく」とあるように、図像によって具体的に示そうとしたことである。この点は三七号（一八九二年一月）に掲載された「風俗画報主意書」で「風俗画報は専《もっぱら》絵画を応用して台閣《たいかく》都鄙村落に論なく衣服器財の現象冠婚葬祭の様式神社の祭典仏寺の行法古来風俗の今に存するもの旧典古礼の猶《なお》行わるるもの殿堂屋宇建築の規模舟車橋梁製作の模形有名男女の肖像歌舞音楽の姿態会集游宴平居操作の状況等凡人事百般貴賤公私の別なく喜怒哀楽の状に至る迄眼前に見る所の風俗を網羅収載し以て後世に伝へ歴史工芸其他諸科の考証及研究の用に供せんとす」と明確に述べられている。

その収録内容は、人事・服飾・飲食・土木・器財・動植・遊芸・歌謡・流行・地理などの部門に分類して掲載した。創刊号は人事門として「宮庭御行事」「幕府年中行事」「東都歳時記」「中古出産之弁」、服飾門に「婦人の髪容」、飲食門で「食物調理論」、土木門には「新宮城略図」「国会仮議事堂」、器財門で「新貨」「削掛《けずりかけ》」、そして動植門では「金魚」「万年青《おもと》」を掲載している。そして叢談という欄を設け、そこには「諸国風俗問状」を紹介し、問状を掲載している。これで分かるように内容は多岐にわたり雑然としているが、その多くは近世の江戸の生活についての紹介と考証であった。関西の風俗は少ない。

懐かしの江戸風俗

『風俗画報』は、明治中期になって近世の生活を体験する人々が少なくなってきた段階に、それを懐かしむ気持ちに呼応して企画されたということができる。これらは民俗とか民俗学という学問形成とは関係ない、懐古的かつ趣味的なものであったが、資料的にはすでに失われつつある生活文化について記録することとなった。そして、『風俗画報』の特色は、まず武士や公家あるいは明治以降の華族・士族の生活のみでなく、庶民の生活にも関心を払ったこと、そして江戸・東京という都市生活のみを取りあげたのではなく、地方の生活もしばしば記述紹介したことである。特定の地方についての特集も組まれた。『風俗画報』は一九一六年（大正五）に四七八号まで出して廃刊となった。雑誌としては珍しく長く命を保ったといえよう。

『風俗画報』はもっぱら日本の伝統的と考えられた行事・儀礼その他の生活を、挿し絵を多く挿入して親しみやすく描いた商業雑誌であった。そこには海外の文化や情報は含まれなかった。懐かしい日本と発展する日本をイメージ化した内容である。明治中期以降のいわば民衆レベルのナショナリズムの成長に呼応した雑誌であったといえる。大日本帝国憲法が発布された同じ年の同じ月に創刊され、日清戦争、日露戦争による日本の対外膨張のなかで、日本および日本人の自己認識を、伝統の発見、再認識という形で進める役割を果たした。そして、地方にはそれぞれ異なる生活があることを示したことは『風俗画報』の大きな功績といえる。

三　山中共古

牧師山中笑　山中共古《きょうこ》は本名を中山笑《えむ》といい、一八五〇年（嘉永三）に江戸四谷《よつや》に生まれた。父親は御家人であった。幕府の倒壊によって、静岡藩となったときに駿府《すんぷ》に移住し、そこで静岡藩英学校教授となり、小学校教師をへて、一八七六年（明治九）に静岡語学校教師となったが、翌年語学校が廃止となり、免職となった。二八歳であった。翌一八七八年に日本メソジスト教職試補となって、キリスト教の伝導を行う牧師になった。そして三三歳のときに東洋英和学校神学科を卒業して正格教師となり、一八八四年に東京に移り住み、下谷教会の牧師、翌年には牛込《うしごめ》教会の牧師になった。

山中共古

一八八六年秋に甲府《こうふ》教会牧師として山梨県甲府に赴任して、そこに七年過ごし、一八九三年に静岡県沼津《ぬまづ》教会の牧師に転じ、それから一時東京に転任し、ふたたび一九〇五年に静岡県磐田《いわた》の見付《みつけ》教会、一九〇七年には吉原《よしわら》教会牧師となり、一九一二年まで過ごした。牧師を辞めてからは上京し、東京で生活した。青山学院の図書館に勤務し、一九二八年（昭和三）に死去した。山中共古についてはまとまった伝記はないが、広瀬千香『山中共古ノート』一〜三（一九七三〜七五年）が経歴や活動について資料を求めて紹介している。

「甲斐の落葉」　山中共古は甲府教会に赴任しているときに、甲州のさまざまな伝承に興味を持ち、それらを記録することをはじめた。そして、当時産声を上げた『人類学会雑誌』に投稿するところから活動ははじまった。『人類学報告』一五号（一八八七年）に「粥杖《かゆづえ》の起り」を発表したのがその最初である。そして土俗会が行われている頃は、それに対応して「甲斐《かい》の子供遊」（一一六号）、「甲斐の贈答風習」（一三五号）が掲載されている。そして、一九九号から二一〇号までに六回にわたって「甲斐の落葉」を連載した。いずれも甲府教会時代の見聞にもとづくものであった。これは一九二六年（大正十五）に『甲斐の落葉』という単行本として出された。その後は『人類学雑誌』での名前は少なくなり、人類学とは疎遠となる。それは明治の終わりに対応しており、人類学が日本列島内の土俗に関心を注がなくなってきた時期であった。山中共古が明治年間に多くの文章を発表したのが『集古会誌《しゅうこかいし》』であった。千社札《せんじゃふだ》に関する文章が目立つが、全体としては江戸風俗というべきものが中心であった。この傾向は大正年間にはさらに明確になり、『考古学雑誌』『浮世絵』『風俗』などに多くの文章を発表している。それらは研究論文という性格ではないが、博学な知識によって江戸の生活風俗を中心に記述したものである。

その博学ぶりは柳田國男との往復書簡にも示され、柳田の『石神問答《いしがみもんどう》』（一九一〇年）にも重要な役割を になって登場する。むしろ現代では『石神問答』に登場する人物としてのみ有名である。『石神問答』は、一九〇九年（明治四十二）九月から翌年の四月までに柳田國男との間で交わされた書簡を編集したもので、全部で四三通が収録されている。その最初の手紙は柳田國男から山中共古宛てに出されたもので、二番目はそれに対する山中共古の返信である。柳田國男が往復書簡を収録した相手は全部で八人であるが、そのなかで最も多いのが山中共古とのやりとりである。柳田から山中宛てが一〇通、山中から柳田宛てが八通であり、全体の四割を占めている。柳田國男の学問形成にとって山中の与えた影響は大きく、その点からでも日本の民俗学創設期の重要人物といってよいであろう。

四　上田敏の俗説学

フォークロアの紹介

フォークロアという語は英語の単語としても新しい。フォークもロアもともに古くからの単語であるが、その二つを結びつけて一つにしたのは一九世紀の中ごろであり、W・J・トムズ（William John Thoms）によってである。トムズは一八四六年に『アシニーアム』（*Athenaeum*）という雑誌に書簡を送り、それが八月号に掲載された。そこで民衆の文化や民衆の文芸をはじめてフォークロアという用語で表現すべきことを提唱した。フォークロアは lore of people の意味であるとした。この語はイギリスにおいて定着し、一八五〇年代以降この語を用いた書物が刊行されるようになった。
フォークロアという語を日本に最初に紹介した人物としてあげられるのがバチェラーである。
フォークロアを日本に紹介した人物の一人が上田敏《うえだびん》である。上田敏は訳詩集『海潮音《かいちょうおん》』を出して、新体詩の普及に大きな役割を果たした人物であるが、職業としては東京帝国大学、京都帝国大学で英文学を講じていた。彼がフォークロアという言葉とその内容を日本へ紹介した最初の人物である。一九一一年（明治四十四）に京都府立第一高等女学校において講演したが、その講演のなかでイギリスのフォークロアを紹介し、その意義を論じた。その講演内容は「民俗伝説」という表題の下に、後に『最近思潮教育冬季講習録』に収録された。「民俗伝説」は二つの論文からなっており、フォークロアの紹介はその前半部で、「俗説学《ぞくせつがく》」と題されていた。

上田敏

記憶・口碑・承継　俗説学を以下のように説明する。

知識、制度、法律等は、はじめまづ記憶に保存せられ、つぎに口碑《こうひ》に伝唱せられ、また種々の作業に承継せられる。

この保存伝承の方法、遂にかくて保存伝承せられる物そのものを総称してイヒツタエといふ。記録によらず、専ら説話によつて伝へ来つた俗間の口碑である、伝説である。この俗説を研究するため Folk-Lore の学が起つた。

故に俗説学は単にお伽話《とぎばなし》のやうな古来のハナシ又モノガタリのみを研究するので無く、一定時に於ける一民衆の心に存するあらゆるイヒツタエの総体を吟味し取調べてよい。（上田敏「民俗伝説」『上田敏全集』第六巻所収、四〜五頁）

このように見通しを述べたうえで、フォークロアという単語の成立を紹介し、イギリスのFolklore Societyを訳して英国俗説学会としている。そして英国俗説学会の採用している分類によれば、俗説は、（一）信仰及び旧慣、（二）伝説及び俗諺《ぞくげん》、（三）技芸であるとして、その内容を詳しく紹介している。以下の通りである。

〔一〕信仰及び旧慣

（一）天象に関する信仰及び常習
（二）草木に関する俗説
（三）動物に関する俗説
（四）亡霊妖怪の迷信
（五）巫蠱《ふこ》の術
（六）医治の術
（七）卜筮《ぼくぜい》魔術に関する信仰
（八）世界終末に関する説
（九）雑信仰及び旧慣
（一〇）祭典
（一一）儀式

（一二）遊戯
（一三）地方旧慣　一地方特有の旧慣、例えば穀物の神霊に関係ある農事の儀式
（一四）舞踊
〔二〕伝説及び俗諺
（一）古伝　真の事実として伝えられたハナシ
（二）お伽話
（三）動物譬喩《ひゆ》談
（四）笑話
（五）神話
（六）地理伝説　山川木石などについてのイイツタエ
（七）民謡
（八）諺語
〔三〕技芸
（一）民俗楽　フォークミュージック
（二）民俗劇　フォークドラマ

この分類は上田敏独自のものではない。イギリスの民俗学教科書ともいうべき『民俗学ハンドブック』（一八九〇年）に全面的に依拠し、それを紹介している。しかし、これがフォークロアという用語の紹介とともに、その学問の全体像を示したことは間違いない。ただし、発表媒体が一般的な刊行物でなかったの

で、普及することはなかった。

五　日本民俗学会と『民俗』

一九一二年（明治四十五）四月に石橋臥波《がは》が、坪井正五郎・白鳥庫吉《しらとりくらきち》・三宅米吉《よねきち》・富士川游《ゆう》などを誘って日本民俗学会を設立した。民俗学という名前が正式に名乗られた最初である。この会は翌年に機関誌として『民俗』を発刊した。その主意書で「ここで民俗学と申し候は、Volkskunde の儀にして、国民の間に現存する古代文化の遺物、即ち伝説、童話、俚諺《りげん》、迷信及び風儀、慣習等につきて研究するものにこれあり候。folklore と申す名称は英国のウィリヤム・ジョン・トームス氏が一千八百四十六年、初めて用いしものの由承はり申し候」と説明した。この『民俗』はわずかに五号までで一九一五年に終わったが、民俗や民俗学という用語を定着させる上では大きく貢献したといえよう。

その創刊号の巻頭論文は芳賀矢一《はがやいち》の「民俗の研究」である。芳賀矢一は国文学者であり、民俗を研究する人物ではなかったが、民俗の意義を認めて、その研究は書物に記載されたものだけでなく、口碑や風習を活用しなければならないと説いている。創刊号の次の論文は坪井正五郎「ふんどし」である。これはかつての土俗会の指導者の論文らしく、日本の褌《ふんどし》を日本以外の諸地域の褌と比較している。

『民俗』への寄稿者は芳賀・坪井だけでなく、鳥居龍蔵・南方熊楠《みなかたくまぐす》、伊波普猷《いはふゆう》、巌谷小波《いわやさざなみ》など当時の代表的な研究者たちであった。全体としては、その結成が東京帝国大学で行われたことが示しているように、東京の大学関係者中心の組織であり、民俗学、民俗と名乗っても、必ずしも一つの学問立場や方法で結集したものではない。結果的には、地方への普及が進まず、同時に刊行された『郷土研究』に敗北したといってよいであろう。

Ⅳ　民俗学の登場

一　柳田國男の生涯と民俗学

民俗研究以前　最初に柳田國男の生涯を概観しておこう。民俗学史に柳田國男が登場するのは一九〇八年のことであり、日本の民俗学の中心人物になるのは一九一〇年代を通しての活動によってであるが、その後の民俗学がほとんど完全に柳田國男個人の研究によって骨格が作られているので、民俗学の内容には色濃く柳田の思想や思いが反映している。柳田國男論者がいうように、民俗学は柳田國男の思想を表現する手段と理解できるほどである。したがって、学史から離れて、柳田個人の伝記的内容を見て、民俗学が彼の生涯といかに深く結びついているかを確認しておくことも必要であろう。

柳田國男

柳田國男が民俗学の研究を行ったのは三五歳になった一九一〇年前後からの約半世紀で、それ以前は農政官僚・農政学者として活躍し、さらに学生時代は新体詩をつくる文学青年であった。

一八七五年（明治八）に兵庫県神東郡《じんとう》辻川村《つじかわ》（現在の兵庫県神崎郡《かんざき》福崎町《ふくさき》辻川）に松岡操《まつおかみさお》の六男として生まれた。父は在村の漢学者であったが、また国学の影響を受けていた。彼が晩年に「私は日本一小さい家で生れた」と回顧するように、家は貧しく不安定な生活であった。小学校を卒業すると、一番上の兄が開業医として住み着いた茨城県南部で利根川《とねがわ》縁の布川《ふかわ》（現在の茨城県北相馬郡利根町布川）に移り住み、さらに二年後に東京に出て、中学に入り、その後第一高等中学校（後に旧制一高）を経て、東京帝国大学法科大学に進み、一九〇〇年に卒業した。学生時代には文学青年であり、国木田独歩《くにきだどっぽ》・田山花袋《たやまかたい》・島崎藤村《しまざきとうそん》などと交流し、新体詩人として活躍したが、後には文学とは疎遠となった。大学卒業後は、農商務省農務局に勤務し、その年に成立したばかりの産業組合法の普及に努力するとともに、早稲田大学で農政学の講義を担当した。一九〇二年に大審院判事柳田直平《なおひら》の婿養子となり、柳田國男となった。大学卒業後の約一〇年間は、勤務部署としては変化しながらも、最初に勤務した農商務省で深くかかわった農業政策に関連する活動をした。また農業政策についての論文を多く発表したが、才覚によって利潤をあげることができる農業を目標にすべきことを主張し、小作人が地主に収穫米を納入する現物小作料は農民の発展を阻害していると批判してその廃止を提案するなど、当時の農政学者・農政官僚の農本《のうほん》主義的な傾向とは大きく異なるものであった。そのため、彼の提言・主張は受け入れられることなく、農政に挫折することとなった。

一九〇八年の体験　一九〇八年（明治四十一）に三ヵ月におよぶ九州の視察旅行に出かけ、山村、離島を訪れ、地方農村の実態をはじめて知るが、特に感動したのが宮崎県椎葉村《しいば》という山間奥地で現実に行われている狩猟と焼畑耕作であった。焼畑を行い、狩猟をする人々は平野の水田稲作に基盤を置く農民とは系譜が異なり、日本列島の先住民の子孫であるが、後から移住してきた水田稲作民によって圧迫されてしだいに山間奥地に追い込まれてしまったと解釈した。

柳田國男の民俗学は、焼畑、狩猟を行う人々の研究からはじまった。したがって、初期の柳田國男の民俗学は、人口の大多数を占める農民の研究ではなく、むしろ少数派に属するさまざまな生業の人々の研究として展開した。特に非定住民としての木地屋《きじや》その他の職人や巫女《みこ》、毛坊主《けぼうず》などの漂泊の宗教者の存在を発掘し、その意義を論じ、また被差別部落の人々にも関心を示した。一九一三年（大正二）には雑誌『郷土研究』を発刊し、各地の同好の人々を結集して、その情報を投稿原稿として集約するシステムを作り上げた。この雑誌を通しての読者の組織化はその後の柳田國男の研究組織を作り上げていく基本的な方式となった。官僚として勤務しつつ、自ら新しい研究を展開し、さらに雑誌を発行して各地の人々を組織するという活動を行った。

民俗学の確立　一九一九年（大正八）末に貴族院書記官長を最後に官僚を辞し、翌年に朝日新聞社に入社した。その後の活動にもっとも重要な意味をもったのは、一九二〇年の年末に東京を出発して三ヵ月におよぶ沖縄旅行をしたことである。沖縄の生活を実際に見て、そこに日本文化のもっとも古い姿を発見した。そして、一九二一、二二年には国際連盟委任統治委員としてスイスに赴き、ヨーロッパの民俗学や言語学を直接学んだ。一九二〇年代後半は朝日新聞の論説を担当して社説を執筆することとなり、日々起こる社会問題や政治情勢について考え、意見を述べる機会が多くなった。その過程でかつての農政学者・農政官僚としての使命感がふたたび強まり、現実に解決を迫られている問題について解答を出す学問として民俗学を位置づけるようになった。特に一九三〇年代には「何故に農民は貧なりや」と彼自身が表現したように、世界恐慌の波を被って悲惨な状況に置かれた農民、農村の問題を取り上げ、その苦しい状態に

柳田國男『民間伝承論』

なった歴史的条件を明らかにすることを最大の課題とした。

一九三〇年（昭和五）末には朝日新聞社を退職し、それ以降は民俗学の研究と後進の指導に専念した。この時期に民俗学は少数の移動する人々の研究から人口の大多数を占める定住して水田稲作をする農民の生活を研究対象とする学問となった。民俗は水田稲作農耕民の文化を表わす言葉であり、また水田稲作農耕民を常民《じょうみん》と表現し、彼らの生活の砦としての「家の永続」を中核において、それを支える先祖祭祀、祖霊観を論じた。さらに『民間伝承論』（一九三四年）や『郷土生活の研究法』（一九三五年）などを通して民俗学の全体像を提示し、方法論を整備した。また、方法の整備に対応する信頼性の高い資料の集積をめざして、一〇〇項目の調査内容を印刷した「採集手帖」を携帯した調査員を派遣する方式の民俗調査を、一九三四年から三七年にかけて全国各地の山村五〇ヵ所あまりで実施した（山村調査）。三〇年代が柳田民俗学の確立期といわれる由縁である。

第二次大戦中からしだいに日本人としての自覚と団結を促すための研究へと進み、戦後に引き継がれた。民俗学は常民の学から日本人の学となった。アメリカの占領下における日本人解体の危機感から、日本人の自己認識に資する問題に焦点を合わせて研究を行い、最終的には日本人の先祖が日本列島へ渡ってきた経路を、大陸南部からまず沖縄に移住してきたこと、そこからさらに日本列島各地に広がったことを主張し、沖縄を含めて日本は一つであることを強調した（『海上の道』一九六一年）。また、戦前の自分一人が研究するというあり方への反省から、自らの住宅と蔵書を基礎に民俗学研究所を設立し、研究所員や同人という方式で研究者を養成する努力を行った。また一九四九年（昭和二十四）にはそれまでの民間伝承の会を日本民俗学会と改称し、組織化をはかった。しかし、研究所の活動も必ずしも成功したとはいえず、自ら研究所の解散を主導した。そして、晩年には「日本民俗学の頽廃《たいはい》を悲しむ」という題目の講演さえもした。

柳田國男の方法　柳田國男の民俗学は基本的に歴史研究として行われた。文字資料に依拠する歴史学の限界を指摘して、世代を超えて伝えられてきた民俗事象にもとづく民俗学の有効性を主張し、人々の生活文化の歴史を現在の民俗事象から再構成する方法を説いた。彼の描く歴史は、英雄や権力者という固有名詞をともなわず、変革・変動などという急激な変化を見せず、人々の意識・感覚とともに少しずつ変化する生活文化の歴史であり、その歴史認識は今日のアナール学派の社会史と共通する点が多く、先駆性は大きい。

半世紀におよぶ研究の内容は多方面に渡るが、その研究テーマの選択はその時期の日本社会に対する危機意識を基底にした強烈な使命感にもとづくものであった。その点で常に「経世済民《けいせいさいみん》」の学を目指す歴史研究であった。その歴史的変化・変遷を必ずしも進歩・発展とは考えておらず、むしろ出発においては矛盾のない調和の取れた状態を想定し、後に矛盾が生じ、変化が起こり、結果として解決を迫られるような困難な事態が生じたという認識であり、国学の発想に近いものがあった。確立期以降の柳田國男が、歴史の再構成に際して注目したのが、地域差であった。日本列島は歴史を共有してきた一つの文化であり、その地域差は基本的には変化の遅い早いによる時間差を示しているとして、比較研究による日本全体の歴史過程を描き出した。比較の方法としては、各地の事象を類型化し、重ねあわせて比較すると変遷過程が見えてくるという重出立証法《じゅうしゅつりっしょうほう》、またその分布を地図に記入したときに、いくつもの半径の異なる同心円が描ける場合、中心部に近いものは新しく、外側の周辺部のものは古いと解釈できるという周圏論《しゅうけんろん》などが示された。

柳田國男が民俗学の方法によって提示した日本の歴史は、旧来の政治史中心の歴史像とは大きく異なるだけでなく、近代日本を内在的に批判する視点を持っていた。そのため、民俗学のみでなく、さまざまな分野から柳田國男の思想を検討し、彼の研究を高く評価することが行われてきたが、近年ではその問題点を指摘する見解も多くなってきている。特に明治国家の優れた官僚としての側面、さらには日本による台湾・朝鮮の植民地支配との関わりの深さなどが著述内容にもあらわれていることが注意されつつある。また彼自身は全国各地に赴いても自ら調査はほとんどせず、論文の基礎にした資料の多くが雑誌などを通して間接的に得たられたものにもとづいており、必ずしも論証された主張とすることはできない。著作集として『定本柳田國男集』全三一巻・別巻五（筑摩書房）および『柳田國男全集』全三二巻（筑摩文庫）があり、また各種の文庫本に代表的著作は収録されているし、近年は決定版と称する『柳田國男全集』全三六巻（筑摩書房）が刊行され、完結しつつある。

二　『後狩詞記』と『遠野物語』

1　『後狩詞記』

椎葉村訪問記　一九〇九年（明治四十二）三月に『後狩詞記《のちのかりことばのき》』が刊行された。その印刷部数はわずかに五〇部の自費出版であった。知人友人に配られただけであったが、柳田國男にとってはじめての民俗学の著作であった。この『後狩詞記』が柳田の最初で最後の特定地域でのフィールドワークの成果にもとづく記述であった。『後狩詞記』の記述の基礎となったフィールドワークは前年の一九〇八年五月二十四日から八月二十二日までの三ヵ月におよぶ九州旅行の後半七月十三日からの一週間、宮崎県東臼杵《ひがしうすき》郡椎葉《しいば》村を訪れてのものであった。三ヵ月の旅行自体は官吏として内務省から行政視察のため派遣された出張であった（牛島盛光『日本民俗学の源流』）。しかし、その行程で新しい発見をし、さらに新しい認識を獲得していった。他方、当時内閣法制局参事官であった高級官僚が山間奥地の椎葉村を訪れてくるのであるから、村長中瀬淳《すなお》以下の村吏は村の入り口まで出迎え、一週間の滞在中は絶えず付き従い、また同宿して椎葉村を案内した。柳田は椎葉村で行われている焼畑農業と狩猟に大きな関心を抱き、話を聞き、また文字資料を閲覧した。特に狩猟に関する作法・儀礼・言葉に注目し、記録をとった。東京へ帰ってからもこの椎葉での印象は強く残り、それを記述することを試み、また視察報告の講演でもその印象を語った。

その強烈な印象は「九州南部地方の民風《みんぷう》」と題する翌年四月の講演の中で次のように表明している（藤井隆至編『柳田國男農政論集』所収）。

要するに古き純日本の思想を有する人民は、次第に平地人の為に山中に追込まれて、日本の旧思想は今日平地に於いては最早殆《ほとん》ど之を窺い知ることが出来なくなつて居ります。（中略）山地に残れる人民は、次第に其勢力を失ひ、平地人の圧迫を感ぜずには居られなかつたのであります。言はゞ米食人種水田人種が粟食人種、焼畑人種を馬鹿にする形であります。此点に付ては深く弱者たる山民に同情を表します。

平地人である稲作民と山地人である焼畑民は本来異なる存在であり、前者の進出によって後者は劣悪な生活条件に追い込まれたという、山人・山民に対する理解が初期の研究の基本的な認識であった。

『後狩詞記』　『後狩詞記』は椎葉村で聞いたこと、知ったことを簡潔にまとめたもので、いわば民俗調査報告書というべきものである。その序でつぎのように述べている。

ここにかりに『後狩詞記』という名をもって世に公にせんとする日向《ひゅうが》の椎葉村の狩の話は、もちろん第二期の狩についての話である。言わば白銀時代の記録である。鉄砲という平民的飛道具をもって、平民的の獣すなわち猪を追い掛ける話である。しかるにこの書物の価値がそのために些《すこ》しでも低くなるとは信ぜられぬ仔細は、その中に列記する猪狩の慣習がまさに現実に規則正しく当代に行われていることである。自動車無線電信の文明と併行して、日本国の一地角に規則正しく発生する社会現象であるからである。（ちくま文庫版『柳田國男全集』五巻、一三頁）

そして、つぎのような歴史認識を示している。

思うに古今は直立する一の棒ではなくて、山地に向けてこれを寝かしたようなのがわが国のさまである。（同書一六頁）

序で椎葉村の生活について概観し、ついで本文で狩猟を中心に記述しているが、この部分は柳田國男に随って椎葉村を案内した村長中瀬淳《なかせすなお》が執筆して寄せたものが基礎になっている。まず「土地の名目」と題して、椎葉村での山地の土地利用とその名称を記し、つぎに「狩ことば」を紹介する。三番目には「狩の作法」、そして「いろいろの口伝」を記述し、最後に「付録」として狩猟に際しての諸儀礼を説いた「狩之巻」を収録した。その記述は、箇条書きで、椎葉での語彙を見出し語にしている。椎葉での内容を中心にして、ほとんど解釈を加えず、また他所の類例と安易に比較することもなく、忠実に記録しようとしている。言い換えれば、中瀬淳が執筆した文章をそのまま採用している。解釈や考察におよぶときは、△印を付け、「編者云」として、活字を小さくして記載している。「土地の名目」の最初は「ニタ」で、次のように書かれている。

一　ニタ　山腹の湿地に猪が自ら凹所《おうしょ》を設け水を湛《たた》える所をいう。猪は夜々来たりてこの水を飲み、全身を浸して泥土を塗り、近傍の樹木に触れて身を擦《こす》るなり。ゆえにニタに注意すれば、付近に猪の棲息するや否やを知り得べし。

△編者云、ニタは処によりてはノタともいうか。北原氏話に、信州にてノタを打つというは、猪鹿などの夜分ここに来てみを浸すを狙うなり。（中略）『風土記』に「にたしき小国也」とある出雲《いずも》の仁多郡は知らず。伊豆の仁田を初め諸国にニタという地名少なからず。我々が新田の義なりとする地名の中にも、折々はこのニタあるべし。たとえば上野《こうずけ》の下仁《しもに》田《た》など。（『柳田國男全集』五巻、一二二頁）

ここにすでに確立期の柳田が指導した資料処理の方法が明確に示されている。地域で用いられている民俗語彙をカタカナ書きで記し、その民俗語彙を見出しにして、その内容を説明文として記述し、類例の紹介や解釈はそれとは混在させないという方針である。いまだ学問として成立していない段階にすでに資料処理の基準ができていたことは注目すべきことであろう。

2　『遠野物語』

不思議な話　『後狩詞記』が出された翌年、すなわち一九一〇年（明治四十三）六月に有名な『遠野《とおの》物語』が聚精堂という出版社から出版された。『後狩詞記』が自費出版だったのに対して、『遠野物語』は定価五〇銭の市販本であった。発行部数は三五〇部で、奥付には番号が打たれていた。

そこには岩手県遠野地方の不思議な話が簡潔な文章で綴られていた。一つの話はおおむね一ページ弱であり、総数で一一九であった。その内容は、巻頭に目次代わりに付された「題目」によれば、地勢、神の始、里の神（カクラサマ・ゴンゲサマ）、家の神（オクナイサマ・オシラサマ・ザシキワラシ）、山の神、神女、天狗、山男、山女、山の霊異、仙人堂、蝦夷《えぞ》の跡、塚と森と、姥神《うばがみ》、館の址、昔の人、家のさま、家の盛衰（マコイガ）、前兆、魂の行方、まぼろし、雪女、川童《かっぱ》、猿の経立《ふったち》、猿、狼《おいぬ》、熊、狐、色々の鳥、花、小正月の行事、雨風祭、昔々、歌謡の三四である。そのなかで、魂の行方が八、山男が七、家の盛衰が七、山の神が六となっている。理解を超える不思議な現象であるが、それがどこの誰が経験したことと具体的に語られているところに特色がある。

佐々木喜善　その序文で『遠野物語』の由来を以下のように述べている。

この話はすべて遠野の人佐々木鏡石《きようせき》君より聞きたり。昨明治四二年の二月頃より始めて夜分折々訪ね来たりこの話をせられしを筆記せしなり。鏡石君は話上手にはあらざれども誠実なる人なり。自分もまた一字一句をも加減せず感じたるままを書きたり。思うに遠野郷にはこの類の物語なお数百件あるならん。我々はより多くを聞かんことを切望す。国内の山村にして遠野よりさらに物深き所にはまた無数の山神山人の伝説あるべし。願わくはこれを語りて平地人を戦慄《せんりつ》せしめよ。この書は陳勝呉広《ちんしょうごこう》のみ。（ちくま文庫版『柳田國男全集』四巻、九頁）

これによれば、佐々木鏡石から聞いた話を「一字一句をも加減せず感じたるままを書きたり」という。すなわち、佐々木鏡石が故郷の話を柳田に語って聞かせたものを柳田がその感性にもとづいて忠実に文章にしたということになる。しかし「鏡石君は話上手にあらざれども」と述べている人物であり、それに対して『遠野物語』の文章は非常に引き締まった簡潔な文章で書かれている。明らかに柳田の文学的資質にもとづく文章である。

序でいう佐々木鏡石は現在一般的には佐々木喜善《きぜん》と呼ばれている人物である。佐々木喜善は一八八六年に岩手県遠野の土淵《つちぶち》村の比較的豊かな農家の生まれた、文学青年であった。当時は東京に出てきて、早稲田大学で聴講生になっていた。彼の下宿に三歳上の文学青年水野葉舟《みずのようしゅう》がいて、つきあいをはじめた。一九〇八年十一月四日に水野は佐々木喜善をともなって柳田宅を訪問した。それ以前に水野は柳田に会い、佐々木のことを話したところ、興味を抱き、会いたいということになったものである。佐々木は柳田に故郷の不思議な話を聞かせた。柳田はそれに引きつけられ、早速『遠野物語』を書くことを考えている。それからたびたび佐々木喜善を自宅に招き話を聞いた。また彼の小石川の下宿を訪問した。そして、一九〇九年八月二十二日に遠野を訪れる旅に出た。翌日の夜遅く遠野に到着して、話に聞いていた遠野を自らの目で確認した。

『遠野物語』は民俗学の古典とされ、『遠野物語』から日本の民俗学ははじまったと解する人もいる。たしかに重要な作品である。文章も優れ、不思議な話を記録している点で貴重な存在である。しかし、これはあくまでも感動して聞いた話を柳田國男の文学的表現力で短い文章にしてまとめた作品という性格が強い。ここから民俗についての知識・情報、あるいはヒントを取り出すことができる。そして、はじめての本格的な聞き書きの書と解し、位置づけるべきものであろう。場所は岩手県ではなく、東京の柳田の自宅や佐々木の下宿であったが、柳田が佐々木の語るところを聞きつつ書き留めるという民俗調査の方法を実践したのである。

3 『石神問答』

すでに紹介したように、柳田國男は一九一〇年（明治四十三）五月に『石神問答《いしがみもんどう》』を刊行している。これは柳田國男と八人の研究者との間で一九〇九年九月から翌年の四月までに交わされた石神をテーマとした往復書簡集で、柳田の完全な著書というわけではないが、好事家的なテーマの石神・道祖神《どうそじん》・性神などを博学な知識で縦横に論じたもので、この学問の夜明けを告げるものであった。全部で四三通が収録されている。そのうち二二通が柳田國男が出した手紙で、一〇通が山中共古《やまなかきょうこ》宛てで一番多く、次いで白鳥庫吉《しらとりくらきち》宛てが四通、伊能嘉矩《いのうかのり》および佐々木繁（喜善）宛てが各二通、そして和田千吉《わだせんきち》、喜田貞吉《きたさだきち》、緒方小太郎《おがたこたろう》、松岡輝夫《まつおかてるお》（映丘《えいきゅう》）がそれぞれ一通である。他方、柳田が受け取った手紙は、山中共古からが八通、佐々木喜善からが二通、伊能嘉矩、緒方小太郎からの各一通である。

山中共古は、すでに紹介したように、キリスト教会の牧師であったが、民俗に興味関心を抱き、『東京人類学会雑誌』などに多くの文章を寄せていた。白鳥庫吉は著名な東洋学者であるが、当時近くに住んでいて交流があったという。伊能嘉矩は岩手県遠野在住の人類学者で、台湾の研究をしていた。和田千吉は考古学者である。喜田貞吉は古代史研究者であるが、後に紹介するように、民俗学にも関係がある。緒方小太郎は熊本県八代《やつしろ》在住の神官であった。松岡輝夫は柳田の弟であり、日本画家であった。これらの人々が蘊蓄《うんちく》を傾けて石神について縦横に論じ、それらを通して柳田國男は石神が境界に設定された塞《さい》の神の意味であることを明らかにする。

三　『郷土研究』の創刊と本格的活動の開始

1　郷　土　会

地方学を指向して　『後狩詞記』と『遠野物語』そして『石神問答』の三部作を世に出すことで民俗学と後に呼ぶことになる世界に分け入った柳田國男は、まず同種の事象に興味を抱く人々との連携、協同を試みる。その一つが、郷土会の創立である。これは、一九〇八年頃に柳田國男が自宅で開いていた郷土研究会を前身として、一九一〇年（明治四十三）の秋に組織された。最初は正式の会の名称はなく、新渡《にと》戸《べ》稲造《いなぞう》を中心にしたサロンとしてはじまった。会場も新渡戸宅であり、農村・農業問題に関心を持つさまざまな人々が集まったが、柳田はその中心人物であった。柳田國男によれば、自分の家で行っていた郷土研究会とは別に新渡戸宅で行っていた研究会があり、それと合流したのだという（『故郷七十年』）。新渡戸の地方学《じかたがく》に共鳴して集まった人もおり、地域の農業・農村を重視する立場であるが、しかし安易に農本主義的な見方をしない人々の集まりであった。しだいに会としての体裁をとるようになり、会合も定期的に開催され、報告発表が行われた。初期からの会員は柳田國男、石黒忠篤《いしぐろただあつ》、小野武夫《おのたけお》、小田内通敏《おだうちみちとし》、牧口常《まきぐちつね》三郎《さぶろう》など、二〇名ほどであった。会は一九一九年（大正八）まで続けられた。

　郷土会の活動については、柳田によって『郷土会記録』（一九二五年）にまとめられ刊行されている。そこには一九一二年一月の一四回からの会の内容が記録されている。この会には一四名の会員が出席し、高

柳田國男編『郷土会記録』

木敏雄が阿蘇《あそ》の南郷谷《なんごうだに》の話をした。また、この会は東京近郊の農村を見学する遠足をときどき行った。第一六回は現在の埼玉県新座《にいざ》市野火止《のびとめ》に行き、また二一回には神奈川県の秦野《はだの》市地域へ出かけている。いずれも日帰りでなく、現地近くで宿泊しての巡見であった。行動力をともなった研究会であった。それは、後に紹介する内郷《うちごう》調査へと発展する。

2　『郷土研究』の創刊

本格的研究雑誌　つぎに柳田は本格的な学問の開拓者として、その普及に取り組むことになる。それが雑誌の創刊である。一九一三年（大正二）三月に、高木敏雄とともに『郷土研究』を創刊した。高木と柳田という組み合わせがどのように形成されたかは必ずしも明らかでないが、「神道談話会」という会で一緒だったというし、また郷土会にもともに参加している。高木の専門はドイツ文学であり、神話や伝説に興味関心を持っていたので、柳田と意見が一致したのであろう。『郷土研究』は月刊誌である。創刊号には高木敏雄が「郷土研究の本領」という題で巻頭論文を執筆している。

高木は郷土研究の意義について以下のように述べている。

> 郷土研究の目的は、日本民族生活の凡《すべ》ての方面の根本的研究であるから、この民族生活の舞台であり、同時にその発展の要件である郷土すなはち土地の研究は、この研究の必須要件である。（中略）

この土地の上に発展した民族生活の研究に対して、材料となるものは、凡ての文献科学に於けると等しく、現在の事実と過去の伝承である。有形無形の凡ての事実と伝承とが、この材料と成るのであるが、この材料に対する吾吾《われわれ》の態度如何は、吾吾の研究の効果に至大の影響を有するのであるから、その選択と批判と利用とに際しては、如何程《いかほど》慎重を重ねても足らぬ位である。此場合に於いて最も困難を感ずるのは、云ふまでもなく文献伝承と口碑伝承との批判である。（高木敏雄「郷土研究の本領」『郷土研究』創刊号、一九一三年）

高木は日本民族を強調し、その民族生活の究明を目標にしているが、その日本民族について北海道から琉球までの日本列島に住む住民としつつも、アイヌは別の民族として除外し、沖縄の人々は「日本民族中の一民族」として組み込み、「この一団の住民は、その言語に於て、その風習に於て、その信仰に於て、即ちその文化の凡ての方面に於て共通してゐる、換言すれば同一の文化を有する住民である」とした。ナショナリズムの立場を志向し、しかも今日の民俗学の無批判的常識・通念となっている日本人理解を示している。アイヌを除外し、沖縄を含める日本人が郷土研究の対象と考え、その文化の同一性・均質性を前提にしている。旧来の日本民俗学史が『郷土研究』の創刊をもって日本民俗学の成立とするのはその点では間違っていないといえよう。郷土研究は個別の郷土ではなく、「現在の日本が日本民族の郷土である」というように、

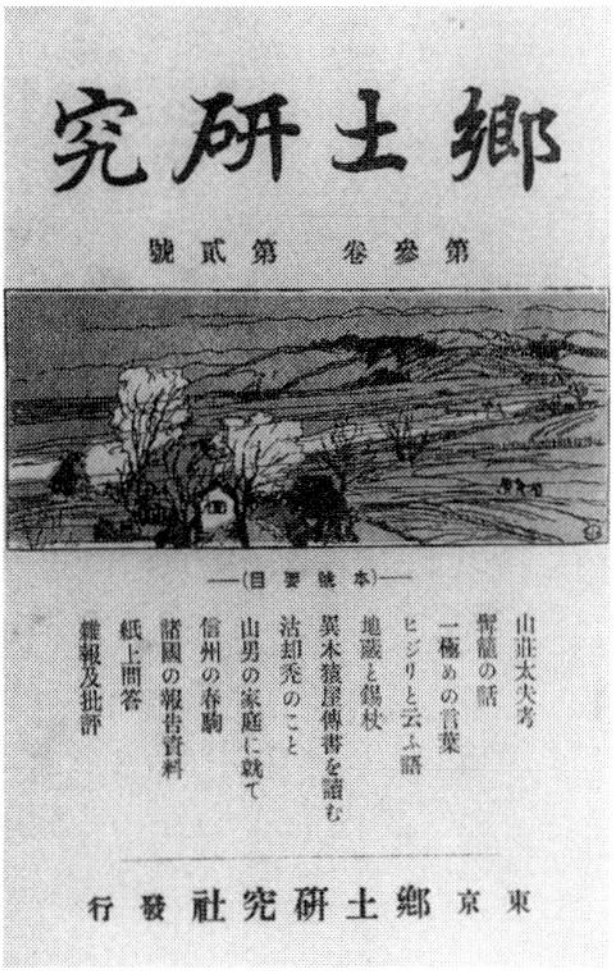

『郷土研究』

日本のことである。この点もその後の民俗学の通念であり、柳田國男の主張でもあった。

活躍する柳田國男

『郷土研究』の創刊号は高木の「郷土研究の本領」を巻頭に掲載して、趣旨説明とし、続いて川村杳樹《かわむらはるき》の「巫女考」、久米長目《くめながめ》の「山人外伝資料」および赤峯太郎「今昔物語の研究」を論文として掲載し、小篇として柳田國男の「蝦夷の内地に住すること」、「宅地の経済上の意義」、「ヰナカ」、高木敏雄の「牛の神話伝説補遺」、「三輪式神婚説話に就いて」を収録している。すでに明らかにされているように、川村杳樹と久米長目は柳田國男の筆名である。したがって、創刊号はほとんど完全に柳田と高木の二人の原稿によって作られたことになる。興味深い題目を掲げて読者を惹きつけ、さらには投稿原稿の呼び水にしようとしたものと推測されるが、二号以降もほぼ同様に柳田國男が多くのペンネームを用いて多くの論文を発表している。第二号の巻頭論文は前号に続き、川村杳樹、すなわち柳田國男の「巫女考」、また久米長目の名前で「山人外伝資料」の二回目、そして高木敏雄の「日本童話考」を掲載したが、それに加えて喜田貞吉の「本邦に於ける一種の古代文明」が掲載された。これは銅鐸《どうたく》について概説的に見たもので、銅鐸を秦人の文明であるという仮説を提示している。第一巻の一二冊は、基本的に高木敏雄と柳田國男の二人の論文で構成されていた。

高木と柳田の共同で創刊された『郷土研究』は、翌年の二巻二号で高木が編集からおりて、柳田の単独刊行となった。それまでは高木は事実上の編集作業をしていたのであるが、その掲載文についての評価が分かれ、高木はやる気をなくしたという。二巻三号に「社告」として高木敏雄が編集の任を辞したこと、したがって編集所も移転したことを告げた。同時にそれまで裏表紙に記されていたドイツ語による目次も廃された。三号から高木の名前は消えた。ほぼ完全に柳田國男単独編集となった。論文執筆者として津田《つだ》左右吉《そうきち》が登場する。三号では「文献に現はれたる上代の神」、四号に「文献に現はれて居る上代の神」という一連の論文であった。

南方熊楠の批判　その二巻五号（一九一四年〈大正三〉七月）に南方熊楠《みなかたくまぐす》の『郷土研究』の記者に与ふる書」という注目すべき文章が掲載された。南方熊楠はつぎのようにいう。

「郷土研究」は地方経済学の雑誌なることは、創立の際貴下より承りたること有之。然るにこの途方経済学の分限、小生には分らず。地方成立の研究と言はば、之に伴ひて必ず地方政治学研究の必要あり。かの神社合祀の利害又地方に万づ利益事業を計画する利害の如きは、尤も此雑誌にて論ずべきもの也。

また、つぎのように批判する。

南方熊楠

然るに小生気が付かぬ故か、地方経済云々を主眼とする「郷土研究」に、従来何たる地方経済らしき論文の出しを見ず。ただ俳人の紀行にして俳句を抜去りたるが如きもの二三を見しのみ。

この南方熊楠の文章は長文で、八月号、九月号にもつづきが掲載された。この批判の一文に対して、八月号で「記者申す」という短い反論を掲載した。その反論は、まず南方熊楠が『郷土研究』を地方経済学の雑誌ととらえている点についてである。柳田が南方に対して説明したときには「ルーラルエコノミー」と表現したのであって、それを南方が地方経済と訳して、雑誌の性格をその線に沿って編集すべきだといっているが、ルーラルエコノミーは地方経済と訳すべきでなく、適切な訳語はないが、あえて訳せば「農村生活誌」とすべきであり、自分がいっているのはその意味だという。そして、一、雑誌の目的を単純にせよという要求に対し、雑誌は幅広くなければならない、二、南方は郷土会と郷土研究を混同している、三、柳田の「巫女考」の掲載を中止せよという南方の要求に対して、すでに掲載を終わっている、と回答している。南方は『郷土研究』はもっと現実の農村の社会的経済的状況を把握しなければならないと主張したのに対して、柳田國男はそれらのことは『斯民《しみん》』その他の媒体があり、『郷土研究』は「平民は如何に生活するか」あるいは「如何に生活し来つたか」という「世論の前提を確実にする」ことを役割とすると表明している。たしかに、南方の批判が指摘するように、現実離れした、懐古趣味的な傾向が見られたことは事実であるが、また柳田が主張するように、幅広く「農村生活誌」を描くことの重要性は認められるであろう。

『郷土研究』には多くの論文が発表され、一つの自立した学問の存在を世間に知らせた。いまだ民俗学という言葉が定着しておらず、また柳田も民俗学という表現を用いていなかった。しかし、『郷土研究』は四巻一二号（一九一七年〈大正六〉）までで休刊となった。

熊楠の民俗学　南方熊楠は民俗学研究者という枠には収まらない人物である。その世界的な経験を基礎に該博な知識を駆使して日本の民俗について独創的な考察を加えた。超人的ともいえる研究はまた他人には真似できないものであった。また権威にとらわれない自由な発想は、柳田國男の仮説や見方にも厳しい批判を行った。その批判が民俗学の進展に大きな力となった。

南方熊楠は若い頃に日本を脱出して、アメリカに行き、その後イギリスに渡り、大英博物館に通い詰めて研究をした。したがって、最初から日本を超えた知識と関心をもって文化を研究した。その場合、民族ではなく人類が関心の中心にあったといってよい。最初から一国民俗学を超えていた。一九〇〇年（明治三十三）に英国より帰国し、故郷の和歌山にもどり、一九〇四年からは田辺《たなべ》に居住した。そして一九〇九年（明治四十二）頃から本格的な論考を『東京人類学会雑誌』に発表した。その最初の論考は「出口君の『小児と魔除け』を読む」（『東京人類学会雑誌』二七八号、一九〇九年）で、二七四号に発表された出口米吉の文章に応えたものであった。「人名を穢物もて付くること」、「鬼車、小児を害すること」、「児啼《こな》きを止むるに偉人の姓名を呼ぶこと」、「狼を魔除とすること」について、古今東西の多くのデータを紹介したものであった。次いで、「本邦における動物崇拝」（『東京人類学会雑誌』二九一号、一九一〇年）を発表した。これも山中笑（共古）の文章に応えて、博学な知識に基づいて豊富なデータを提供したものである。日本の古くからの文献記載によってのデータだけでなく、ヨーロッパやインドの事例も紹介した。南方の研究ははじめから日本列島を越え、日本人を超えていた。人類の多様な文化の中で日本の問題も考えていた。

南方の本格的な研究は一九一四年から雑誌『太陽』に連載された「十二支考」である。「十二支考」の最初は「虎に関する史話と伝説、民俗」（『太陽』二〇巻一、五、九号、一九一四年）であった。虎に関する古今東西の文献記述を博捜して、それらを名義、概略、人間・獣との関係、史話、仏教譚、信念、民俗に区分して記述している。そこでの民俗は俗信・俗説・俗習のこととしている。掲げられているのは日本の文献よりも、もっぱら中国の史書、ヨーロッパの各種記録である。

3　折口信夫の登場

名を秘した人　『郷土研究』の一巻一〇号（一九一三年）に折口信夫《おりくちしのぶ》「三郷巷談《さんごうこうだん》」という文章が掲載された。大阪に住む折口信夫が居住地の平野《ひらの》の伝承を報告したものであった。そこには、論文としての形式はなく、いくつかの注目すべき事象が記述されていた。結婚の一方式としての「ぼうた」（友人たちが女性を担いで家を出て結婚させる方式で、水呑の家でしばしば採用されたという）、「えった」や「夙《しゅく》」についての伝承（えったのこきわけ、一里えったに夙《シク》三里）を記述している。それ自体が差別に関するものであり、注目されるが、記述ではその点についてのコメントは見られない。この原稿が折口信夫の登場を意味した。原稿が投稿されてきたとき、柳田はその氏名からだれか有名人が名前を伏せてペンネームで投稿したものと考えたという。この折口信夫の名前が一挙に有名になったのは、つぎの論文の投稿によってであった。『郷土研究』三巻二号・三号（一九一五年）そして九号（一九一五年）に掲載された「髯籠《ひげこ》の話」である。この論文がいつ柳田國男のもとに投稿原稿として届いたのかは明らかでないが、おそらく柳田はその内容の優れていることに驚き、そして急激に対抗心を燃やしたものと思われる。その後の経過がそれをよく示している。

折口信夫

髯籠の話　「髯籠の話」は、神を迎える装置として、「神の標山には必神の依るべき喬木《きょうぼく》があって、而《しか》も其喬木には更に或よりしろのあるのが必須の条件であるらしい」と指摘し、依代《よりしろ》は人間から言えば招代《おぎしろ》であるとした。その招代は「神々の姿を偶像に作り、此を招代とする様になった」という。注目すべき指摘が満ちあふれ、ここに新しい概念としての「依代」「招代」も登場した。依代と招代は古くから用いられた詞のように思われているが、実際には古い用例はなく、折口信夫の「髯籠の話」で初めて登場した言葉である。

現在では依代は民俗学を学んだ者であればだれでもが親しんでいる。民俗学の辞典類では、祭礼や年中行事に際して設定される柱、ポール、飾り物などを説明するとき依代という概念が用いられている。しかし、少し注意深く読んでみると、その依代の意味は折口と辞典類・概説書類では異なることに気付くはずである。一般的な辞書の解説では神霊がよりつくものを依代としており、折口信夫のいう喬木のことを依代としている。そこに折口信夫の登場の重要な秘密が隠されているのである。

折口の「髯籠の話」の文中に「尾芝氏の柱松考（郷土研究、三の一）もどうやら此に関連した題目であるらしい」と記載され、また終わりに近い箇所で「尾芝氏も言はれた通り」という表現がある。このうち連載第一回の部分に記載された最初の「尾芝氏の柱松考《はしらまつこう》（郷土研究、三の一）もどうやら此に関連した題目であるらしい」という部分は疑問の出る記述である。折口の「髯籠の話」は『郷土研究』の三巻二号掲載であるが、尾芝《おしば》古樟《こしょう》の「柱松考」は同誌の三巻一号の掲載である。一号違いの掲載で、前号の掲載論文を読んでから原稿を書き、投稿して、月刊誌の次の号に掲載されることはほとんど不可能であろう。ここには何らかの操作があったと推測してよいであろう。

『郷土研究』の「髯籠の話」第一回掲載の文末には編者によるつぎのような注記が付されている。

○編者申す。折口君の原稿は優美な書簡体の文章であつたが、雑誌の調子を保持する為に不本意ながら書改めた。感想に亘る十数句を削つたのは相済まぬ。但し論旨には些少の異動を及ぼして居らぬ筈だが、もし著者の意に合はぬ点を注意せられたら、必ず厳密に訂正するつもりである。柱松考の著者は髯籠の問題に論及せぬ由である。柱に関して両考に相異がありとすれば、読者として却つて興味の多いことであらうと考へ、両氏に対し共に続稿の愈々《いよいよ》詳しからんことを望む。

ここに編者たる柳田が表明しているように、原稿に対して一定の修正削除を施しているのである。そこには加筆の表現はないが、削除とともに加筆も行われたと考えてよいであろう。加筆をして操作した点は、折口があたかも柳田の「柱松考」を読んで、それに触発されて「髯籠の話」を書いたかのようにしたことである。文中に「尾芝氏の柱松考」と出てくるが、月刊雑誌であるのに、前号（三巻一号）を読んでから執筆し、それを投稿したら翌月号（三巻二号）に掲載されたというのはいかにも不自然である。

折口は晩年にこの事情について以下のように語ったという。

全部候文で書いてあったが、出てみたら口語文に直してあった。先生もひまだったし、熱心だったのだが、書き直すのは大変な努力だったと思う。まだ、一面識もなかったころだったのに。

二か所ほど先生が違えられたところがある。―先生の「柱松考」を先に見ていれば、私は「髯籠の話」など書かなかったろう。（池田弥三郎『折口信夫』日本民俗文化大系2、一四七頁）

事実はおそらく最初に折口信夫の投稿原稿があって、それを読んだ柳田が内容の優れていることに驚き、生来の負けん気から、ほぼ同じテーマでかねて考えていた内容を急いで執筆し、それを三巻一号に掲載し、折口の「髯籠の話」に若干の字句を挿入して、翌月号に掲載したのではなかろうか。折口の述懐がそれを物語っている。民俗学を築き上げた二人の先達の登場は最初から緊張に満ちていたといえる。

依代という用語は折口によって設定されたものであり、特有の意味を与えられていた。しかし、柳田國男はその意味で用いることを潔しとしなかった。折口によって与えられた、喬木に付けた目印が依代であり、その本質は神の姿を象徴した姿をかたどったという解釈は消された。柳田自身はほとんど依代という用語を用いなかったが、神を招く柱や樹木を示す用語を提示しなかったため、依代という語がその意味で用いられるようになり、民俗学の世界では常識化した。その結果、折口が与えた依代の積極的意味は消えた。柳田國男を師と仰ぐ折口はそれを知りながら、この点についての反論や抵抗は示さなかった。

4　『郷土研究』における柳田の研究

漂泊移動の民への関心　すでに紹介したように、『郷土研究』は毎号論文を何本も掲載していたが、その多くは柳田が川村杳樹、久米長目、尾芝古樟、安東危西《あんどうきさい》、大野芳宜《おおのはぎ》など、いくつものペンネームを用いて執筆していた。ときにはほとんど全部が柳田一人によって書かれた号もある。現在ではいずれも柳田國男の執筆であることが確認でき、柳田の著作集・全集に収録されている。それらの代表的な論文を掲げれば以下のようなものがある。

「巫女考」（『郷土研究』一巻一～一二号）
「山人外伝資料」（『郷土研究』一巻一～七号）
「毛坊主考」（『郷土研究』二巻一～一二号）
「柱松考」（『郷土研究』三巻一号）

これらに、「『イタカ』及び『サンカ』」(『人類学雑誌』二七巻六号〜二八巻二号、一九一一年)、「所謂特殊部落ノ種類」(『国家学会雑誌』二七巻五号、一九一三年)を加えれば、当時の柳田國男の研究関心がどこにあったのかが分かる。平野に住む農民は研究対象になっておらず、イタカ、サンカ、巫女、毛坊主、山人、そして被差別部落が取り上げられている。一九〇八年の九州旅行を経て関心を集中させた、山間奥地に暮らす山人への関心、そしてそれの延長上に存在する山間部を漂泊移動する人々、そして移動する宗教者がもっぱらこの時期の研究内容を形成していた。平野部に住む常民に対して、非常民ともいうべき山間部を移動する人々の存在を明らかにし、その人々が日本社会において果たしてきた重要な役割を人々に気づかせ、さらに系譜として彼らの多くが平野に住む農民とは異なる先住民の子孫であるとした。このような、日本は複数の系譜の異なる人々によって形成されたという考えは柳田國男のみのものではなく、当時ある程度一般化していたが、現実に山間に暮らす人々をその系譜に属すると考え、彼らの文化の特質を把握しようとした。

そして、『郷土研究』掲載の論文では移動する宗教者を取り上げていることが注目される。平野部の寺院や神社を拠点とする制度的に位置づけられた宗教者よりも、漂泊する宗教者のほうがより一層人々の生活に密着した活動をしていたことを明らかにした。制度や体制によって支えられていた宗教者ではなく、人々の間を漂泊しつつ人々の求めに応じて宗教活動をする宗教者にあるべき姿を見ていた。

文字資料の活用　つぎに特色として把握できることは、当時の研究は、フィールド調査の成果にもとづくものではなかったことである。柳田自身の研究も多くが過去に文字に記録された断片的な記述を探し出してくるという作業を経てのものであった。『郷土研究』はいまだ文字資料に大きく依存していた。しかし、それに限界があることはしだいにはっきりしてきた。

論文は文字資料に根拠を発見して、論を展開するものであったが、読者からの投稿を中心とした「資料及報告」のコーナーでは、各地で伝えられ、行われている民俗事象を記述することが歓迎された。『郷土研究』二巻八号（一九一四年）に、創刊以来掲載してきた謹告に代えて、「社告」として「我々の雑誌に於て殊に読者の採集報告を切望する事項は」として年中行事、農林業や動植物鉱物の採取、交際往来の慣行、生死婚姻の現在の風習、禁忌、呪い、神仏の信仰と祭り、妖怪などを掲げている。しかし、一定の手続きや方法で調査をするということはほとんどなく、たまたま見たり聞いたりしたことを記述し報告するものが一般的であった。折口が『郷土研究』に最初に投稿した原稿が「三郷巷談」と題されたように、巷《ちまた》で語られていることで印象的な話題を格別系統的に整理することなく報告するものであった。

比較研究の重視　そして、『郷土研究』を舞台に柳田國男が民俗学の理論形成を行ったことも注目されよう。柳田は『郷土研究』二巻七号（一九一四年）の巻頭に菅沼可児彦《すがぬまかにひこ》のペンネームで「郷土誌編纂者の用意」という論文を掲載した。またその続編ともいうべき「郷土の年代記と英雄」を二巻八号に掲載している。それらでは旧来の郷土誌の編纂態度を批判して、今後の郷土誌の方向性を示そうとしたが、それはとりもなおさず民俗学の特質を主張することであった。「郷土誌編纂者の用意」でつぎのように述べる。

立派な且つ役に立つ郷土誌を子孫に遺さうとする学者は、流行の史学研究法から超脱せねばなりませぬ。気六つかしい史学者の奴《やっこ》と為つてはなりませぬ。

一、年代の数字に大きな苦労をせぬこと

二、固有名詞の詮議に重きを置かぬこと

三、材料採択の主たる方面を違えること
四、比較研究に最も大なる力を用いること
外にまだ有りましやうが、先づこの四つの点は郷土誌を作る人に欠くべからざる用意であらうと思ひます。

ここで比較研究を強調していることが注目される。明らかに柳田國男が考える民俗学の方法をすでに述べている。

四　調査と研究の進展

1　郷土会内郷村調査の教訓

内郷村調査　『横浜貿易新報』の一九一八年（大正七）七月十九日号に「お歴々方の農村研究」という見出しで一つの調査計画を報じている。十七日に新渡戸稲造《にとべいなぞう》宅で郷土研究会が開かれたが、「此の夏期を利用して本県下《けんか》津久井《つくい》郡内郷《うちごう》村を歴史地理の上から充分研究して見る就いて各自其の担当科と顔振とを極めやうと云ふのが会合の主たる目的であった」と記し、末尾には「出発は多分八月十五日ごろであらう云々」と書かれていた。これが有名な内郷村（現相模原市相模湖町）調査の第一報であった。八月十五日から二十五日までの一〇日間内郷村に滞在して調査を行った。

『東京日々新聞』一九一八年八月二十七日号は「十余名の学者に試みられし内郷村の村落調査」という見出しに「日本では最初の試み＝柳田貴族院書記官長の談」を添えて、詳しく報じた。それによれば、参加者は一一名で「研究題目は確定せざれども主として柳田氏は住民に就て、佐藤（功一）、今（和次郎）の両氏は建築方面より、草野（俊助）、正木（助次郎）両氏は地形上より、小田内（通敏）氏は食物及衣類に就て、石黒（忠篤）、中村（留治）の両氏は産業方面の事項に就て、其他の諸氏も夫々《それぞれ》専門的方面に就て要するに同村に関する一切の事項を研究したるもの」と内容を紹介している。そして柳田氏は語るとして「村落調査は外国には往々あるが日本では全く新しい試みであるから最初は気遣はれたが同村の押田村長と長谷川校長とが吾々の仕事を理解して大に歓迎された為に多大の便宜を得、村民から隔意なく調査の材料を提供して貰ふ事が出来た、これは同村に対して深く感謝する次第である（後略）」の談話を掲載している。

村落調査様式　柳田が胸をはって述べているように、日本で最初の総合的村落調査であった。内郷村はもちろん明治町村制の村であり、内部に多くの村落を含んだ単位であるが、周囲は川と山で囲まれ一つの独立世界を形成している。そこに一〇日間滞在し、寺に合宿して集中的に調査を行ったのはたしかに初めての試みであった。今でいえば学際的調査であり、民俗調査ではなかったが、調査事項には後の民俗調査で取り上げられる問題が多く含まれていた。調査準備として「村落調査様式」が作成された。これは郷土会のメンバーに各人の問題意識による調査項目を提出させ、それを整理して作り上げたものであった。調査実施の中心人物は柳田であり、現地内郷村に設営のために赴いたのも柳田と小野武夫であった。調査項目の選定にも柳田は関係していたものと思われる。「村落調査様式」は一沿革及住民、二風土、三土地、四交通、五農業及其他の生業、六衣食住、七社会生活、八衛生、九教化、十信仰、十一俗伝という一一分類で整理していた（「村落調査様式」は小野武夫『農村研究講話』一九二五年、に収録されている）。この調査様式を手許に置いて内郷村の人々から聞き書きを行ったものと推測される。

内郷村の調査成果はついに一冊にまとめられることはなかった。成果の全体像を知ることはできない。柳田はこの調査を総括して、「私だけの実験は、一言をもって申せば村落調査というものは、非常に面白いと同時に、非常にむつかしい仕事だという、これだけであります」（「相州内郷村の話」『郷土誌論』一九二二年、所収）と、調査の翌月に述べている。また、「非常に面白かったけれども、我々の内郷村行きは学問上まず失敗でありました。面白かったとは言い得ますが、有益であったとは申しにくい。その失敗の原因はいたって単純で、もちろん我々の怠惰不熱心のためではない。一言をもって言えば、問題が多岐に失して順序と統一のなかったこと、学び得る事は何でも学ぼうとしたその態度が悪かったのです。」（「村を観んとする人の為に」同上書所収）と内郷村調査参加者四名が揃って執筆した『都会及農村』一九一八年十一月号で述べている。調査実施の中心人物であった柳田自らの失敗であったという評価が、この成果報告書が刊行されずに終わった大きな理由であろう。

内郷村調査の意義は、その後の民俗学から消えてしまった学際的共同調査を行ったことである。この調査に参加したのは民俗学は柳田國男のみであり、他は地理学、農政学、農業史、建築学など多様な研究者たちであった。それゆえに失敗であったというのが柳田國男の総括であったが、これは貴重な機会であり、惜しいことにその後長く忘れられてしまうことになった編成であった。

しかし、柳田はこの内郷村調査から多くのことを学んだ。調査にはしっかりした計画、問題意識、全体的関連性の必要性を痛感したのである。これは後の山村調査、海村調査の綿密な計画に生かされたと考えられる。調査そのものは失敗であっても、はじめて農村に具体的な民俗が豊かに存在することを肌で感じ、それを調査することの有効性を知ったことは重要であった。民俗学がつぎの段階に移行する大きな契機になった。

この内郷村調査に参加して大きな成果を挙げた人物に今和次郎《こんわじろう》がいる。一九一七年（大正六）に柳田國男と佐藤功一が発起人となって白茅会《はくぼうかい》が組織された。この会は民家の調査と保存を目的とし、各地に出向いて民家を調べ、翌年には『民家図集』埼玉県の部を刊行した。今和次郎はその会員の一人として活躍した。内郷村調査には、この白茅会も合流して参加した。

2　柳田の沖縄旅行

今　和次郎

たった一回の沖縄旅行

周知のように、柳田國男は沖縄を重視していた。一九三五年に刊行した『郷土生活の研究法』において、「沖縄の発見」という見出しを付けて、「我々の学問にとって、沖縄の発見ということは劃期的《かっきてき》の大事件であった。（中略）信仰の方面においても、神社というものの起りや女性の地位、中古神輿《みこし》というものの普及によって、自然変ってきた祭祀の式、その他神と人間の祖先との関係のごとき、以前はただの空想であった我々の仮定説に、かなりの支援を与える事実が当然としてかの地で行われていた」と説いた。最晩年の『海上の道』にいたるまで、柳田の解釈には沖縄が大きな意味を与えられることが多かった。そのため、柳田は頻繁に沖縄を訪れたかのような錯覚を抱いてしまう。事実はそうではない。柳田が沖縄を訪れたのはわずか一回にすぎない。それが一九二一年の旅行であった。

柳田は一九一九年（大正八）の年末の十二月二十三日付で貴族院書記官長を辞職して、野《や》に下った。一九〇〇年九月に農商務省に入ってから二〇年近く勤めた官僚生活を終えた。貴族院書記官長を辞任したのは、当時の貴族院議長徳川家達《とくがわいえさと》との対立があったと伝えられている。貴族院議長の徳川家達が柳田國男に手を焼いていたことは、当時首相であった原敬《はらたかし》の『原敬日記』に家達からの柳田國男に関する苦情や要求が何回も書かれていることで分かる。すでに多くの文章を発表して有名人となっている柳田國男を獲得しようとして動いたのが朝日新聞社であった。七月に朝日新聞社の村山龍平《りゅうへい》社長が、三年間は自由に旅行させてほしいという柳田の要求を認めて、入社することとなった。最初は朝日新聞社客員という身分であった。入社の際の約束どおり、早速旅行に出かけるが、一回目は八月二日から九月十二日までの東北旅行、二回目は十月中旬から十一月二十一日までの中部地方から中国地方までの旅であった。そして三回目の大きな旅が沖縄旅行であった。

十二月二十三日に東京を出発して、三月一日に戻るまでの二ヵ月以上におよぶ旅であった。そのうち沖縄滞在はほぼ一ヵ月であった。その行程を見ると、年末は九州を順次南下して、新年を鹿児島県肝属《きもつき》郡佐多《さ た》村田尻《たじり》というところで迎え、正月の三日に鹿児島から宮古《みやこ》丸《まる》に乗船して沖縄に向い、五日に那覇《なは》に到着した。一〇日間沖縄本島に滞在し、それから宮古へ向かい、宮古島、石垣《いしがき》島を訪れ、二月初めには那覇に戻っている。そして、二月七日に那覇を出発して、奄美大島に移動し、奄美の島々を見て、十五日に鹿児島に戻った。それからの二週間は九州各地での講演旅行という趣であった。

以上が旅行の大まかな日程であるが、沖縄では、那覇に到着して最初に訪れたのが、当時県立図書館長をしていた伊波普猷《いはふゆう》であった。伊波普猷は一九一一年に『古琉球《こりゅうきゅう》』を著しており、柳田はすでにそれを読んで感銘を受けていた。当時の伊波は今でいう社会教育活動に熱心に従事し、各地で近親結婚の弊害や女性の束縛などについて講演をしていた。柳田はその伊波を訪れて、『古琉球』で問題にした研究についてさらなる進展を期待し、『おもろさうし』の研究を是非大成してほしいと研究活動へ復帰することを促した。柳田の訪問を契機にふたたび研究を再開した伊波普猷は、後に沖縄学の父とまで呼ばれるようになった。

また、那覇から宮古へ向かう船中で比嘉春潮《ひがしゅんちょう》に出会った。比嘉春潮はその後東京で柳田のもとに出入りし、民俗学を担う一人となった。そして、石垣島では岩崎卓爾《いわさきたくじ》に会っている。岩崎卓爾は、仙台の出身であるが、一八九九年に石垣島の測候所長となって、この島に赴任し、その後終生この島で暮らした人物で、石垣島を中心とした八重山《やえやま》の民俗について記述した多くの著作を残した。このように伊波普猷、比嘉春潮、岩崎卓爾という沖縄研究の代表的人物に会ったことは、沖縄における柳田の民俗学研究の組織化という面を持っていたことが分かる。

伊波普猷

沖縄の「発見」　柳田はこの沖縄旅行で何を見て、何を発見し、何を考えたかは『海南小記』(一九二五年)に集約されている。『海南小記』の中心部分を占める「海南小記」は最初『朝日新聞』の三月から五月にかけて連載された紀行文である。単行本の『海南小記』は、紀行文としての「海南小記」に加えて、「与那国《よなぐに》の女たち」「南の島の清水」「炭焼小五郎が事」「阿遅摩佐《あじまさ》の島」を併せて一冊にしている。「炭焼小五郎が事」以外はこの旅行で得た知見にもとづきほぼ同時期に発表されたものである。それらによると、柳田が理解した第一の点は、沖縄の文化と日本本土の文化は同質であり、沖縄には日本本土ではすでに失われてしまった古い姿が現実に生きているということである。たとえば言葉に関してつぎのように述べている。

我々から見れば沖縄は言葉の庫である。書物も無かつた上古以来、大略出来た時代の符徴を付けて、入れて置いた品が大抵残つて居る。内地の方で損じたものが島では形を完《まつと》うして居る。（「海南小記」第一九章下）

また、沖縄の信仰の特色について、やはり次のように指摘している。

もとは異国の如く考へられた此島の神道は、実は支那からの影響は至つて尠《すく》なく、仏法はなほ以て之に対して無勢力でありました。我々が大切に思ふ大和島根の今日の信仰から、中代の政治や文学の与へた感化と変動とを除き去つて見たならば、斯《こ》うもあつたらうかと思ふ節々が色々あの島には保存せられてあります。（「阿遅摩佐の島」）

このような日本文化の古層を沖縄に発見したことは柳田自身にとって大きな成果であった。これ以降の彼の研究を大きく規定した。この立場はいわゆる日琉同祖論《にちりゆうどうそろん》であるが、それではなぜ沖縄にはそのような日本文化の古層が残っていると考えたのであろうか。この点になると柳田の見解なり展望は必ずしも明確ではない。しかし、注意深く読んでみると、あちこちに注目すべき考えを表明しているのである。それは日本本土の文化、ことに中央の古い文化が波及した結果として沖縄に古層の文化が存在するという周圏論的日本文化南進論とは異なる見解である。沖縄を故郷として、日本の文化がしだいに列島全体に広がったとする考えであり、それは後の「海上の道」の仮説に結実する内容である。

3　折口の沖縄体験

二回の沖縄採訪

折口信夫が沖縄を訪れたのは、柳田國男に遅れること半年、一九二一年（大正十）の七月二十日頃からの約一ヵ月間であった。折口は柳田の沖縄訪問に際して同行するように誘われたが、同行できず、夏休みを待って沖縄への旅に出たのだという。そして、その翌々年の一九二三年七月十八日から沖縄に二回目の旅行をしている。この旅行は沖縄本島から先島《さきしま》へ行き、さらに台湾にわたって、九月三日に東京に帰った。関東大震災の情報は帰途寄港した神戸で聞いた。折口信夫は沖縄で民俗調査を行った。彼の調査ノートを整理した文章が、一九二一年の記録を「沖縄採訪手帖」、翌々年の記録を「沖縄採訪記」と題して、『折口信夫全集』第一六巻に収録されている。それによって、折口信夫が何に興味関心をもって調査をしているかが分かる。いうまでもなく信仰に関する事項が多い。またいくつかの論文を発表している。文中の記述から一九二四年に執筆されたと推測される「沖縄に存する古代信仰の残孽《ざんけつ》」がある。そこではつぎのような文章で始まっている。

沖縄の宗教は、僧袋中《たいちゅう》の命《なづ》けて、『琉球神道』と申し通り候とほり、我が国の固有信仰と全く同一系統に属するものに有之、神道の一分派或は寧《むし》ろ、其原始形式をある点まで、今日に存したるものと申す事を得べきものに御座候。（『折口信夫全集』一六巻、一頁）

まず第一に「巫女中心の思想」と題して、祭祀が女性のカミンチュウによって執行されることを述べ、琉球王家の聞得《きこえ》大君《うふきみ》の存在にも注目している。そして、アシャゲを氏神ととらえ、門中《むんちゅう》の宗家を中心に祖先祭祀が行われており、御嶽《うたき》が聖地として崇められていることを指摘する。

マレビト　さらに沖縄の見聞は、折口信夫の有名な学説であるまれびと論にも深く関係している。まれびと論は早くは「古代生活の研究―常世《とこよ》の国―」（一九二五年）に示されたが、その完成した姿は「国文学の発生」（第三稿）（一九二九年）としてまとめられている。「古代生活の研究」で、すでに「まれびととなる神たちは、私どもの祖先の、海岸を遂うて移つた時代から持ち越して、後には天上から来臨すると考へ、更に地上のある地域からも来る事と思ふ様に変つて来た。古い形では、海のあなたの国から初春毎に渡り来て、村の家々に、一年中の心躍る様な予言《カネゴト》を与へて去つた」（『古代研究』民俗学篇一、全集二巻三四頁）と設定している。そして「国文学の発生」で「まれびとは来訪する神」と明確に定義した（『古代研究』国文学篇、全集一巻）。いずれの論文でも来訪者が現在の民俗として見られることを各地の事例から明らかにしようとしている。そのなかで沖縄の事例が取り上げられている。八重山の有名なアカマタ・クロマタが紹介され、八重山のアンガマが登場する。アンガマが来訪する姿にまれびとを見るとともに、まれびとに祖霊の性格があることを示唆している。

以上のように、一九二〇年代前半に柳田國男と折口信夫は別々に沖縄を訪れた。そして二人とも沖縄に惹きつけられ、沖縄の理解なくしては日本は理解できないという認識を獲得した。特に、折口信夫においては重要な概念であるまれびとを古典の記述に加えて沖縄の現在の民俗を活用することで組み立てた。この二人の先達が沖縄を日本理解のなかにおいたことで、その後の民俗学研究の道筋を作ったといえる。なお、注目される点は、柳田が終始沖縄という表現をしたのに対して、折口はしばしば琉球と表現したことである。沖縄という言葉も古代以来あるが、基本的には明治国家が琉球処分の結果として作り出した単位である。それに対して、琉球は独立の王国を表示するものであり、直接的には琉球処分前の琉球国を指している。ここに微妙に柳田と折口の見方・考え方の相違が出ているといえよう。

4　雑誌『民族』と雑誌『民俗学』の時代

『民族と歴史』　『郷土研究』は一九一七年（大正六）に休刊した。その後を受けて一九一八年に折口信夫が中心になって『土俗と伝説』が創刊された。しかし、これも長続きせず、翌年には休刊となってしまった。

一九一九年一月に喜田《きた》貞吉《さだきち》によって『民族と歴史』が創刊された。発刊に際して掲載された「綱領」には、一番目に「日本民族の由来沿革を調査し、其社会組織上の諸現象を明らかにするを以て目的とす」と記し、二番目に「特に過去に於ける賤民の成立変遷の蹟を詳にし、今も尚時に疎外せらるゝ傾向を有する、同情すべき我が同胞解放の資料を供せんとす」と明確に示した。喜田貞吉は創刊号に「『日本民族』とは何ぞや―日本民族の概念を論ず―」、二号に「『日本民族』と言語」、三・四号に「『日本民族』と住居」を掲載している。そして、二巻一号を「特殊部落研究号」とし、喜田貞吉の研究を掲載するとともに、「地方部落研究並報告」を収録した。この雑誌は基本的に歴史学研究者の文章を収録したが、本山桂川《もとやまけいせん》、佐喜真《さきま》興英《こうえい》、南方熊楠などの民俗学研究者も寄稿している。一九二三年の九巻から誌名を『社会史研究』に変更して刊行をつづけたが、一九二三年一〇巻四号で終刊となった。

『民族』の創刊　一九二五年（大正十四）十一月に雑誌『民族』が創刊された。明治年間の人類学方面の学術雑誌は『人類学雑誌』（『東京人類学会雑誌』）のみであった。また民俗そのものを扱う雑誌はなく、一九一〇年代に入るころからいくつか登場してくるが、いずれも長期には継続できず、つぎからつぎへと創刊と休刊を繰り返していた。当初日本の民俗についての学術論文を掲載したのは『人類学雑誌』であった。すでに紹介したように、風俗、風習、そして土俗の名前で日本各地の民俗が報告されていたし、土俗会という会合も開催され、その内容も掲載された。それらは一八九〇年代後半で終わった。日清戦争、そして日露戦争を経るなかで、関心は日本の外へ向けられるようになり、土俗という言葉で把握されるのは植民地となった地域の生活文化であった。一八九〇年代から一九〇〇年代に急激に増加するのは台湾についての報告である。そして、その後、朝鮮についても増加し、さらに中国本土の記述が増加する。それに反比例して、日本列島の民俗についての論文報告は急速に消えていった。一九二〇年代に入るころには日本の民俗についてはは皆無に近い状態になり、また日本以外の地域の民俗についても少なくなり、『人類学雑誌』に掲載される論文は考古学上の問題、形質人類学上の問題に限定されていくこととなった。

『民族』は日本の民俗についての研究雑誌であるが、その立場は土俗学の系譜を引く人類学的研究、特に新しく民族学と呼ばれることになった学問と民俗学、さらに社会学などの研究者も加わり、幅広い雑誌となった。創刊号には浜田《はまだ》耕作《こうさく》、伊波普猷、柳田國男、鳥居龍蔵、石田《いしだ》幹之助《みきのすけ》、岡正雄《おかまさお》、有賀喜左衛門《あるがきざえもん》などが執筆しており、学際的雑誌であることが分かる。『郷土研究』を継承する性格も持ち、各地からの資料報告も多く掲載した。しかし長続きせず、一九二九年（昭和四）に四巻三号で終刊となった。

『民族』には多くの注目すべき論文が掲載されたが、まず岡正雄の「異人その他」（三巻六号、一九二八年）に注目しなければならない。これは日本の民俗事象を主たる対象にしたものでなく、太平洋諸地域における事例にもとづき、他界から訪れる異人について論じたものである。仮面仮装して訪れ、人々を祝福する儀礼の意味を考察して、日本の民俗にも示唆することが多かった。

『民俗芸術』　一九二八年一月に民俗芸術の会によって『民俗芸術』（月刊）が創刊された。はじめての民俗芸能に関する研究雑誌であった。創刊号には折口信夫「翁の発生」、柳田国男「人形舞はし雑考」が巻頭に置かれ、各地の民俗芸能の報告が掲載された。この雑誌は沖縄の民俗芸能に注目して、多くの記事を掲載した。まず一巻四号（一九二八年）で山内盛彬《やまのうちせいひん》「琉球の音楽」を巻頭に置いて、宮良当壮《みやながまさもり》「八重山の鷲の歌」、喜舎場永珣《きしやばえいじゅん》「八重山の音楽と舞踊」、宮良「八重山の民謡」などを掲載した。はじめての沖縄、しかもその南部の八重山の民俗芸能を紹介した実質的には特集号であった。そして、その二号後の一巻六号（一九二八年）において「沖縄芸術の研究」という特集号を組み、柳田國男「島の歴史と芸術」を巻頭に、沖縄の芸能を取り上げる論考が掲載された。沖縄への関心を大いに呼び起こすものであった。

『民俗芸術』はしばしば特集号を組んだ。「諸国盆踊号」（一巻七号、八号、一九二八年）、「祭礼号」（一巻一〇号、一九二八年）、「造型美術号」（二巻一一号、一九二八年）、「正月行事号」（二巻一号、一九二九年）、「人形芝居研究」（二巻四号、一九二九年）、「獅子舞号」（三巻一号、一九三〇年）、「花祭りの研究」（三巻三号、一九三〇年）、「歌舞伎の民俗学的研究」（三巻八号、一九三〇年）などとつづき、「盆踊り記録特輯号」（五巻四号、一九三二年）を最後に、一九三二年九月に五巻六号を刊行して姿を消した。

『民俗学』　『民俗学』（月刊）は一九二九年七月に創刊された。民俗学という言葉がはじめて雑誌の名称に用いられた。発行主体は民俗学会で、秋葉隆《あきばたかし》、有賀喜左衛門、石田幹之助、宇野円空《うのえんくう》、折口信夫、金田一京助《きんだいちきょうすけ》、西田直二郎《にしだなおじろう》、早川孝太郎《はやかわこうたろう》、松村武雄《まつむらたけお》などが参加しており、『民族』の後継雑誌という性格を持った。創刊号では「民俗学といふやうな民間伝承を研究の対象とする学問こそは真に大学も研究室も之を独占することの出来ない学問であります」と述べ、広く会員を募り、「民間の学問としての学的性質を達成せしむる」としている。この雑誌には柳田國男は参加せず、寄稿などもしなかった。

『民俗学』で活躍した一人に折口信夫がいる。創刊号には「たなばた及び盆祭り」と「祝詞考」の二つの論文を寄せ巻頭を飾った。そして、特集号形式を取り、創刊号の資料・報告は「諸国七夕・盆の行事」であった。この雑誌は日本の事象のみを対象とせず、広く海外に目を向けていた。執筆者も幅広く、台湾や朝鮮・中国の事象を取り上げ、さらには世界各地の信仰や儀礼が取り上げられた。宇野円空、南方熊楠、松村武雄、松本信広《まつもとのぶひろ》などが寄稿した。しかし、五巻二号（一九三三年十二月）で終刊となった。

5　炉辺叢書の刊行

柳田國男の編集によって一九二九年から刊行された叢書に「炉辺《ろへん》叢書」がある。全部で三六冊刊行されたが、叢書の名称が示すように、地方の農山漁村の囲炉裏《いろり》で語られ、伝えられてきた民俗を取り上げた著書を収録したものであった。著者は柳田國男や佐々木喜善、早川孝太郎などの他は、大部分が地方在住の民俗に関心を持つ人々であった。そのなかでは沖縄関係者が目立つことも注意してよいであろう。「炉辺叢書」として刊行された主要な書目は以下の通りである。

柳田國男『郷土誌論』一九二二年
柳田國男『祭礼と世間』一九二五年
知里《ちり》幸恵《ゆきえ》『アイヌ神謡集』一九二三年
中道《なかみち》　等『津軽旧事談』一九二五年

佐々木喜善『紫波郡昔話』一九二六年
伊能嘉矩『遠野方言誌』一九二六年
早川孝太郎『羽後飛島図誌』一九二五年
鈴木《すずき》重光《しげみつ》『相州内郷村話』一九二四年
山中　笑『甲斐の落葉』一九二六年
早川孝太郎『三州横山話』一九二一年
喜舎場永珣『八重山島民謡誌』一九二四年
島袋源七《しまぶくろげんしち》『山原《やんばる》の土俗』一九二九年
佐喜真興英『シマの話』一九三六年
伊波普猷『古流球の政治』一九二二年

6　アチックミューゼアムの成立

屋根裏の研究所　渋沢敬三《しぶさわけいぞう》は、渋沢栄一の孫であるが、子供時代に豊かな生活のなかでさまざまなものを集めることを趣味としていた。大学生になって、そのコレクションを置いてあった物置小屋の屋根裏部屋に友人たちが集まり、コレクションを素材に議論を交わしていたが、それをアチックミューゼアムソサエティと名乗った。それはあくまでも学生たちの遊び心から出たものであり、研究上の深まりがあったわけではない。敬三は東京帝国大学卒業後、横浜正金銀行《よこはましょうきんぎんこう》に勤め、ロンドンに赴任したが、その勤務を終えて、一九二五年（大正十四）に帰国して、本格的な研究活動を開始した。再開された友人たちとの研究会はアチックミューゼアムと名乗り、渋沢邸で活動を開始した。それは屋根裏博物館ではあるが、本格的な研究機関としての内容をしだいに備えるようになっていった。渋沢自身も調査研究を行ったが、それ以上に重要なことは財政的負担をしてアチックミューゼアムを運営し、その活動を通して多くの若手研究者の調査研究を支援したことである。

渋沢敬三

アチックミューゼアム自体が常勤の研究者を擁して活動を開始したのは、早川孝太郎の参加によることが大きい。その前提には、柳田と渋沢の関係がある。渋沢がどこではじめて柳田に会ったかは明らかでないが、少なくとも渋沢がロンドンに赴任する前には知り合っていたものと思われる。柳田國男は一九二三年に国際連盟委任統治委員でスイス滞在中にロンドンに行ったが、その際に柳田は渋沢と会い、渋沢は大いに刺激を受けた。一九二六年には柳田の紹介で早川孝太郎が渋沢を訪ねてきたのもその因縁からであったと思われる。早川はそれ以降アチックの重要な担い手となった。早川を渋沢に紹介したのは柳田であるが、その意図は早川の調査活動を渋沢に支援してもらい、その成果を当時刊行されていた「炉辺叢書」に入れることだったと思われる。ところが、早川の話す花祭りに魅了された渋沢は、早川に対して徹底的な調査を勧めた。早川孝太郎の『花祭』が刊行されたのは一九三〇年であった。

翌二六年に渋沢は当時日本の植民地であった台湾を訪れ、各地を見て歩き、その帰途には沖縄に一〇日間滞在したことが決定的な意味をもった。石垣島では例によって岩崎卓爾に会い、本島では当時沖縄県殖産課長であった田村浩《たむらひろし》に会っている。柳田國男、折口信夫など民俗学の先達はいずれも沖縄を訪れることで学問的に飛躍したが、渋沢も同じであった。

アチックミューゼアムの資料蒐集　アチックミューゼアムの初期の仕事は玩具の収集であった。それは学生時代からの継続性の強いものであった。一九二六年に『アティックミュゼアム研究資料』を刊行するが、そこに収録された文章は田中薫「県別玩具種目」、同「副業奨励ト玩具」や渋沢敬三「おもちゃと云ふ名辞に就て」など、すべて玩具に関するものであった。しかし、そこにはすでに単なる収集ではなく、分析して考察する方向性が示されていた。そして渋沢の研究活動に大きな転換が起こるのはその三年後のことであった。

一九二九年一月に渋沢は奥三河の花祭りを実際に見るために訪れた。渋沢敬三は花祭りを見学すると同時に、夏目一平《なつめいっぺい》、窪田五郎、原田清という、この地の郷土研究を進めていた数人の篤学の士と知り合いになった。これはもちろん早川孝太郎の仲立ちがあったことによる。彼らは考古学や土俗に興味を持ち、独自に研究を行っていた。渋沢は彼らが興味を持つ土俗品から大きなヒントと刺激を貰った。ここに生活のなかの用具が研究対象になったのである。当初は土俗品と呼ばれていたが、渋沢は民俗品という言葉を創ってしばらくは呼んでいた。そして、三〇年代になると民具という用語に固まっていったと思われる。今では当たり前に使われる民具は、渋沢によって作られた新しい学術用語なのである。

アチックミューゼアムが研究機関として花開くのは一九三〇年代に入ってからであった。

V　民俗学の確立

一　柳田國男における民俗学の確立

1　慢性的不況と実践的課題

再び現実問題へ　一九二〇年代は第一次世界大戦の反動で、日本は常に経済的不安にさらされていた。歴史年表が示す通り、一九二〇年の戦後恐慌、一九二三年の関東大震災、一九二七年の金融恐慌とつづき、経済は慢性的不況と叫ばれた。そして、そこに決定的な打撃を与えたのが、一九二九年十月にニューヨークで起こった世界恐慌であった。世界恐慌はたちどころに日本に波及し、農村にまでおよんだ。恐慌から生じた問題をすべて農村が引き受けることとなり、農村恐慌となった。娘の身売りに象徴されるように、農村の悲惨な状態が極限にまで達した。

かつて農政官僚・農政学者として農村問題に取り組んでいた柳田國男にとって眼前に展開する農村の状況は解決を迫られている緊急の課題として浮上した。しかし、かつての農政学者に戻って解決策を考えるのではなく、一九一〇年代から研究してきた路線上において実践的な課題を研究することを目指した。一九三〇年代に入るころからの柳田は積極的に農村・農業の問題に取り組み、民俗学の方法で答えをだす努力をすることとなった。

『日本農民史』　柳田は一九三一年（昭和六）に『日本農民史』を刊行した。これはもともと早稲田大学で講義した内容で、一九二六年に講義録として刊行されていた。それを改めて市販本として出したのであるが、その序論をつぎのような言葉ではじめている。

諸君の面前には、大きな実際問題が横たわっている。この日本を幸福にするためには、急いでこの問題を解決せねばならぬ。そういう必要を見かけて、研究せられるところの日本農民史である。単純な学問上の興味のみをもって、うかうかと深入りすべき時代ではないのである。すなわち我々の学問は、この方面においてはことに実用的なることを要するである。（『日本農民史』、ちくま文庫版『柳田國男全集』二九巻、二三三頁）

非常に強く実践的な目標を主張していることが分かる。民俗学の確立ということがこのような社会の状況に対して何らかの発言をする実践的課題とともに行われたことに注意しなければならない。この後、しばしば柳田國男は「世のため、人のため」の学問を主張する。後の柳田國男論の人々が「経世済民《けいせいさいみん》」という一言で柳田の学問的性格を表現するように、解決しなければならない社会的な問題を取り上げ、その解決に貢献するための歴史的前提を明らかにすることを学問的使命とした。その過程で、研究の方法も整備され、体系化され、民俗学という学問の全体像が示されることとなった。

2　民俗学理論の形成

「蝸牛考」　柳田國男が一九二一年に沖縄を訪問して獲得した認識は、今では本土では意味不明にな

柳田國男「蝸牛考」

ってしまったり、断片化して全体像が分からなくなってしまったことが沖縄においては現在なおはっきりと示されているということであった。この日本の周縁としての沖縄の発見は、新しい理論の形成に向かわせた。

一九二七年（昭和二）四月から『人類学雑誌』四二巻に四回にわたって連載された論文「蝸牛考《かぎゅうこう》」は柳田の独創的な理論の表明であった。蝸牛を表す各地の方言に大きな相違があることに着目し、その分布から蝸牛を表す日本語の変遷過程を説いた。その結論では、蝸牛は日本人よりも古くから日本列島に住み着いていたが、その最初の呼び名はミナであった。つぎに、その形状からツブラもしくはツグラと呼ばれることが一般化した。その後、マイマイ、さらにデエデエが普及したとした。そして、新しい単語の普及は、その語が京都で発生したとはかぎらないが、しかしいったんは京都を占領して、そこから各地へ広がったと説明した。この論文は長大であり、結論にいたる過程で多くの方言を紹介し、それらの分布の意味を解釈している。最後の結論よりも、展開過程で示された見解に注目すべきものがあり、それがその後に一つの仮説として成長していった。連載二回目の文章のなかにつぎのような有名な一文がある。

そこで私の考へるには、若《も》し日本が此様な細長い島で無かつたら、方言は大凡近畿をぶんまはしの中心として、段々に幾つかの圏を描いたことであらう。従つて或方面の一本の境線を見出して、それを以て南北を分割させせようとする試みは不安全である。同時に南海の島々と奥羽の端とを比較して見ることが至つて大切であり、又土佐《とさ》や熊野《くまの》や能登《のと》の珠洲《すず》の如き半島突角の言語現象は、殊に注意を払ふべき資料であると信ずる。何となれば我々の想像の円周は、往々にして斯んなあたりを、今一度通過して居るかも知れぬからである。（「蝸牛考（二）」『人類学雑誌』四二巻五号）

方言に地域差があるのは当たり前のことであるが、その分布に注目して、その語の発生史的変遷を説こうとしているのである。沖縄と東北地方の比較の重要性をいい、さらに半島の先端での一致を予想している。そして「想像の円周」という表現で、中心から等しい距離のところには同じ現象が見られることを論理的に想定した。ここでは方言周圏説《しゅうけんせつ》とか方言周圏論という用語は登場していないが、しかしすでに用意されていたことはつぎの文章からいえる。

カタツブリが少なくとも或一時代に、京都の俗語であつたことは証拠がある。それが今日では前に例示したやうに他の二つの方言の外側にのみ残つて居るといふ事実は、頗《すこぶ》る自分等の周圏説を、裏書きするに足ると思ふ。（「蝸牛考（三）」『人類学雑誌』四二巻六号）

方言周圏説　ここに周圏説という用語が登場するのである。この語は、「蝸牛考」が増補改定されて一九三〇年に『蝸牛考』として刊行された際に明確な用語として設定された。節の見出しとして「方言周圏論」として出てくるのである。そして巻末には「蝸牛異名索引」「蝸牛異称分布図索引」「蝸牛異称分布図」が掲載された。周圏論は方言の地理的分布からその言葉の新旧の序列を判断できるという仮説の地位を獲得した。

経験的には沖縄旅行による沖縄の民俗の発見が周圏論の前提として存在したと考えられるが、その理論形成には欧米の学説があった。柳田は自分の言葉で語るために、その基礎にあった先学の文献についてはほとんど知ることができない。

しかし、方言周圏論形成の基礎には、以下のような認識や理論が下地として学ばれていた。第一は、本居宣長の『玉勝間』での、「葬礼婚礼など、ことに田舎には、ふるくおもしろきことおほし、かゝるたぐひの事共をも、国々のやうを、海づら山かくれの里々まで、あまねく尋ね、聞きあつめて、物にもしるしおかまほしきわざ也」と、半島の先端や山奥には古い民俗があると指摘したことからである。

そして第二は、ヨーロッパの言語学の考えである。ことにフランス方言学から学んだことは明らかである。ジュネーヴに滞在した際に、フランスの言語学者ドーザの『言語地理学』を読んでおり、それを反映して一九二九年に発表された「シンガラ考」においてつぎのように述べている。

仏蘭西《フランス》の近頃の方言学者たちは是（地方の言語の遠く離れて一致することの原因）を le principe de la continuite des aires（方言領域連続の法則）と呼んで居る。一つの言葉物言ひには大か小か、元は必ず一続きの使用区域があつたのである。それが中切れて遠くに飛んで居るといふことは、主として其中間に新しい次の語が現はれて、今までに在つたものを罷めさせた結果と見てよいのである。（「シンガラ考」『小さき者の声』『柳田國男全集』七巻、一六六頁）

第三には、ドイツの農業経済学者チューネンの『孤立国』で示されたチューネン圏である。柳田がどの時点でチューネンの理論を知ったかは明らかでないが、農政学者としての勉強の中でその知識を得ていたことは間違いない。チューネン圏は、農業立地論であるが、まったく平坦な地域の中心に唯一の都市があった場合に、農業が都市の周辺から外側に向かって集約的農業から粗放的な農業に変わっていき、それがいくつもの同心円として示されるというものである。その図式化は方言周圏論と同一といってよいであろう。

方言周圏論はあくまでも方言についての周圏論であったが、その考えは民俗事象についても適用可能な仮説として位置づけられた。それは柳田自身が民俗事象の解釈に際しても同様の見解を示したからである。たとえば、一九二九年に発表された有名な論文「聟入考《むこいりこう》」でつぎのように述べている。

記録せられずに変遷してしまった前代の標準文化を、その残留するものを通して窺はうとするのである。都市の生活が始まってからは、新しい文化は通例其中に発生し、それが漸を以て周囲に波及して、次々に一つ前のものを、比較的交通に疎い山奥や海の岬に押込める。さうして古いもの程記録と縁が薄いから、比較の機会が乏しくて、棄てゝ置くと皆孤立してしまふ。（「聟入考」『婚姻の話』『柳田國男全集』一七巻、六三一～六三二頁）

ここには周圏論の考えが明確に示されている。方言周圏論が提唱されたとほぼ同時期に、別のところで同じ考えを民俗事象の解釈の前提として説明しているのである。多くの読者はここから方言周圏論は民俗の研究にも適用でき、したがって民俗学の有力な方法とその後受け取るようになったのは当然といえる。

史学対民俗学の一課題　引用紹介した「聟入考」は一九二八年三月に史学会で講演した内容を、大塚史学会編『三宅米吉《みやけよねきち》博士古稀祝賀記念論文集』（一九二九年）に発表したものである。論文集に掲載されたタイトルには「史学対民俗学の一課題」という副題が付けられていた。おそらく敵地に乗り込む気持ちで講演をし、また寄稿したのが歴史学者三宅米吉の記念論文集であるから構えて活字にしたのであろう。そこで、民俗学の意義を説いている。まず民俗学について先の引用文の前で次のように説明している。

記録せられずに変遷してしまった前代の標準文化を、その残留するものを通して窺はうとするのである。

そしてフォクロアは、急激な文化の改革で消滅していくことを懐かしんではじまったが、しだいに歴史を明らかにする学問となったことを述べ、民俗調査の重要性が増したことを指摘した。ところが、民俗調査類似のことが土俗学者によって行われ、その調査は珍事奇聞の収集という印象を強めていた。多くの類例の調査をせずに、個別の事例の珍しさで報告することを問題であると指摘し、以下のように述べた。

しかも是が学問上の価値は、集積と分類と比較とによって始めて現はれるので、孤立珍奇の事実は、如何に珍奇であらうとも、単に或推論の暗示に役立つといふのみで、それ自身には史料の欠を補ふ力は無いのである。（柳田國男「聟入考」『婚姻の話』『柳田國男全集』一七巻、六三二〜六三三頁）

このような方法上の立場を説明した後に、日本の婚姻史を各地の民俗を駆使して描こうとした。嫁入りにはじまる結婚が今日では古来からの姿と思われているが、そうではない方式が行われてきたとして、

ところが他の一方には結婚より遥かに後れて、嫁女を聟の家に送る風習が、今でも若干の地方には公けに認められ、それが前代に遡るほど一段と弘く行はれて居た。例の源氏物語の時世には、京都貴紳の家でも、最初から新婦を迎へ取るといふことはしなかつたのである。斯なると嫁入りは決して婚姻では無く、単に結婚後の或一つの手続きに過ぎぬのであつたが、当今の法制は其力を以て、寧《むし》ろ新たに前代と異なつたる風儀に統一して、一部残留の慣習を蔭のものにしてしまつた。（同書六三四頁）

ここに有名な婚姻二類型が登場することとなった。すなわち、聟入り式の婚姻と嫁入り式の婚姻である。これ以降、用語としては聟入り婚・嫁入り婚となり、日本の婚姻史の定式として採用され、常識となった。

野の言葉　一九二九年（昭和四）六月の『農業経済研究』五巻二号に、柳田は「野の言葉」という論文を発表した。先の「聟入考」もそうであったが、この論文も『農業経済研究』という経済史研究者が

関係する雑誌に発表しているように、自分の開拓した民俗学の意義を研究者に認めさせようとする意図が働いていた。その点でも意欲的な論文であった。

「野の言葉」は掲載雑誌が示しているように、日本の農民家族の歴史を「野の言葉」すなわち、各地で人々が日常的に用いている言葉を手がかりにして考えようとしたものである。現在普及している言葉でいえば、民俗語彙に依拠して歴史を明らかにしようとしたということができる。そこで柳田が注目した民俗語彙がオヤコである。いわゆる親類のことをオヤコと東日本で広くいっていることを指摘し、同様に本州の北端部と九州に分布するイトコの存在に注目する。この二つは、前者が族長・族人という縦の関係であり、後者は族人間の横の関係を示していると解釈した。そして前者のオヤコについて、実の親子を意味するオヤコと親類を意味するオヤコは元は同じであったとし、そこからもともとオヤは生みの親に限定されておらず、現在の親類の範囲にまで広がる人間に対してオヤだったたという解釈を引き出した。すなわち、オヤは労働組織の長であり、コはその労働の単位を意味しており、オヤは多くのコを指揮して経営に当たっていたとした。農業労働組織としての大家族ともいうべき家を古い段階に設定し、それが解体し、オヤコは実の親子のみに限定されるとともに、家族の外になってしまった人々を昔の表現を用いてオヤコというのだとした。大家族から小家族へという図式はその後民俗学の一つの常識となった。

『明治大正史世相篇』

柳田の代表的著書のトップに何を掲げるかは人によって異なるであろうが、代表的著書五冊をあげた際には必ずそのなかに入るのが『明治大正史世相篇』であろう。『明治大正史世相篇』は柳田が自ら進んで執筆したのではなく、朝日新聞社の企画による執筆依頼で書いたものであるが、その執筆に当たってはひそかに期するものがあったと思われる。一九三一年（昭和六）に朝日新聞社から刊行された明治大正史全六巻の一巻として刊行された。その「自序」で柳田は次のように述べている。

打ち明けて自分の遂《と》げざりし野望を言ふならば、実は自分は現代生活の横断面、即ち毎日我々の眼前に出ては消える事実のみに拠つて、立派に歴史は書けるものだと思つて居るのである。それをたまたま試みた自分が、失敗したのだから話にならぬが、自然史の方面ではこれは夙《つと》に立証せられたことで、少しでも問題になつて居ないのである。殊に一方の人間史の側では、之に比べると遥かに豊富なる過去の観察が、少しは偏して居るかも知らぬが、記憶され又記述されて居て、我々の推測に心強い支援を与へてくれるのみか、更に化石学にも相当する知識の領分が、亦《また》自然史よりも何倍か広いのである。資料は寧《むし》ろ有り過ぎるほど多い。もし採集と整理と比較との方法さへ正しければ、彼に可能であつたことが此方に不可能な筈は無いと考へたのである。（『柳田國男全集』五巻、三三七頁）

ここに当時の柳田の民俗学についての考えが見事に示されているといってよいであろう。眼前の事実のみで立派に歴史が書けることを主張し、そのための方法は適切な採集、整理、比較という手順だという。すでに自然史では当然のことと認められていることを人文科学においてもできるという考えである。そして、このような学問は民俗学であるということを以下のように述べている。

此方法は今僅《わずか》に民間におこりかけて居て、人は之を英国風に Folklore などと呼んで居る。一部に之を民俗学と唱へる者もあるが、果して学であるか否かはまだ裁決せられ居ない。今後の成績によつて多分「学」と謂《い》ひ得るだらうと思ふだけである。

まだ明確に民俗学であるとは言っていないが Folklore そして民俗学という言葉を紹介し、今後の発展によって民俗学と名乗ることになるであろうと表明している。朝日新聞社から広く世間に向かって出された書物のなかで民俗学の方法とその成果の独自性を示そうとした意欲的な著書といえよう。事実柳田はこの書の執筆に精魂を傾け、第三章まで執筆して疲労困憊《こんぱい》して休養をとらなければならなかったという。

この書は全部で一五章で構成されている。第一章は「眼に映ずる世相」、第二章が「食物の個人自由」、第三章は「家と住心地」となり、最後の一五章は「生活改善の目標」となっている。構成からみれば、一般にいう衣食住から記述を開始し、風景、世間、交通、酒、結婚、家、生業、労働力、貧富と病気、社会組織、社会秩序とつづき、生活改善で終わるのである。その各章のテーマは文学的ともいうべき表現が採用されていた。たとえば、世間を取り上げた第五章は「故郷異郷」、結婚を扱った第八章を「恋愛技術の消長」、家を論じた第九章は有名な「家永続の願ひ」であった。一章から三章までがいわゆる衣食住を取り上げた章であるが、その各章はそれに留まらない重要な指摘をしていた。基本的な組み立ては、前近代から近代への移行が衣食住にはどのように表れたことかということであるが、そこでの着目点は色・音・臭いの変化である。言い換えれば五感によって感じられる事象にも変化があり、歴史があるというのである。現代の表現でいえば、感性の歴史ということになる。そして、感性が引き起こす人間の喜怒哀楽を歴史記述のなかに入れる試みであった。

もちろん、この書が一九三一年に刊行されたことも忘れてはならない。導入としての最初の一章から三、四章までにのみ意義を見いだすことは、柳田の意図を無視してしまうことになろう。世界恐慌がもろに影響しようとしていた時点における、明治大正史の記述である。導入としての衣食住の記述からしだいに現実の社会に入っていく。彼がこの書でいおうとしたことは、現実の社会の深刻な事態に対して、その問題の要因を明らかにして、解決策を考えようとした意欲的な書物として評価しなければならないであろう。

最初の数章のみに価値を見いだすのではなく、むしろ後半の各章に注目する必要もある。

3　理論の体系化と転向

転向の時代　一九二〇年代には日本の知識人の間にマルクス主義が急速に広がりをみせた。第一次大戦後の戦後不況のなかで革命を目指す運動が大学生たちを中心に展開し、共産党も組織された。それに対する取り締まり、弾圧は特高警察を中心に厳しいものがあり、多くの人々が裁判にかけられ、獄中につながれた。その過程で官憲が思想を放棄させる方法をさまざまに講じた。それが功を奏して、それまでのマルクス主義を間違っていたと認めて放棄する人物が出てきた。一九二〇年代終わり頃からはじまっていたが、一九三三年六月に元共産党中央委員長佐野学《さのまなぶ》、同中央委員鍋山貞親《なべやまさだちか》が共同転向声明を発表したことによって転向は本格化した。

転向はそれまで正しいと信じていた思想を放棄する後ろめたさがあり、それなりに自分自身が納得する理屈が必要であった。転向で多くの人々が採用したのは、マルクス主義という欧米で形成された思想や運動では日本の真の改革は実現できないことに気づき、日本独自の変革の道を探るという形でマルクス主義を放棄するというものであった。日本をよりよくする目的は失わないが、その方法としてのマルクス主義は間違っていると表明し、自らも納得した。転向は官憲からその証を求められただけでなく、自らの納得のためにも、新しい思想への転換を示す必要があった。一九三〇年代には、柳田が世のため人のための学問を主張し、「何故に農民は貧なりや」という課題を提示していた。これは転向の人々が抱いていた目的観と一致するものであり、変革の日本的な道を柳田の門下に入ることで明らかにするという人々が出てきた。すなわち転向のコースとして柳田國男の下に入ることが行われた。

転向のコースとしての民俗学

転向によって柳田國男の下に入り、その後民俗学の世界で活躍した代表人物は大間知篤三《おおまちとくぞう》である。大間知篤三は一九二三年に東京帝国大学文学部独文科に入学するが、そこで東京帝大新人会に参加し、幹事長もつとめた。卒業後は労農党内の共産党フラクションとして活動し、一九二八年の三・一五事件に際して逮捕された。その後転向し、三年間の刑期を終えた後はやはり転向経験者の大宅壮一《おおやそういち》の主催する翻訳団、次いで皆川治広《みながわはるひろ》の大孝塾研究所に入ったが、翻訳団で戸田謙介《とだけんすけ》と知り合い、そして大孝塾で日本家族の研究をするようになって柳田國男の著作を読むようになり、しだいに民俗学に近づいていったという。

大間知篤三

大間知篤三以外にも転向して柳田の門下に入った人物は少なくない。守随一《しゅずいはじめ》、佐々木彦一郎《ささきひこいちろう》、比嘉春潮、関敬吾なども そうであると判断できるし、明確な転向の姿をとらなかったが事実上転向した橋浦泰雄《はしうらやすお》がいる。それ以外にも柳田周辺には転向者がいた。たとえば後に文化人類学の中心人物になる石田英一郎《いしだえいいちろう》である。一九三〇年代の柳田國男の下にはこのような多くの転向者がいて、柳田の活動を支え、民俗学の体系化に貢献した。彼らはマルクス主義によって理論的訓練を受けており、民俗学の方法論を深めることに大きな役割を果たした。

さらに、組織運営の経験ももっており、それが柳田の下での民俗学の組織化に大きく貢献した。

『民間伝承論』　一九三四年（昭和九）に『民間伝承論』が「現代史学大系」の一冊として刊行された。この本は柳田國男が自ら筆を執って著したものではない。彼が執筆したのは第一章のみであり、残りは後藤興善《ごとうこうぜん》が書いたものであった。後藤興善が書いたと言っても、後藤興善の文章ではない。柳田の語ったことを後藤が筆記し、それに加えて柳田の著作から該当する文章を取り出してつないだものであり、柳田を離れた別の著作ではない。後藤が記述の中心に置いたのは、柳田の自宅での授業の内容であった。

一九三三年九月十四日から十二月十四日までの三ヵ月間、毎週木曜日午前中に柳田の自宅に若き門弟たちを集めて「民間伝承論」の講義を行った。そこに出席した人物は、『定本柳田國男集』別巻五所収の「年譜」によれば、後藤興善、比嘉春潮、大藤時彦、杉浦健一、大間知篤三、橋浦泰雄、山口貞夫、坂口一雄などであった。その顔ぶれを見れば、転向の結果柳田の門下に入った人々が中心であったことが判明する。聞き手は若かった。彼らは柳田の直弟子ともいうべき人々であり、一九三四年からはじまったいわ

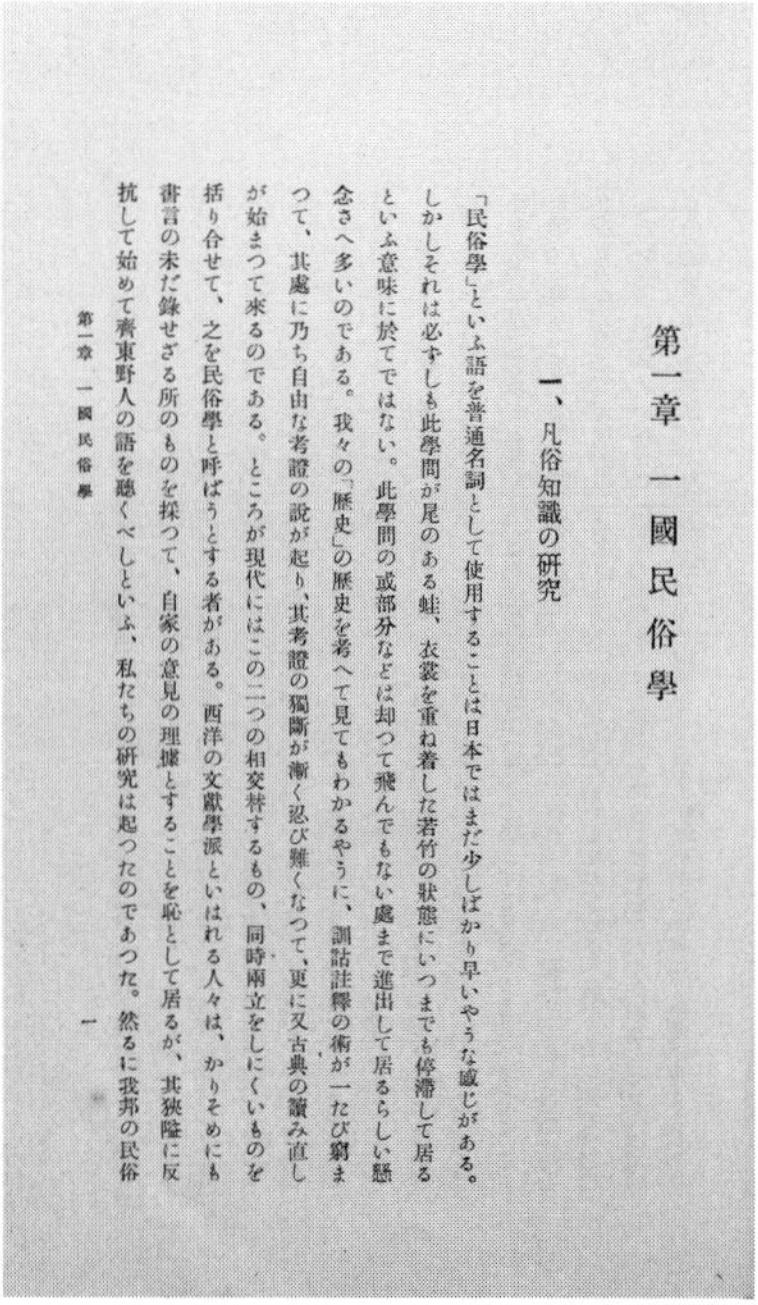
第一章　一國民俗學

一、凡俗知識の研究

「民俗學」といふ語を普通名詞として使用することは日本ではまだ少しばかり早いやうな感じがある。しかしそれは必ずしも此學問が尾のある蛙、衣裳を重ね着した若竹の狀態にいつまでも停滯して居るといふ意味に於てではない。此學問の或部分などは却つて飛んでもない處まで進出して居るらしい懸念さへ多いのである。我々の「歷史」の歷史を考へて見てもわかるやうに、訓詁註釋の術が一たび窮まつて、其處に乃ち自由な考證の說が起り、其考證の獨斷が漸く忍び難くなつて、更に又古典の讀み直しが始まつて來るのである。ところが現代にはこの二つの相交持するもの、同時兩立をしにくいものを括り合せて、之を民俗學と呼ばうとする者がある。西洋の文獻學派といはれる人々は、かりそめにも書言の未だ錄せざる所のものを採つて、自家の意見の理據とすることを恥として居るが、其狹隘に反抗して始めて齊東野人の語を聽くべしといふ、私たちの研究は起つたのであつた。然るに我邦の民俗

第一章　一國民俗學　　一

『民間伝承論』

ゆる山村調査の実施主体であり、一九三五年夏に行われた日本民俗学講習会では講師として講義を行い、また組織された民間伝承の会の運営に当たった。このように見ていけば、この三三年秋から冬にかけての講義は、その後の展望を持った柳田の戦略にもとづいて行われたといってよいであろう。

一九三四年に出版された『民間伝承論』は、巻頭に二八の箇条書きの序文が置かれている。その一は

民間伝承論は明日の学問である。一本の稚樹《わかぎ》である。

山に植ゑるか盆栽にするか、何れとも御互の心次第である。

従うて祈願者は同時に予言者であり得るのである。(『民間伝承論』序一頁)

と記されていた。そして最後の二八はまた以下のような格調ある決意表明をしていた。

学問と道楽との差は、必ずしも之に由つて衣食すると否とに由るものでは無い。

我々は仮にこの短い生涯の更に数千分の一しか是が為に割き費し得ずとも、

それが偉大なる人間研究の片端であり、真理の殿堂の一礎石であることを意識することによつて、明白に単なる遊戯趣味の生活と識別せられることが出来るのである。(『民間伝承論』序一〇頁)

この序は、「民間伝承論大意」の題で、一九三〇年四月に長野県西筑摩《にしちくま》郡洗馬《せば》村で行った講演に配布したレジメであった。この地は菅江真澄が故郷を出て信州を経て日本海側に出た旅で一時滞在したところであった。柳田の校訂によって前年に出版された『遊覧記』の出版を祝っての講演会であった。ここで二八ヵ条にわたって述べている民間伝承論には、当時の柳田の民俗学構想が示されている。第七では「学問が実際生活の疑惑に出発するものであり、論壇が事実の認識を基礎とすべきものである限り、国の前代の経過を無視したる文化論は有り得ない。多くの民間伝承は今まで気付かれざりしもの丶発見である。過去の講

説は総《すべ》て之に拠って、今一度検査されなければならぬのである」と主張し、歴史学との関係については第一〇で「史学を中心として言ふと、我々の学問は是は所謂補充の学であるが、記録文書の利用し得られる区域こそは、寧ろ甚だしく狭かったのである」と位置関係を逆転させる。そして、有名な民俗資料の三分類を提示している。

すなわち、第一部は、生活外形、目の採集、旅人の採集であり、生活技術誌である。第二部は生活解説で、耳と目との採集、寄寓者の採集と名づけられる。これは、言語の知識を通して学び得べきもので、言語芸術と呼ぶことができる。それに対して、第三部は生活意識であり、心の採集または同郷人の採集とも名づけることができる。これは、調査研究者が対象に近づいていく順番でもある。

一国民俗学から世界民俗学へ　『民間伝承論』本文の組み立ては、全部で一〇章であるが、その第一章は「一国民俗学」である。そこでは「人から御世辞にインテリと言はれ、自分も内地々はさう心得て居る者を除き、其の残りの者が持つてゐる古臭いもの、それが我々のいふ民間伝承になるのである」（三頁）と説明し、その研究の目的を「我々は民間即ち有識階級の外に於て（もしくは有識ぶらざる境涯に於て）、文字以外の力によつて保留せられて居る従来の生き方、又は働き方考へ方を、弘く人生を学び知る手段として観察して見たいのである」（七頁）とした。それは第二章で述べているように、「書契《しょけい》以外の一切の歴史」（三二頁）を明らかにすることであった。

そして注目すべきことに、一国民俗学が各国に成立したならばその先には世界民俗学が成立するという展望を示していることである。

重出立証法　この『民間伝承論』で有名な重出立証法《じゅうしゅつりっしょうほう》という用語が登場する。第三章の「書契以前」

の五節「我々の方法」において、「我々の眼前に毎日現はれては消え、消えては現れる事実、即ち自分の謂ふ現在生活の横断面の事象は、各其起源を異にして居る。此点より考へて、全事象はそのまま縦の歴史の資料を横に並べたのと同じに見ることが出来る。自分はこの横断面の資料によつても立派に歴史は書けるものだと信じて居る」（七三頁）と説き、「私たちの謂ふ重出立証法は、至つて安全に今までの厳正主義に代ることが出来るのである」（七五頁）。

『民間伝承論』は全体としては講義録としての性格を持っており、話された内容が受講者の一人である後藤興善によって筆録され、それに柳田の文章から必要な記述を抜いて挿入したものである。受講生たちが理論的訓練を受けた人々であることを自覚して、方法論を体系的に述べようとした。そこでは、人類学との関係を強調し、また世界民俗学の可能性を展望したりしている。また重出立証法という用語を提示して、比較研究を説明している。全体的に理論的な内容の本である。重出立証法という用語は、柳田の著書ではこの『民間伝承論』でのみ登場するが、これを民俗学の研究法を示す適切な用語と考えていたようである。これから数年後の一九三七年に東北大学で集中講義を行った際に、重出立証法を強調したと受講生は報告している。

しかし、この本には間違いも多かった。筆記者の知識・教養が反映して、いくつもの誤記が見られる。しかし、『民間伝承論』は自宅で直弟子ともいうべき人々に語った講義録であり、そこには新たな学問を体系化して教えようとする柳田の意気込みが感じられる。『民間伝承論』の刊行された翌年にもう一冊の総論『郷土生活の研究法』が刊行されたが、そこに示された姿勢には大きな違いがみられる。『郷土生活の研究法』は広く社会に民俗学の意義を訴えようとする姿勢が強く、柳田國男論の人々が柳田の「経世済民」の思想を語るときにしばしば依拠する文章がちりばめられている。それに対して、『民間伝承論』には経世済民を意味する表現はほとんどなく、一国民俗学から世界民俗学への展望が語られ、また重出立証法という資料操作法が提示されている。より研究志向が強いといえよう。

『郷土生活の研究法』

『民間伝承論』と並んで柳田國男の民俗学方法論を説いた総論書として知られているのが一九三五年に刊行された『郷土生活の研究法』である。『郷土生活の研究法』は大きく二つの部分で構成されている。前半は民俗学の方法論を述べた六つの章で構成され、後半は「民俗資料の分類」という編成になっている。前半の六章は、「郷土研究とは何か」「郷土研究と文書史料」「資料の採集」「諸外国の民俗研究」「我国郷土研究の沿革」「新たなる国学」である。この各章の表題をみただけで、柳田が展開している内容に見当を付けることができる。まず民俗学（郷土研究）の性格を歴史研究との相違から説き起こし、その調査法を論じ、一転して民俗学の成立過程をヨーロッパで確認し、つぎに日本における研究史を述べる。そして、最後に民俗学を「新国学」として位置づける。

この前半部を読むと、民俗学は非常に実践的な課題を担う学問という印象を与える。最後の章のさらに後半の節は「目標は現実疑問の解答に」とし、次に「自ら知らんとする願望」を掲げる。そこでは「学問の実用」という見出しで「私たちは学問が実用の僕《しもべ》となることを恥としてゐない」と述べ、次の「眼前の疑問への解答」の見出しで研究課題を掲げるが、その第一は教育の実際化、第二に農村道徳の変化、第三に離村問題とし、その後に「それよりもっと痛切なる『何故に農民は貧なりや』の根本問題である」（『郷土生活の研究法』一四六頁）としている。そして、この節の締めくくりは「学問救世」であった。

このように実践的な使命感を強調したのは、もちろん当時の社会状況であり、それに真剣に向き合う立場にあったことが大きく関係している。そして、この部分が一九三一年八月に行われた主として学校の教員たちが聴衆である神宮皇學館夏期講習会での講義録であったことが、内容において実践的課題を強調させることになった。社会に役に立つ民俗学を印象づける講義内容であった。

民俗資料の三分類　それに対して、後半の「民俗学資料の分類」は、村落社会学会が小林正熊という人物に委嘱して、民俗学の入門書を作ることにした際に、小林が柳田のもとを訪れて、柳田の話を筆記したものである。一九三二年一一月から翌年三月までの間に六回、一回二時間ずつ話があり、それを聴いた際のメモにもとづいて原稿化したという。民俗学の研究内容とその着眼点を、民俗資料の分類案に基づいて順次解説したものである。ここでの民俗資料の三分類とは①有形文化、②言語芸術、③心意現象、となっている。これは先の『民間伝承論』と同様に調査者が対象に迫っていく順番に対応して把握できる事象であるという。しかし、表現は同じではない。『民間伝承論』で第一部は生活外形、生活技術誌としていたが、『郷土生活の研究法』では有形文化としている。同様に、第二部の生活解説は言語芸術、第三部の生活意識は心意現象としている。これ以降学術用語として採用される語は、有形文化、言語芸術、心意現象という『郷土生活の研究法』の表現であった。

三分類は研究対象である民俗を一定の指標で抽象的に分類整理したものではない。民俗を調査し、資料化する方法の相違にもとづく分類であった。第一部は目によって把握できる事象であり、一時的に訪れた旅人でも可能な事象である。それに対して、第二部は耳で聞くことによって把握できる事象である。言葉が分からない旅人には把握することはできず、そこに一定期間滞在する寄寓者によってはじめて調査が可能になる。第一部、第二部は、外から訪れた者が目や耳によって把握できるが、第三部の心意現象は外から来た者にはまったく調査できず、ただ心の襞《ひだ》に分け入って、感覚を共有することができる同郷人のみが把握できるとした。

有形文化は住居からはじまり、衣服、食物と進むが、それぞれの事項について説明し、興味深い解釈までしており、読者は大いに興味をそそられたであろう。たとえば有名な解釈として、日本の東西の社会的特質の相違を母屋《おもや》の間取り、特にそれにともなう囲炉裏の配置に求めた解釈がある。東日本は、殺伐の風を長く残したので、家の主人が客を迎えるにあたって、刀を左側に置いて、客に取り押さえられないようにし、逆に西日本では平和な関係があり、客に対して無防備な配置になるように囲炉裏の座を設定した。それが、母屋のどちら側に大戸を設け、土間を設定するかの相違をもたらしたというものである。実証的というよりも、柳田の思いつきという面が強いが、そこに民俗学の面白さがあることも否定できないであろう。この第一部の有形文化は物質的なもののみを指しているのではない。家族や親族、冠婚葬祭、年中行事、神祭りなど、民俗としてイメージされている大部分の事象が含まれる。

第二部は言語芸術で、言葉に発して示される事象である。一般に口頭伝承とか口承と呼ばれる語りである。昔話・伝説・民謡・なぞなぞ・ことわざが含まれる。欧米民俗学では民俗学といえばこの言語芸術のことであるが、柳田は三分類の一つに位置づけた。

第三部は心意現象である。心意という独特の用語で、人々の意識・感覚・感情・観念を把握しようとした。そして心意の把握こそが民俗学の目標であると置いた。

常　民　常民《じょうみん》という用語は柳田國男が用いはじめた言葉である。常民という単語は漢籍上に用例があり、また朝鮮時代に身分呼称として存在したが、それらと直接関係はない。彼が常民を最初に用いたのは一九一二年のことであった。当時の柳田の関心は山間奥地に暮らす山人《やまひと》・山民《さんみん》であり、各地を漂泊移動する人々であった。山人や山民ではなく、ごく普通の生活を送っている定住農民を示す語として常民を用いていた。常民は研究対象でも関心対象でもなかった。しかし、常民がすでに柳田國男の民俗学の初発から用いられていたことは大いに注目される点である。しかし、頻度は低く、一九一〇年代から二〇年代にかけては人々を意味する用語は平民であった。

ところが、一九二〇年代後半になるとしだいに常民の登場回数が増え、三〇年代には平民が姿を消し、常民がもっぱら使用された。しかも、その意味は研究対象である民俗の担い手としての常民であり、民俗学の中核的な概念となったのである。しかし、柳田は常民を明確に定義したり、その範疇を示すことはなかった。文章全体から読者が推し量らなければならないことは、他の多くの用語と同様であった。柳田の教えを受けた研究者も常民をしだいに用いるようになったが、その意味は曖昧で、農民や農村居住者と同義語といってよかった。柳田が常民について明確に説明したのは『郷土生活の研究法』の後半の「村の構成員」の記述である。村を構成するのは三種類の住民だとして、それを以下のように説明した。

一つは常民即ち極く普通の百姓で、これは次に言はうとする二つの者の中間にあつて、住民の大部分を占めてゐた。次は上の者即ちいい階級に属する所謂《いわゆる》名のある家で、その土地の草分けとか、又は村のオモダチ（重立）と云はれる者、或はまたオホヤ（大家）、オヤカタ（親方）などと呼ばれてゐる階級で、これが江戸時代の半ばまでは村の中心勢力をなしてゐたのである。（中略）第三には下の者で、この階級に属する者は今でも可なり居るし、また居つた痕跡が残つてゐる。これには普通の農民でなく、昔から諸職とか諸道などといつて、一括せられてゐた者が大部分を占めてゐた。例へば道心坊《どうしんぼう》や、鍛冶屋、桶屋など、これらは何れも暫くづつ村に住んでは、また他に移って行く漂泊者であった。それから上の者にもさうであつたが、この下の者にもスジ（筋）といふか、兎にかく中間の常民といはれる者にはなくて、上下二通りの家には特別な名があつた。（『郷土生活の研究法』二二五〜二二六頁）

これが柳田のもっともはっきりした常民の説明である。村落に住む者であっても、草分けとか重立と呼ばれる村落支配者層は常民ではないのである。常民は民俗の担い手を示すが、そのなかに村落支配者とか名望家と呼ばれる階層が含まれないと柳田は考えていた。

4　山村調査と海村調査

山村調査

一九三四年は記念すべき年であった。前年に『民間伝承論』の講義を聴いた若い直弟子の人たちを中心に前人未踏ともいうべき事業を開始した。山村調査である。『民間伝承論』の講義は一九三三年の九月から十二月の毎週木曜日に行われたが、講義終了後にも研究会としてつづいた。これを木曜会といい、その第一回は一九三四年一月十一日であった。その後毎月一回柳田國男の家を会場にして開催された。そのころ、日本学術振興会が補助金を出しているという情報が松本信広からもたらされ、柳田と門下生たちで申請を計画し、いわゆる山村調査が行われることとなった。申請の題目は「日本僻陬《へきすう》諸村における郷党生活の資料蒐集調査」といい、その実施組織として郷土生活研究所を設けたが、これは木曜会出席者と実質同じことであった。研究所同人として名前を並べたのは、後藤興善、橋浦泰雄、比嘉春潮、池上隆祐《いけがみたかすけ》、金城朝永《きんじょうちょうえい》、小寺廉吉《こでられんきち》、今和次郎、倉田一郎《くらたいちろう》、松本信広、最上孝敬《もがみたかよし》、大間知篤三、大藤時彦、桜田勝徳《さくらだかつのり》、佐々木彦一郎、関敬吾、守随一、杉浦健一、高橋文太郎《たかはしぶんたろう》、山口貞夫《やまぐちさだお》そして柳田國男の二〇人であった。この調査は三年計画として予算が認められ、毎年三〇〇〇円が交付された。

調査は、共通の調査項目を準備し、統一的な調査内容で日本全体を調査しようとする大規模な計画であった。調査項目を印刷し、またそこに結果も記入できる『採集手帖』を作成し、調査者はそれを持参した。『採集手帖』には一番から一〇〇番までの項目が印刷されていたが、その一〇〇項目を選定し、原稿化したのは柳田であった。『採集手帖』は巻頭に趣意書を置いている。これは調査地で地元の人々に説明するためのものであったと考えられるが、「日本人のみが持ってゐる美質と思はれる性情に就いては、今迄詳《くわし》くは調べられてゐませんので、未だその由つて来る所を審《つまびらか》にせぬものが沢山残つています」という文章で始まっている。そしてその結びでは「日本人特有の精神生活がどんな道筋を通って発達したか」を明らかにするとするように、日本人がしきりと強調されていた。そしてつぎに「採集上の注意」六項目を掲げている。その四項では「疑問のものは疑問のまゝ書留めて下さい。又他説があればそれをも記し、自分の解釈を加へないで下さい」と注意していた。

『採集手帖』

調査項目は、一から一〇〇までで、その一と二は以下の質問であった。

一、村（部落）の起りについて何か言ひ伝へがありますか。

○一番早く開けたのはどの辺りですか。

○古い家といふのが残つて居りますか。

二、村の功労者として今でも記憶せられて居る人があ

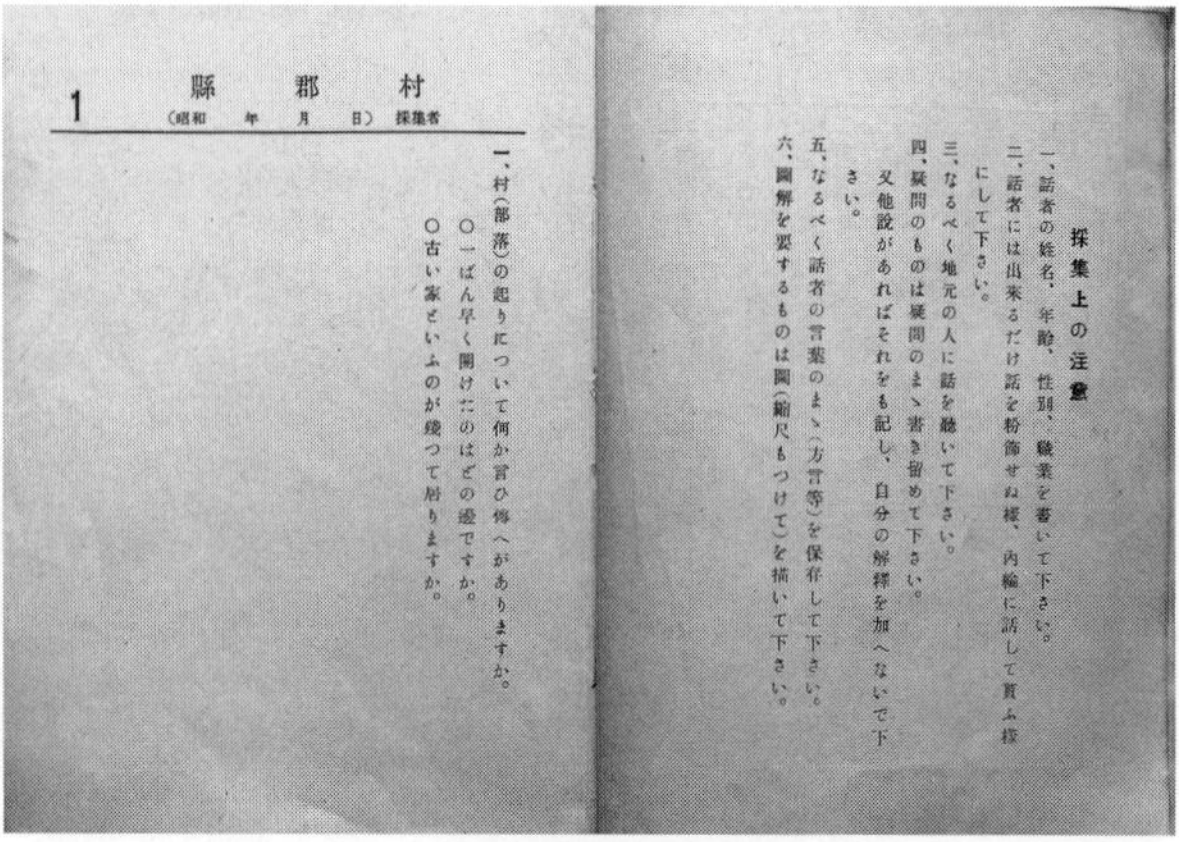

採集上の注意

一、話者の姓名、年齢、性別、職業を書いて下さい。
二、話者には出来るだけ話を粉飾せぬ様、内輪に話して貰ふ様にして下さい。
三、なるべく地元の人に話を聴いて下さい。
四、疑問のものは疑問のまゝ書き留めて下さい。又他説があればそれをも記し、自分の解釈を加へないで下さい。
五、なるべく話者の言葉のまゝ(方言等)を保存して下さい。
六、圖解を要するものは圖(縮尺もつけて)を描いて下さい。

1　縣　郡　村
(昭和　年　月　日)　採集者

一、村(部落)の起りについて何か言ひ傳へがありますか。
○一ばん早く開けたのはどの邊ですか。
○古い家といふのが幾つて居りますか。

『採集手帖』本文

りますか。

そして最後の九九と一〇〇は以下のようであった。

九九、代々長生をする家筋がありますか。

一〇〇、仕合せのよい人又は家の話があるなら承りたし。

一〇〇項目に示された調査内容は人々の連帯・結集に関する事項が多く、またその基礎となる社会組織や生活に関連する事項が多い。一〇〇項目の質問文であるが、各番号には主質問文に加えて、必ずのように付随的な質問が一、二丸印を付けて加えられていた。したがって、実際には一五〇余りの質問文が記載されていたことになる。

『採集手帖』の特色

『採集手帖』は独特のスタイルをしていた。まず判型が文庫版の大きさであった。これは持参し、すぐに取り出して筆記しやすい大きさが考慮されているといえる。そして、つぎに大きな特色は質問文がすべて見開き二ページの左側のページに印刷されていて、右側のページはまったく印刷されていない白いページであった。質問文はページの右隅に一行ないし数行記され、残りは白く、そこに質問に対する回答が記されることとなっていた。回答が長い場合は、裏に回って記す方式である。しかも、見開き二ページの左ページの上部には質問番号を大きく印刷し、それにつづいて県郡村を記入できる欄を設け、さらに調査年月日、調査者氏名を記入するようになっていた。すなわち、一番から一〇〇番まで、それぞれ調査地・調査年月日・調査者を記入するのである。ここに、見開き二ページの左側に質問が記され、左側のページから回答が書かれる方式と対応して、柳田の一つの構想が浮かび上がってくる。柳田は調査結果を一〇〇枚のカードにすることを考えていたのである。日本各地からの調査結果を一〇〇枚のカードにして、番号ごとに集めれば、一つの質問に対する各地の結果がたちどころに比較できるというもので、彼が『民間伝承論』で構想した重出立証法を具体化する資料獲得方法であったことが判明する。

調査地は最低一県一ヵ所を選定したが、その作業も柳田が二〇万分の一の地図を用いて、山間部に入った道が行き止まりのような場所を赤鉛筆で丸をつけて選んだという（大藤時彦『日本民俗学史話』）。その調査地は個別の村落ではなく、町村制の村であった。広域的な単位で調査地を設定していたことに注意しなければならない。言い換えれば、民俗を相互関連して保持し、あるいは伝えてきている村落を全体として把握する考えはなかったといえる。町村制の村には多くの大字が含まれており、その大部分は近世の村であったが、その個別の大字に民俗が形成・伝承されているという認識はいまだ獲得されていなかった。

調査は調査員となった同人が『採集手帖』を持参して訪れ、二〇日間滞在し、しかも一回のみでなく二回訪れることを原則としたという。一回目の調査の結果を柳田に報告し、点検をうけて、再度調査地に赴くという方式であった。

中間報告書　調査は一九三四年五月から開始され、初年度には二三ヵ所を調査した。そして、初年度の調査結果を参加者の問題意識にもとづいて整理して報告書が作成された。一九三五年三月に発行された

『山村生活調査第一回報告書』である。この第一回報告書には巻頭の柳田國男「採集事業の一画期」を除くと、一一編の報告が収録されている。その題目と執筆者は以下の通りである。

食物より見たる山村（山口貞夫）
焼畑（佐々木彦一郎）
頭《とう》を中心とした祭祀の問題（大藤時彦）
山村社会に於ける異常人物の考察（倉田一郎）
日本女性生活史の研究について（瀬川清子《せがわきよこ》）
同族団体について（最上孝敬）
「山の神」信仰（杉浦健一）
共同祈願の問題（関敬吾）
「もやひ」と「ゆひ」（橋浦泰雄）
講に関する報告（守随　一）
親方子方（大間知篤三）

これらから分かるように、どれもが個別テーマで執筆報告している。調査報告というよりも、論文といった方が適切な文章も少なくない。いずれも特定の調査地についての記述ではなく、各地からの資料によって取り上げた問題について紹介している。つぎに注意されるのは、社会に関連するテーマが多いことである。祭祀組織、異常人物、同族団体、労働組織、講、そして親分子分である。一一テーマのうち六テーマを占めていることになる。一九三四年という時代状況があってのことであるが、日本の民俗学は社会的関心を持って成立してきたことを示すものである。

山村調査の深化　山村調査は三ヵ年にわたってつづけられた。その間二回中間報告書を刊行し、毎年『採集手帖』を改訂して印刷した。中間報告書の最初が先に紹介した『第一回報告書』であり、二冊目が『山村生活調査第二回報告書』（一九三六年）である。この第二回報告書では、最上孝敬「村ハチブ」、瀬川清子「通婚地域の変遷について」、杉浦健一「家屋敷の出入口」や大間知篤三「両墓制の資料」、関敬吾「宮座に就て」などが収録されている。第一回報告書に引きつづき社会的関心の強いことが窺われる。そのなかで新たな問題の発見があった。両墓制という用語がここで初めて用いられることになるし、また宮座が注目されることになった。併せて、鈴木《すずき》棠三《とうぞう》「疲労と衰弱とを現す言葉」等もあり、観念や感覚に関わる報告も含まれている。

毎年改訂された『採集手帖』は三種類あることになる。どの年次も調査事項は総数一〇〇であり、その記載形式もほとんど変更していない。一見するとほとんど変更していないように見える。しかし各年の『採集手帖』を比較してみると種々相違が見られる。それは前年度において発見された問題を新たに調査項目として組み込み、逆に調査の過程でほとんど回答を得ることができなかった質問事項は削除するか、あるいは他の調査事項の付随的位置に置くかして再編成したからであった。たとえば、最初の『採集手帖』にはなく、二年目の『採集手帖』に追加された項目として同族の項目がある。初年度には親類に関する質問があったが、同族は見られなかった。二年目に「同族を意味する特別の言葉がありますか」という質問が第二三として追加されている。この挿入のため、初年度にあった「親類の人でも親分に頼むことがありますか」という質問は、独立した質問から前の問の付随質問に変更されている。二年目に同様に新設された質問に産屋の行事、屋敷神、同族神、山の神などがある。それに対して、主問からはずされた質問は、褒められる女性、処女会の活動、村外婚の聞き合わせ、いろりでの主婦の席などがある。女性関連の質問文が主問から除かれていることが分かる。

このような改変は、特に三年目の『採集手帖』において多く見られた。二年目の一〇〇項目から削除されたか、あるいは他の質問の付随質問に移された質問が全部で九あり、それに対応して新しい事項が質問文として挿入された。そこには、村の組織、共有財産、村の公と私、家の格式、財産相続、宮座などの質問がある。全体的な傾向としては、観念・感覚に関連する事項が弱められ、組織・制度に関する事項が増加しているといえよう。それらは前年の調査成果についての検討結果として改変されたと思われる。二年目に追加された同族・屋敷神・同族神、三年目に加えられた宮座など、その後の民俗学研究の重要な項目が順次追加されたことは、調査が問題の発見の過程であったことを示している。

このことは、調査対象地域が村落であるという認識を獲得するようになったことにも示されている。山村調査の調査対象地域は当時の町村制下の村であった。大幅な合併を経て成立した明治町村制の村であるから、その内部にはいくつもの近世の村を含んでいたし、さらには生活・生産の単位としてのムラが含まれていた。その点に関する関心や注意は当初にはなかった。ところが、二年目の『採集手帖』の注意事項に「七、後の白紙に、村の大字、小字の名称、戸数等を書き入れて下さい。(出来れば村の略図も)」と「八、同じ村でも字によつて違ふことがありますから聞いた大字、小字を必ず書き入れて下さい」という注意事項が追加され、民俗の伝承母体ともいうべき存在に気づきはじめている。

『山村生活の研究』　一九三四年から三七年までの山村調査の成果は柳田國男編『山村生活の研究』

（一九三七年）として刊行された。そこには六五の章に各地の調査結果をまとめている。そのまとめ方は当然のことながら、調査地別でなく、項目別である。調査に携行した『採集手帖』では質問は一〇〇項目であったが、なかには十分に資料が集まらなかった項目もあり、『山村生活の研究』では整理されて、全部で六五となっている。一は「村の起りと旧家」、二は「村の功労者」、三は「村の大事件」、四は「暮らしよかった時」という順で記述され、最後の六五は「仕合わせの良い家・人」で終わっている。一九三〇年代の柳田の危機意識とそれに応じての使命感が表出しているといってよいであろう。執筆は調査参加者が、自己の関心に近い項目を担当している。瀬川清子が九、大間知篤三と大藤時彦が各七、最上孝敬と杉浦健一が各六、倉田一郎・山口貞夫・桜田勝徳が各五、鈴木棠三と守随一が四、後藤興善と関敬吾が三、橋浦泰雄が一となっている。この執筆章の数字は山村調査の担い手を示している。瀬川清子が大きな役割を果たしていることが注目されるとともに、大間知篤三・大藤時彦・最上孝敬・杉浦健一が担い手として活躍していたことが分かる。

瀬川清子

山村調査および『山村生活の研究』は、日本で最初の統一調査項目による日本全国を対象とした調査であった。日本の村落社会の内部秩序や人々の価値観や行動規範におよぶ内容を調査していた。この調査成果としての『山村生活の研究』を活用することによって、日本の村落の特質を浮かび上がらせることができるはずであったが、柳田國男とその直弟子たちの間からは調査成果を活用しての新たな研究は出されなかった。『山村生活の研究』そのものが研究成果であり、到達点と考えられてしまった。山村調査の成果を活用して理論形成を行ったのは社会学であった。鈴木栄太郎の『日本農村社会学原理』(一九四〇年)は、日本農村を把握する自立した社会学の理論書として知られる。その理論の中核にあるのは「自然村論」である。「自然村の精神」の存在によって村落の統合を説く学説であるが、その論証に際しては『山村生活の研究』の記述がたえず参照されているのである。

海村調査の実施　山村調査が終了した段階でつぎの調査が計画された。それがいわゆる海村調査であった。山村調査と同様に、日本学術振興会の補助金を申請しての計画であり、正式には「離島及び沿海諸村に於ける郷党生活の調査」というものであった。最初は三年計画であったが、補助金が二年目で打ち切られたため、一九三七年五月から一九三九年三月までの二年度の調査で終わった。その間に三〇ヵ所の海村で、山村調査と同じような方式で調査を実施した。一〇〇の調査項目を記載した『沿海地方用採集手帖』が印刷され、それを携行して現地に赴き、結果を『採集手帖』に記入して柳田國男のもとに提出した。

調査対象地は研究課題に示されたように、日本列島各地の離島や海岸地帯の村落であった。三七年度には九ヵ所、三八年度には二一ヵ所が調査された。調査に使用された『沿海地方用採集手帖』は、「村の起り」を第一番とし、「仕合せな家」を一〇〇番とする一〇〇項目を印刷してあった。海村調査の結果は、まず一九三八年四月に『海村調査報告(第一回)』として中間報告が出された。第一回と記されたように、調査の進展に応じて第二回以降の報告書も予定していたが、結局刊行されなかった。第一回報告書には九ヵ所の調査地について一二の項目が報告されている。守随一「陸前気仙《けせん》郡の村組織と磯の利用」、瀬川清子「安房及び伊豆に於ける若者の生活」、牧田茂「紀北須賀利《すがり》村の頭屋《とうや》」、橋浦泰雄「紀伊雑賀崎《さいかざき》の末子相続と串本《くしもと》地方」、最上孝敬「三宅島の物忌み」、大間知篤三「八丈島の正月餅」、倉田一郎「佐渡に於ける占有の民俗資料」、大藤時彦「能登七浦村の婚姻など」、平山敏治郎「丹後湊村の報告」で、いずれも調査地で発見した個別問題についての論考という性格のものであった。そこで気づかれるのは、社会経済的な民俗事象に関心の中心があることで、これは「山村調査」から引き継がれている。

海村調査の最終報告書である『海村生活の研究』は第二次大戦後の一九四九年にようやく刊行された。海村調査は、『海村生活の研究』によれば、全部で三〇ヵ所の沿岸村落を調査したが、そのうちの一四ヵ所の調査は瀬川清子によるものであった。

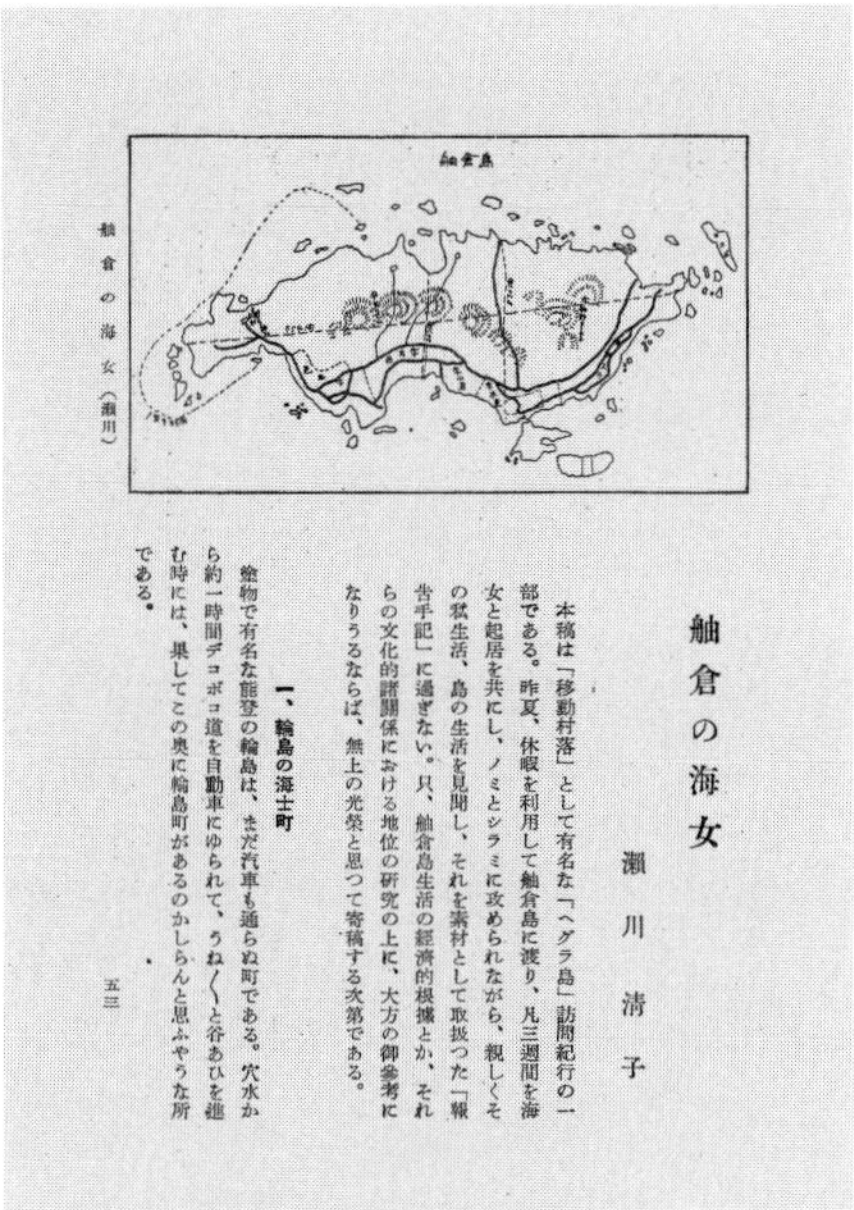

舳倉の海女（瀬川）

舳倉の海女

瀬川清子

本稿は「移動村落」として有名な「ヘグラ島」訪問紀行の一部である。昨夏、休暇を利用して舳倉島に渡り、凡三週間を海女と起居を共にし、ノミとシラミに攻められながら、親しくその猛生活、島の生活を見聞し、それを素材として取扱つた「報告手記」に過ぎない。只、舳倉島生活の経済的根據とか、それらの文化的諸關係における地位の研究の上に、大方の御參考になりうるならば、無上の光榮と思つて寄稿する次第である。

一、輪島の海士町

塗物で有名な能登の輪島は、まだ汽車も通らぬ町である。穴水から約一時間デコボコ道を自動車にゆられて、うねくと谷あひを進む時には、果してこの奥に輪島町があるのかしらんと思ふやうな所である。

五三

瀬川清子「舳倉の海女」

瀬川清子　瀬川清子は一八九五年（明治二十八）十月に秋田県鹿角《かづの》郡毛馬内《けまない》町（現鹿角市）で生まれ、一九一〇年に小学校の教員となった。二七歳のとき、退職して東京に出て、教員生活を始めた。三三年（昭和八）三八歳のとき、夏休みを利用して、能登半島北方の舳倉《へぐら》島を訪れ、そこで約三週間海女《あま》たちとともに過ごした。そして見聞きしたことを記録し、「舳倉の海女」と題した文章にまとめ、柳田國男と比嘉春潮が編集する『嶋』に投稿した。柳田國男は瀬川清子の文章を読んで敬服し、自宅での会合に出席するように誘った。ここに民俗学研究者としての第一歩を踏み出すことになった。投稿した「舳倉の海女」は翌年四月に『嶋』昭和九年前期号（一九三四年）に掲載された。

早速、山村調査に瀬川清子は参加し、千葉県君津《きみつ》郡亀山《かめやま》村を訪れた。また愛知県北設楽《きたしたら》郡振草《ふりくさ》村、香川県三豊《みとよ》郡五郷《ごごう》村などの山間の村も訪れた。「海村調査」では、その中心人物として瀬川清子はいた。千葉県安房《あわ》郡富崎《とみさき》村、同千倉《ちくら》町、長尾《ながお》村、静岡県賀茂《かも》郡南崎《みなみざき》町、愛知県知多《ちた》郡日間賀《ひまか》島などの調査を行った。戦時体制のもとで男子が徴兵その他で活動しにくくなってきた状況で、瀬川の存在は柳田國男門下において不可欠な存在になった。

若者組・娘組の調査研究　山村調査・海村調査を通して注目された民俗の一つが若者組《わかものぐみ》・娘組《むすめぐみ》であった。柳田國男が「聟入考」において、配偶者選択の機会を準備する存在として若者組とそれに対応する娘組に注目したことによって、彼の門弟たちも関心を抱き、山村調査・海村調査でも注目点になっていた。一九三五年から刊行されることになる『民間伝承』においても各地の若者組に関する報告が掲載された。しかし、若者組への関心は柳田國男が注目したことにはじまるのではない。それ以前から研究対象になっていた。大正年間以降、修養機関としての青年団が文部省や内務省の指導で全国的に組織されたが、その青年団の前身として若者組が注目されたからである。

若者組についての本格的な論考は中山太郎「若者制度の研究」（『民族』一巻六号、一九二六年）が最初であった。その後、一九三〇年に中山太郎は『日本若者史』を著した。中山は日本の男子青年の組織を若者連と表現して、その起源、組織、加入・脱退の儀式、宮座《みやざ》との関係、寝宿《ねやど》の制度、社会的地位等、若者組を総合的に論じており、日本で初めての若者組研究書となった。ただし、実地調査による若者組の把握は自ら行っておらず、近世の文字資料や各種雑誌に掲載された報告文を活用しての記述であり、近世の文字資料の果たした役割が大きい。この中山の研究に大きく影響されたと思われるのが、大日本聯合青年団『若者制度の研究』（一九三六年）である。もっぱら近世に作成された若者条目を集めて整理し、若者組の特色を示したものである。豊富な若者条目に根拠を置くことで組織や活動についての信頼性を大きくしており、その後長く活用された。これらの研究でも若者組の婚姻や性との関係は注目されていたが、柳田國男はそれを中心に置いて若者組を理解しようとした。

5　研究体制の確立

日本民俗学講習会　一九三五年七月三十一日から八月六日までの一週間東京の日本青年館を会場にして日本民俗学講習会が開催された。これは柳田國男の還暦を記念して企画された。その全体のプログラムは以下の通りであった。

第一日　七月三一日
開講の挨拶　熊谷辰次郎
地方に居て試みた民俗研究の方法　折口信夫
海上労働の話　桜田勝徳
午後　座談会　出席者自己紹介
夕刻　柳田先生「生誕祝賀会」

第二日　八月一日
仏蘭西《フランス》に於ける民俗学研究　松本信広
交易の話　最上孝敬
午後　座談会　食物
第三日　八月二日
協同労働の慣行　橋浦泰雄
方言研究と郷土人　後藤興善
午後　座談会　食物と民謡、特に子守唄
第四日　八月三日
独墺《どくおう》両国に於ける民俗学的研究　岡　正雄
昔話の採集　関　敬吾
午後　座談会　祭祀
夕刻　地方からの出席者を柳田國男宅に招待
第五日　八月四日
採集期と採集技能　柳田國男
民俗学と人文地理学との境　佐々木彦一郎
午後　座談会　食物、祭祀、女性の労働
渋沢敬三宅のアチックミュウゼアムの見学

第六日　八月五日
　冠婚葬祭の話　　大間知篤三
　琉球諸島採訪談　　伊波普猷
　午後　座談会　女性の労働
第七日　八月六日
　民間信仰の話　　杉浦健一
　アイヌ部落採訪談　　金田一京助
　午後　座談会

一週間にわたって授業が行われた。その後の民俗学の研究対象を網羅しているといえるが、いくつかの注目すべき点がある。一つは最終日に金田一京助がアイヌの調査について講義していることである。アイヌを研究対象から排除する考えがなかったことを示していよう。第二には、ヨーロッパの民俗学研究について紹介していることである。民俗学を日本国内に視野を限定して考えるのでなく、世界各地で行われている学問として位置づけ、その動向にも注意する必要があることを講義を通して述べたといえよう。この点は、講習会参加者を中心に組織された民間伝承の会の機関誌『民間伝承』にも引き継がれており、第二次大戦後の日本の民俗学が鎖国状態になることを考えれば注目してよい点であろう。そして、第三には毎日午前中が講義で、午後は座談会として、参加者たちに発言の機会を設け、また自分の居住地の民俗事象について報告することを求めた。この講習会の記録は柳田國男編『日本民俗学研究』（一九三五年十二月）として刊行された。

講習会の参加者は、当初の予想は東京以外からの参加者を五〇人、東京在住者が二〇人であったが、実際の申し込みははるかに多く、東京以外の出席者が七〇人、東京在住者が三三人、それに加えて国学院大学郷土会一九人、慶応大学の学生一一人、早稲田大学民族学会五人という若い学生たちの参加があった。合計一三八人である。それに対して、講義をする側の世話人は柳田國男以下二六人であった。各地からの参加者は全国におよんでいたが、もっとも参加者が多かったのは長野県の一〇人、ついで青森県と愛知県が各五人、神奈川県と静岡県が各四人であった。全く参加者がいなかった県は、宮城、三重、島根、香川、福岡であった。民俗事象に興味関心はあるが、単なる好事家にすぎなかった多くの参加者は、講習会の講義を聴いて、民俗学という学問の存在を知り、その研究対象となる具体的な問題を了解し、それをどのように調査し、整理報告すればよいかをある程度理解することになった。毎日午後開かれた座談会を通じて民俗学の問題と自己の見聞や経験を結びつけて考えることができるようになったものと思われる。講習会参加者で注目されるのは、東京のいくつかの大学の学生がグループで参加していることである。そこに出てくる名前には、臼田甚五郎《うすだじんごろう》、牧田茂《まきたしげる》、三谷栄一《みたにえいいち》、高崎正秀、北野博美《きたのひろみ》、西角井正慶《にしつのいまさよし》、池田弥三郎《いけだやさぶろう》など、後に民俗学を担うことになる国文学系の人々が多数含まれていた。

この講習会は柳田國男にとっても重要な位置を占めたようである。『日本民俗学研究』の「開白」（序文）において「昭和一〇年七月の末から、八月初旬にかけて一週間、日本民俗学の第一次大会が、日本青年館の講堂に於て開催せられ、各地方の同志約百五十人が是に参加した」と述べ、講座の開会の辞を収録しているが、そこでも講習会のことを繰り返し民俗学大会と表現しているのである。

なお、講習会は翌年にも開催された。第二回日本民俗学講習会が一九三六年八月に五日間の日程で開催され、七六名の参加者があった。前年と同じように、午前中は講義、午後は共同課題を設けての座談会であった。初日には柳田國男自らの講義「伝承と伝説」で始まり、以後直弟子たちの講義で構成されたが、そのテーマ設定は細かなものであった。たとえば、二日目には「若者組の組織」と「村の一組織」そして「樹木の崇拝と信仰」の二つであった。三日目は「盲暦」、「民謡」、「沖縄の信仰」であった。その日の午後は「沖縄の午後」と題して伊波普猷の還暦記念の講演会を催した。そして、四日目の夕方に、希望者五〇名がアチックミューゼアムを見学したことも注目される。なお、毎日午後にはテーマを決めての座談会が開催されたが、その記録は『民俗座談』として刊行された。テーマは、贈答、年齢組、女性と信仰、沖縄であった。そして、翌一九三七年の一月から長期開催の日本民俗学講座が開催された。毎週火曜日に東京丸ビルで開かれ、一九〇名の参加があった。講習会は連続三ヵ月で一区切りとし、年間三期開催され、第六期までつづけられたが、第七期を一九三九年一月から開始することを予定しながら、会場の都合ということで中止された。その後、一九三九年四月から神田の佐藤新興生活館を会場に毎週一回の四六回の講座が開催された。

他方、大坂でも近畿民俗学会の主催で一九三六年から翌年にかけて日本民俗学連続講習会が開かれた。大学において講義がない民俗学にとって、体系的に教え、普及させる方法として講習会が最良の方法であった。

民間伝承の会と『民間伝承』　日本民俗学講習会に参加した人々を組織することは当初からの構想であったと思われる。講習会の最終日午後の座談会終了後、茶話会となったが、そこで折口信夫が座長となって民俗学研究の全国的連絡機関の設立を提案し、組織されることになった。組織の名称は後日に柳田國男が決めたという。それが民間伝承の会である。民間伝承の会は、目的を「組織的採集及び研究の為に会員相互の連絡を図ること」におき、会員制をとり、会報として『民間伝承』を月刊で発行し、会員に配布するという方式であった。

手際よく、講習会開催の翌月には『民間伝承』が創刊された。『民間伝承』は月刊誌であった。最初はわずか一号八ページであった。その創刊号の巻頭に柳田國男は「小さい問題の登録」と題する文章を載せ、「日本民俗学上の諸問題の登録を、この小さな月刊物の一つの事業としたい」と述べた。そして、終始重視したのが会員からの報告であった。「会員通信」を設け、各地の会員からの短い報告を掲載した。毎号巻頭の一ページは柳田の直弟子たちが交替で問題提起を行ったが、研究論文は掲載されなかった。基本的には各地の会員から寄せられる民俗に関する資料を集積する場として機能した。最初は会員が自由に投稿する欄であったが、それでは散漫で雑然とした投稿欄で魅力がなかった。創刊九号（一九三六年）で橋浦泰雄が以下のような提案をして、実行に移された。

『民間伝承』創刊号

共同採集の問題　本通信欄を拡張して多くの資料報告を収める事は最も望ましい事だけれども、経費の関係やその他の事情で急速に望む事は無理であらうと思へる。で此《こ》の狭い紙面を最も効果的に活用する一方法として、毎月会員の共同採集すべき課題を一課題宛《ずつ》選定して、これを略本欄の中心とするやうにしたらどうであらうかと思ふ。課題は概括的なものよりか、なるべく細項を選む方が簡明でもあり効果も多く挙げ得るではないかと思ふ。

そして提案したのが「米以外の主食物の名称と、その食法」であった。これは早速に実行され、翌一〇号の「会員通信」に「共同採集報告米以外の主食物」として掲載された。そして、その末尾に次回採集課題として「若者組の加入並に脱退の時期とその作法」が掲げられた。次の共同課題は、柳田國男が『民間伝承』一一号、一二号に掲載した「祭礼名彙と其分類」に基づく、「祭礼の名称とその由来」であった。このように、日本各地から寄せられた同一テーマについての報告が掲載され、それだけでも比較が可能であったが、おそらく目論見としては山村調査の資料を補うものの集積という面があったであろう。

また「紹介と批評」という欄を設け、毎号多くの単行本・雑誌論文を紹介していることも注目される。そこで紹介されている文献は、民俗学とはかぎらず、農業経済学・社会経済史・社会学・宗教学など幅広い分野にわたっている。それにもかかわらず、姉妹関係にある民族学の文献紹介は少ない。各種の雑誌も紹介しているが、『民族学研究』はまったくといっていいほど取り上げられなかった。はじめて『民族学研究』が登場するのは、二巻六号（一九三六年）で、そこには関敬吾の「昔話研究の課題」が掲載されていたので、紹介されたものと思われる。会員への紹介という点では、三巻三号（一九三七年）から掲載がはじま

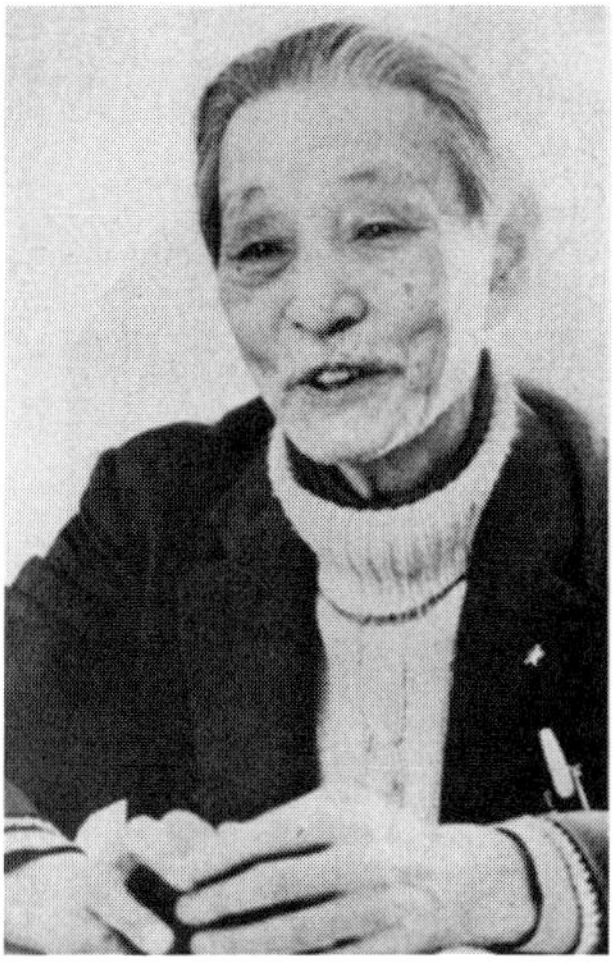

橋浦泰雄

った、外国の民俗学研究に関する文献紹介や翻訳、あるいは動向紹介がある。三巻三号には『大英百科事典』第一三版追加版に収録されたジェネップ（ヘネップ）の「民俗学」という文章を翻訳して掲載した。翌四号には「独逸《ドイツ》民俗学界の一斑」、五号に「諾威《ノルウエー》の民俗学」、六号にエルツの「死の集団表象」、七号にはヴィルヘルム・シュミットの「民族学と民俗学」が掲載された。それ以降にも毎号のように外国の研究が紹介されている。いずれも短い文章の翻訳か論文の要約である。そして一九三七年十二月から、木曜会とは別に、会員たちは民俗学読書会を月に一回ないし二回開催して、外国文献を読み、検討することをはじめた。そこでは欧米の民俗学文献と並んでマリノフスキーの著書がいくつも取り上げられている（「学会消息」『民間伝承』四巻一号）。現在の民俗学の雑誌にはほとんど世界の動向への関心が見られないことと比較すれば、当時は日本の民俗学も世界の民俗学の一つであると考え、それと結びつけようとしていたことは大いに注目される点である。あえていえば、柳田國男の一国民俗学から世界民俗学へという構想が、その具体化の第一歩として、世界各地の民俗学を紹介し、まずは知っておくという措置になったとも考えられる。

総じて『民間伝承』は資料集積と情報提供を行う雑誌として機能した。柳田の門弟たちが執筆する巻頭の一ページの文章は問題提起にとどまり、実証的に論を展開することはなかった。また投稿については、論説を二〇〇〇字以内としており、原稿用紙五枚を限度としている。研究論文を掲載するにはあまりに分量が少なかった。いまだ自立した研究者がほとんどいなかった当時の状況ではやむを得ないことでもあった。

地域民俗学の提唱

『民間伝承』を舞台として行われた議論には注目すべきものもある。その一つは山口麻太郎による『山村生活の研究』への批判である。四巻九号に掲載された「民俗資料と村の性格」（一九三九年）で、以下のように指摘した。

個々の生活事象は村の生活から遊離して取り扱はれ、村の性格を考慮する事なしに資料価値が決定せられ、各個の郷土生活事象は生活の基地を離れて研究所の試験管に並べられて居る様な気がする。

そして、結論部分で以下のように主張している。

今少しく村の個性を尊重し、資料を村に即せしめて検討するといふ様な事は必要では無いのであらうか。私は今一歩進んで地域民俗学といふ様なものが考慮せられ、比較綜合に中間地域が設定せられ、各地域の特殊相を究明せられると同時に、各地域相互間の関係を検索し、其全地域を抽象する事によつて固有日本生活の把握に向ふ道もあると然うも云へるのではないかとも考へる。

山村調査の結果を事項別に整理した『山村生活の研究』では、試験管に入れられて並べられているようなもので、個別村落の特徴、すなわち村の性格は分からないと批判している。要素主義に分解してしまうのでなく、村落社会を総体として把握すべきであるという主張であった。これに対して、関敬吾が山村調査実施側の代表として反論を掲載している。この反論は歯切れが悪いが、要するに「吾々は、調査は村に出発し、その中から普遍的なものを求めやうとするのであつて個々の村の性格を描き出さうとしたのでは勿論ない」とする点にあろう。

民俗語彙集の編纂　柳田國男を中心とした日本の民俗学の大きな特色は、地域で人々によって日常的に用いられている名称・呼称を重視し、調査に際しては常にそれをこの土地では何というか、何と呼んでいるかを確認し、調査の結果を記述する際には必ずその言葉を含ませることである。この地域で人々が民俗を指し示す言葉を民俗語彙と呼ぶ。民俗語彙という表現は第二次大戦後のものであり、戦前は習俗語彙と呼ぶことが一般的であった。

柳田國男が早くから民俗語彙に注目していたことは、彼の最初で最後の調査報告書である『後狩詞記』がすでに民俗語彙中心に記述されていたことで判明するし、また「野の言葉」という題目の論文によっても明確に示されている。民俗語彙は柳田國男の民俗学を特徴づけるものであった。

柳田國男がテーマごとに民俗語彙を日本各地から集めて、分類し、解説することを試みたのは、一九三五年十月に刊行された『産育習俗語彙』に始まる。柳田と橋浦泰雄の共著の形で出されたこの本は、一二〇ページに満たないものであった。産育に関わる事項を全部で二六項目に分類し、それぞれに該当する民俗語彙を掲げ、解説するというものである。掲げる民俗語彙はアイウエオ順とか地方別にというように機械的ではなく、項目の内容理解に深く関係する語彙を最初に置き、順次並べるという方式である。解説は語彙の意味を説明することに中心があるが、なかに解釈にわたる部分も少なくない。たとえば、一の総称でオトメナシという語彙を掲げ、「磐城《いわき》の岩城郡草野《くさの》村、同郡高木《たかぎ》村等では、又産婦の事をかく云ひ（産、二三八頁。民学、一ノ一ノ五〇頁）、下野《しもつけ》地方では出産のことをオトナシと云ひ（後略）」という解説をするが、その後に「此のオトと云ふのは、乙姫、乙女、弟等のオトと同意語で、幼きもの、年下のもの等の意を含んで居る言葉であらう」（松川）という解釈を加えている。一連の民俗語彙集は、単なる語彙を集めた資料集ではなく、民俗語彙の比較から言える仮説を示したり、一定の展望を述べたりしており、民俗研究の方法を示したものといってもよいであろう。

民俗語彙集は、柳田國男・大間知篤三『婚姻習俗語彙』（一九三七年）、柳田國男『分類農村語彙』（一九

三七年)、柳田國男『葬送習俗語彙』(一九三七年)、柳田國男・倉田一郎『分類漁村語彙』(一九三八年)、柳田國男『禁忌習俗語彙』(一九三八年)、柳田國男『歳事習俗語彙』(一九三九年)、柳田國男・山口貞夫『居住習俗語彙』(一九三九年)、柳田國男『服装習俗語彙』(一九四〇年)、柳田國男・倉田一郎『分類山村語彙』(一九四一年)、柳田國男『族制語彙』(一九四三年)と順次刊行された。柳田國男単独の語彙集もあったが、五冊は彼の直弟子との共著であった。そのなかで、倉田一郎が『漁村語彙』と『山村語彙』の二冊について共編者となっている。

『採集手帖』と調査項目　民俗学の基礎が民俗調査にあることがしだいに理解されるようになってきたが、そのための入門書・参考書はいまだない状態がつづいた。民俗の採集をする場合の参考となったのは山村調査に際して作られた『郷土生活採集手帖』であった。『採集手帖』は調査期間中毎年改訂され、山村調査参加者のみでなく民間伝承の会会員に広く頒布されて利用された。しかしこの手帖は質問項目が一〇〇であり、民俗調査の内容としてはかぎられたものであった。それを補うものとして『民間伝承』誌上に各種の質問項目が提案された。たとえば、『民間伝承』一号(一九三五年)に「産育習俗語彙採集要項」(『産育習俗語彙』にもとづいて橋浦泰雄が作成)、五号・六号(一九三六年)に「婚姻習俗採集項目」(大間知篤三作成)、一〇号(一九三六年)に「葬制資料採集要項」(橋浦泰雄作成)、二巻一号・二号に「漁村語彙採集要項」(倉田一郎作成)などを掲げた。『採集手帖』も山村調査用だけでなく、柳田國男・関敬吾編『昔話採集手帖』(一九三六年)、海村調査用の『沿海地方用採集手帖』(一九三七年)が出された。また、倉田一郎「採集技術の基礎」(『民間伝承』五巻一号、一九三九年)は、採集すなわち現在でいう民俗調査について理論的に整理を試みた。民俗採集は偶然採集から計画採集へと発展してきたとして、その採集技術に

柳田國男・関敬吾『日本民俗学入門』

ついて検討した。

そして、それらの集成として、一九四二年に詳細な調査項目を収録した柳田國男・関敬吾『日本民俗学入門』が刊行された。柳田と関敬吾の共著となっているが、柳田は企画と内容構成の検討に参加したのみで、執筆はすべて関敬吾によるものである。全体は三〇章からなるが、緒論で民俗学の方法を紹介し、第二章から第二九章までの各章で住民、衣服、食制から伝説、妖怪・幽霊、医療まで、民俗学のあらゆる分野の質問文を網羅している。入門書というよりも民俗調査解説書というべきものであり、民俗学の一つの到達点を示している。

なお、それ以前の一九三六年から昔話調査が始まった。斎藤報公会から「民間説話の資料蒐集並出版」という課題で研究費を貰い、柳田國男と関敬吾によって日本各地の昔話調査が行われた。これにあわせて『昔話採集手帖』が編集公刊された。

外国文献の翻訳紹介

すでに紹介したように、一九三七年、『民間伝承』誌上で欧米の民俗学研究を翻訳し紹介することが行われた。民俗学が日本のみの存在ではなく、世界各地にも存在し、それらと連繫していることを示そうとしたものであった。しかし、いずれも短いものであり、要約や一部の抜粋であった。当然、欧米民俗学に関する著作全体を読みたい、参照したいという気持ちが強まった。それに応じるようにいくつもの欧米文献が翻訳され公刊された。翻訳の早い例としてはバーン（Burne, C）『民俗学概論』（岡正雄訳、一九二七年）がある。イギリス民俗学協会の会長にもなったバーンの民俗学概説を翻訳したもので、日本に紹介された最初の民俗学案内書であった。ベヤリング・グウルド（Gould, Bearing Sabine）『民俗学の話』（今泉忠義訳、一九三〇年）も早い例である。著者は一九世紀イギリスの民俗学者であり、イギリスの俗信や伝説にキリスト教以前の姿を求めるロマン主義的な記述で、読み物ともいうべきものであった。一九三二年に、A・V・ジェネップ（Gennep, Arnold van）『民俗学入門』（後藤興善訳）が出された。フランスの民俗学全般を紹介するが、研究法についても記述し、日本の民俗学にもヒントを与えるものであった。

本格的な民俗学研究書の翻訳は、クローン（Krohn, Kaarle）『民俗学方法論』（関敬吾訳、一九四〇年）からはじまる。フィンランドの有名な民俗学研究者クローンが自己の理論を述べたものである。地理・歴史的方法とも呼ばれる、昔話の伝播経路の究明から歴史を再構成する方法を述べている。結論は異なるが、周圏論に近い発想が示されている。ペー・サンティーヴ（Saintyves, P）『民俗学概説』（山口貞夫訳、一九四四年）が出されたのは戦局が激化し、出版事情が悪化した時期であったが、初版四〇〇〇部が印刷された。サンティーヴの遺稿集ともいうべき民俗学案内書であるが、研究法に重点を置いている。

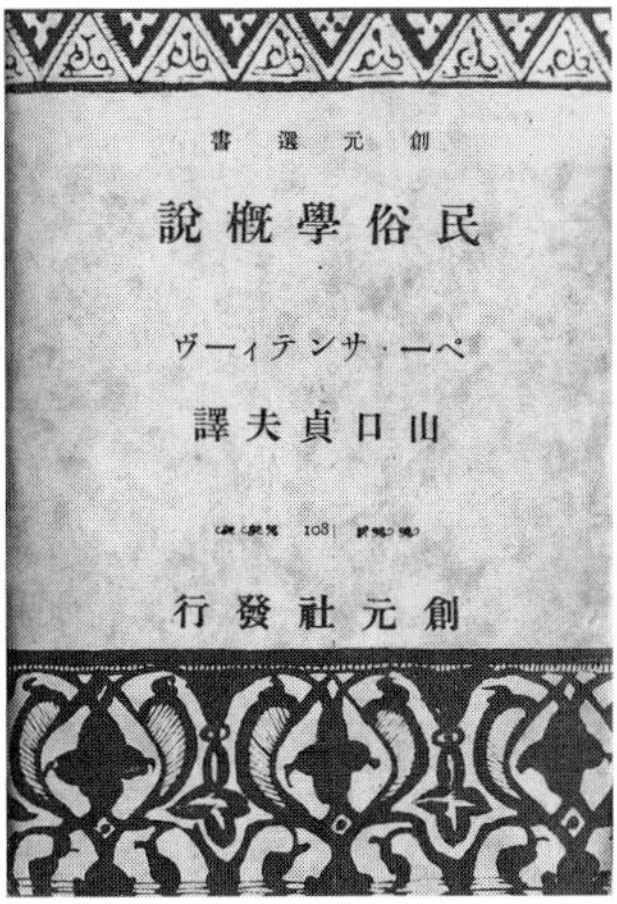

サンティーヴ『民俗学概説』

日本民族学会と『民族学研究』　一九三五年の日本民俗学講習会を契機に民間伝承の会が組織され、雑誌『民間伝承』が刊行されたのは、講習会参加者から出た声ではなく、柳田國男とその直接の門弟たちによって周到に計画されたものと考えるべきであろう。そこには、もう一つのみんぞくがくとの競合、あるいは緊張関係が存在した。明治年間に土俗学と名乗っていた学問は、しだいに日本の支配地域や利害関係のある地域の研究に関心を移し、もっぱら海外の社会や文化を調査するようになっていった。そして、土俗学という呼称は使われなくなり、それに代わって民族学というようになった。『民俗学』という雑誌を刊行していた研究者は民族学に傾斜していたが、『民俗学』が不振に陥るなかで新たな組織と雑誌の刊行を計画することになった。その組織が日本民族学会であり、雑誌が『民族学研究』であった。

会は一九三四年十月に趣意書を発表し、十一月に発起人会を開催して、会の組織をととのえた。制定した規約第一条によれば、「本会ハ我国ニ於ケル民族学ノ研究ヲ振興シソノ国際的連絡ヲ計ルヲ目的トス」とあり、国際的な連携が強調されている。これは一九三四年七月に第一回国際人類学・民族学会議がロンドンで開催されたことが関連している。この会議に柿崎正治と岡正雄が出席し、その雰囲気を日本に持ち帰った。これが刺激となり、学会の設立となったと考えられる。日本民族学会の発起人は、理事として桑《くわ》田芳蔵《たよしぞう》・関屋貞三郎《せきやていさぶろう》・渋沢敬三・新村出《しんむらいずる》・白鳥庫吉・移川子之蔵《うつりかわねのぞう》の六名、その他の発起人として赤松《あかまつ》智城《ちじょう》・秋葉隆・有賀喜左衛門など六二名であった。そこには柳田國男の名前はないし、日本民俗学講習会の企画をした直弟子たちの名前も出てこない。見られるのは折口信夫のみである。その他の民俗学研究者で発起人になっているのは、早川孝太郎・中山太郎程度である。すでにこの段階で、柳田國男はこの組織に敵愾心を持っていたのではないかと思える。発足した学会は白鳥庫吉を理事長に選出した。そして、翌三五年一月に機関誌『民族学研究』を創刊した。

『民族学研究』の創刊号は、馬淵東一《まぶちとういち》「高砂族の系譜」を巻頭論文に掲載したことに示されているように、台湾・朝鮮・中国・東南アジアや北東アジアに関する論文が並び、その間に挟まれて日本を対象とした論文も掲載された。二号で鈴木栄太郎の「屋敷神考」が掲載された。このような動向が、柳田國男に対抗的に組織と雑誌を刊行させることになったと考えるべきであろう。

国際的にも民族学は人類学と兄弟の関係にある。成立した日本民族学会も大先輩である日本人類学会と一緒に活動することを計画し、一九三六年に第一回人類学会・民族学会連合大会を開催した。その記録を刊行した。この連合大会はその後毎年開催され、自然人類学の人類学会と民族学・文化人類学の民族学会が互に認識し、協力する組織として大きな役割を果たした。

大学での講義　民俗学を開講する大学はなかったが、柳田國男が民俗学とは異なる題目で実質民俗学の講義をすることは比較的早くから行われていた。そして、集中講義の方式で民俗学の講義をすることが三〇年代にははじまっている。

京都帝国大学は柳田國男の民俗学に理解を示した数少ない大学の一つである。京都大学文学部国史学科に文化史学の西田直二郎《にしだなおじろう》がおり、民俗学に大きな関心を寄せた。学生たちにも民俗学を学ぶことを奨励した。その結果、卒業後も民俗学に関連する活動をする人物も出てきた。後に宮座調査を行い、大きな成果を挙げた肥後和男《ひごかずお》もその一人であった。西田のもとに集まっていた学生たちを中心に、一九二七年十二月京都民俗談話会が発足した。十二月の第一回例会では水野清一《みずのせいいち》「人身御供について」と小川五郎「民族学の傾向」という二つの報告があった。一九三〇年五月に京都民俗談話会は京都民俗研究会と改称した。そのきっかけとなったのは、折口信夫たちが組織していた民俗学会との合同で大会を開催したことであった。京都民俗研究会には学生ばかりでなく京都大学の教官も多く出席し、活況を示すようになった。

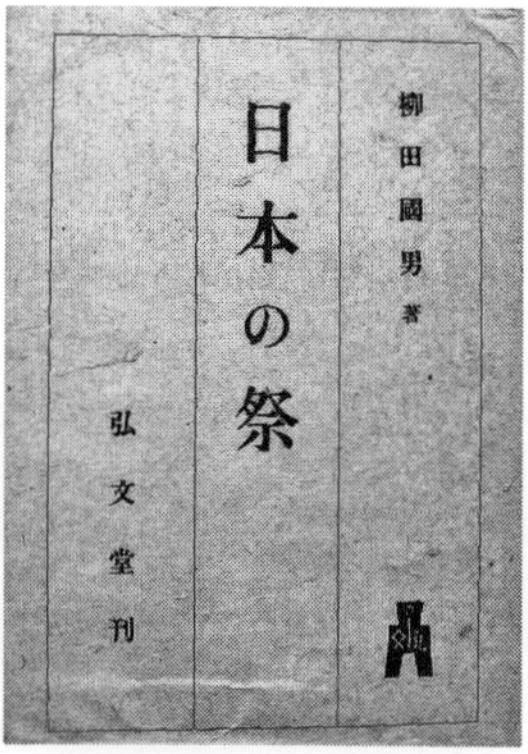

柳田國男『日本の祭』

柳田國男も一九三一年五月に京都大学を訪れ、民俗研究会の会員たちとの懇談の席に出席し、講演を行った。そして、一九三四年と一九三七年に柳田國男が集中講義を行った。柳田以外では、三四年に原田敏明、三六年に宇野円空、三八年に赤松智城、折口信夫などが講義を行った。これらの講義に出た学生たちは民俗学への理解を深め、なかには民俗学の研究に従事する者も出てきた。その代表格が平山敏治郎《ひらやまとしじろう》であった。

一九三七年五月には東北帝国大学において柳田國男による日本民俗学の集中講義が行われた。そこでは「方法として資料の細かな採集と分類、比較研究、横断面からの重出立証法こそ民俗学の学として立得んがための生命である」と説いたという。

一九四一年六月には、東京帝国大学全学教養部主催の教養特殊講義として五回にわたって「日本の祭」を講義した。これは『日本の祭』として翌年刊行された。

二　多様な民俗学への努力

1　アチックミューゼアムの活動と民俗学の広がり

アチックミューゼアムの活動　渋沢敬三が私的に自宅で活動を開始した仲間の研究会は、その後渋沢のイギリスへの赴任によって活動を中断していたが、一九二五年（大正十四）の年末に帰国したことによ

アチックミューゼアム新館

って再開され、本格的な活動を開始することとなった。渋沢に視点を置けば、アチックミューゼアムは一九二一年創立となるが、社会的な活動ということになるとむしろ一九二五年とするのが妥当であろう。一九二五年十二月にそれまでアチックソサエティーをアチックミューゼアムと改称し、余暇を利用しながら本格的な研究を開始した。そして、在野の研究所でありながら、豊かな財力を背景に専従の所員を置くことによって当時としてはもっとも活躍する民俗学研究機関となった。当時それを担ったのは専任職員ともいうべき早川孝太郎であった。早川孝太郎は柳田國男の紹介で渋沢を訪れ、彼の支援を受けて花祭りの調査を遂行することになったが、それに加えて、アチックミューゼアムの実質的な事務局長の役割を果たした。

渋沢の初期の関心は玩具にあり、玩具の収集を通して、その地域差を考える分布図を作成し、またデータベースともいうべき目録作成を行った。その点では単なる趣味の玩具収集家とは大きく異なった。そして、しだいに玩具から他の物質文化に興味を広げていった。その大きな転機になったのが、愛知県の奥三河への旅行であった。一九二九年にはじめて奥三河を訪れ、

アチック マンスリー
第一號
昭和十年七月卅日
OPINION
アチック根元記（一）
MEMORANDUM
1

『アチックマンスリー』創刊号

物質文化に興味を抱き、その収集を熱心に行っていた夏目《なつめ》一平《いっぺい》やその仲間たちに接し、その活動から影響を受けた。

当時民具という用語は存在しなかった。土俗品という言葉が明治の土俗学の影響で用いられていた。渋沢も二九年の段階では土俗品と表現していた。一九三〇年にアチックミューゼアムは『蒐集物目安』という調査要項を謄写版刷りで刊行した。執筆は早川孝太郎によるものであった。そこには土俗品という言葉はなかったが、それに代わる用語は設定されていない。その後一時渋沢・早川は民俗品という言葉で示していたが、一九三五年頃に民具という用語を用いるようになった。渋沢は『民具図彙』という民具の図録の編纂を計画した。当初は『民俗図彙』であったが、途中から『民具図彙』になり、編纂を進めたが、刊行されることなく中断されてしまった。しかし、ここに民具という用語が登場し、現在まで用いられることになった。

アチックミューゼアムにはいくつもの研究部会が設けられ、一九三〇年代に入ると本格的に活動するようになった。その活動を速報する『アチックマンスリー』が一九三五年七月に創刊された。

アチックミューゼアムの独自性　渋沢が主宰したアチックミューゼアムの研究活動は明らかに柳田國男の民俗学を意識して組み立てられていた。柳田が軽視した事象を取り上げ、また方法的にも拡充した。

アチックミューゼアムは一九三四年から「アチックミューゼアム彙報」という研究成果シリーズの刊行を開始した。その一冊目は竹内利美《たけうちとしみ》の『小学生の調べたる上伊那川島村郷土誌』（一九三四年十一月）である。竹内は長野県の小学校の教員であり、自分の勤務する学校の子どもたちを指導し、生活を調べ、郷土誌としてまとめた。それは具体的、現在的であり、村落生活が生き生きと描き出されていた。竹内は一九三六年にはその続編を出し、四一年には『信州東筑摩郡本郷村に於ける子供の集団生活』も出している。このような地方に住み、その地域で研究する人々を支援し、その研究成果を世に出すための機会をアチックミューゼアムが提供した。二冊目は吉田三郎『男鹿《おが》寒風山麓農民手記』である。秋田県男鹿半島に住む農民が、自己の日常生活を丹念に描いてる。吉田は続編ともいうべき『男鹿寒風山麓農民日録』を三八年に世に問うている。このような自分の住む地域において詳細な調査を行った成果をこのシリーズは多く収録した。

アチックミューゼアムの活動として次に注目されるのは、物質文化の研究である。先に述べたように、アチックミューゼアムの最初の主要な活動は民具の収集と分析であった。柳田の民俗資料の三分類の一つに有形資料があるが、これは目で見える資料という意味であり、主として行事や儀礼のことであった。物質的な有形ではなかった。柳田の著作はもちろんのこと、『民間伝承』の内容をみても物質文化についての言及は少ない。今では多くの人が親しんでいる民具という用語を渋沢は作ったが、渋沢は同人たちとともに各地の民具を収集し、さらにその作り方・使い方の情報を記録した。一九三六年には『民具蒐集調査要目』を作成し、それにもとづく成果が一九三七年に刊行された『民具問答集』（アチックミューゼアムノート1）である。日本の民具研究はアチックを中心に発展してきた。

第三が文字資料の重視である。一九三二年に渋沢は病気療養のため現在の静岡県沼津《ぬまづ》市三津《みと》に滞在したが、そのときに発見した内浦《うちうら》の大川家文書を整理し、三七年から三九年にかけて『豆州内浦漁民史料』を刊行した。このことで人々の生活や生産の研究に文字資料も重要な意味を持つことを認識することとなった。柳田が民俗学の自立をはかるために意図的に文字資料を排除したのとは対照的に、渋沢は積極的に文字資料の調査研究を進めた。もちろん文字資料といっても、それまでの歴史学者が扱ってきたような支配者が残した文書・記録ではなく、人々の日常の中で記された文字資料であった。アチックミューゼアム彙報第一集として出された早川孝太郎校訂『愛知県北設楽郡下津具《しもつぐ》村村松家作物覚帳』（一九三六年）を最初に、農漁村の文字資料が彙報・ノートのなかで刊行された。

第四が漁業・漁村の研究である。内浦の文書の整理を契機に、アチックミューゼアムに漁業史研究室が設けられた。これ以降、アチックの活動の大きな柱が漁業・漁村の調査研究になった。内浦の大川家文書の発見という偶然の契機によるが、しかしそこには柳田の民俗学とは異なる戦略が隠されていたものと思われる。柳田の民俗学は、日本を稲作にもとづく単一文化と考えることで、地域差に歴史を発見した。研究もほとんどすべて農業・農民に関するものであった。柳田は漁業や漁村についてはあまり関心を示さなかった。特に漁業技術や漁法についてはほとんど取り上げることがなかった。先生がそうであれば当然民俗学全体がそのような傾向を帯び、「海村調査」の実施にもかかわらずその方面の研究は進まなかった。漁業技術に焦点を合わせた研究はアチックの独壇場であった。

そして第五に、地域の全体像の把握である。アチックの彙報やノートに収録されている多くの記録は、特定の地域の生活を詳細に記述したモノグラフであったり、特定の人物から描いた地域生活の全体像である。柳田の民俗学が断片化した事象を全国から集積することで全体を組み立てようとしたのに対して、渋沢は個別地域で生活の全体像を把握しようとした。そのため地域の総合調査を計画した。有賀喜左衛門が詳細なモノグラフを著した岩手県石神《いしがみ》の調査も渋沢の計画で始まった。ムラの民俗を相互関連した存在として把握し、地域を全体的に理解する試みは戦後の研究に大きな影響を与えた。有賀の石神調査が、東京で日本民俗学講習会が開催されていたのとほぼ同じ日程で行われたことは、その関係を象徴しているといえよう。岩倉市郎《いわくらいちろう》が「喜界島《きかいじま》生活誌調査要目」を用意して実施した民俗調査は、柳田中心の民俗調査が儀礼や信仰にもっぱら中心を置いていたのに対し、土地や物質的な事柄や技術をも重視した内容であったが、完結することなく終わった。

　以上のように、渋沢の研究活動は明らかに柳田の民俗学とは異なる、新たな方向に向かおうとしていた。渋沢本人もそのことを十分に自覚していたものと思われる。柳田を中心にした活動や組織には近づくことをしなかった。常に一定の距離をおいていた。むしろ社会的活動としては、民族学と接近し、民族学の組織化に貢献しようとした。一九三四年それまで人類学に含まれていた民族学が日本民族学会を組織したが、

宮本常一

渋沢はその中心人物の一人であった。戦後には日本民族学協会の会長にも就任するが、しかし彼の学問は民族学ではなく、民俗学であった。早川孝太郎・桜田勝徳《さくらだかつのり》・宮本常一《みやもとつねいち》など、渋沢のもとで研究活動をし、大きな成果をあげた多くの民俗学者がおり、彼らが同時に柳田の研究を支えていたのである。

　アチックミューゼアムは一九四二年に敵性語を用いることを憚り、

日本常民文化研究所と改称した。

花祭の刊行　早川孝太郎が一心不乱に取り組み完成させたのが『花祭』上下二巻（一九三〇年）である。愛知県北設楽郡を中心とした山間村落で伝えられてきた花祭りを詳細に調査し、分析した『花祭』は、民俗調査と記述についての新しいスタイルを示すものであった。特定地域の民俗芸能伝承を詳細に記述し、その伝承の意味を地域に即して把握しようとしている。

柳田國男が門弟たちに求めたのは、調査者の主観が入らない、客観的な記述による報告であった。しかし、『花祭』は、現地に赴いて調査を行った早川孝太郎の問題意識と仮説にもとづいて分析された結果が記述されている。花祭りは連続した多くの演目で構成されているが、それを「かたなだて」（役揃い）と「みやならし」（本楽）という二つの次第の対立から構成されていると解し、また鬼面をつけた舞に「やまみ」と「さかき」があるが、これを対立する神と把握する。早川の『花祭』は構造分析の視角をもった先駆的な研究だったといえる。そして、その花祭りの伝承を、それぞれの伝承地域の特質との関連で理解しようとしている。地域に即し、地域の個性として把握する。仮に元は一つのものだったとしても、それぞれ様相の異なるあり方を示すにいたった村々の個性に着目している。そして、その個性を理解することは必然的に花祭りの担い手たちを重視することになる。「祭りに与《あずか》る者」という章を置いて記述し、なかでも見物の人々の存在に注目している。

2　民芸運動と民俗学

柳宗悦と民芸運動　民俗学と混同されることもある存在に民芸《みんげい》がある。民芸は柳宗悦《やなぎむねよし》によって提唱された、日常生活のなかで用いられる用具に美を発見し、評価する運動である。

柳宗悦は一九一四年にたまたま朝鮮時代の陶磁器に接し、その美しさに完全に魅了された。そして、一九一九年に朝鮮で三・一独立運動が起こると、それへ同情し、弾圧する政府を批判した文章を公にするとともに、朝鮮の工芸に美を見いだし、それを世間に広く知らせようとする運動をはじめることになる。それが民芸運動であるが、柳のとらえ方に同調し、ともに活動するようになるのがバーナード・リーチ、富《とみ》本《もと》憲吉《けんきち》、浜田《はまだ》庄司《しょうじ》、河井《かわい》寛次郎《かんじろう》であった。彼らはいずれも陶芸家であり、民芸運動の中心には陶磁器が置かれることになった。朝鮮の民衆生活で用いられた用具に美を見ることから必然的に日本の生活用具の美に拡大し、民芸運動は本格化した。その運動の中心は民芸を展示し、人々の鑑賞に供する展示施設を建設する方式で展開した。一九二六年（昭和元）に「日本民芸館設立趣意書」が作成され、民芸運動が明確に姿を現した。そこで日常的生活用具に美を見いだし、それを民衆的工芸の意味で「民芸」と名づけた。一九三四年に日本民芸協会が設立され、一九三六年に日本民芸館を東京駒場《こまば》に設立し、またそれより以前の一九三一年一月に雑誌『工芸』を創刊し、民芸の内容とその理論を紹介した。さらに一九三九年四月には普及雑誌『月刊民芸』が創刊された。『月刊民芸』の創刊号は四〇〇〇部印刷されたという。

『月刊民芸』

沖縄と民芸運動　『月刊民芸』創刊号の巻頭には柳宗悦の「なぜ琉球に同人一同で出かけるか」という一文が掲

げられた。そこでは三八年の年末から一月にかけて沖縄を訪れた感動を語り、「純日本的なものゝ量や質が、此の孤島にどこよりも多く保存されてゐる」とした。そして三月下旬に民芸の同人たちとともにふたたび沖縄を訪問することを表明した。この文にも示されているように、柳はじめ民芸運動の人々は、沖縄とはいわず、もっぱら琉球と表現したことが注目される。一九三九年三月二十五日に東京を出発した柳宗悦以下九名が二ヵ月前後沖縄に滞在し、沖縄の工芸に接し、学んだ。

そして、その年の年末から翌年にかけて柳宗悦・式場隆三郎《しきばりゅうざぶろう》・浜田庄司・棟方志功《むなかたしこう》など民芸運動の同人九人を含む二六人が第二次沖縄訪問を実施した。一月七日に那覇で地元関係者との座談会が開催されたが、その席で激しく議論されることになったのが、沖縄県が強力に進めている標準語励行運動であった。柳宗悦はじめ民芸の同人たちは、「標準語励行は沖縄県民に卑下の感を与へ、むしろ有害である」と標準語励行運動を批判した。それに対して県関係者が反論し、さらに沖縄県学務部が声明書まで出して、民芸運動の批判に反論したことによって、大規模な論争となった。

民芸運動は信念を持って県の強圧的な方言撲滅運動を批判し、沖縄の言葉を大切にし、尊重すべきことを説いた。『月刊民芸』は二巻三号（一九四〇年三月）で「日本文化と琉球の問題」という特集号を組み、方言論争についての主張を明確にしている。民芸が単なる過去に向かった趣味ではなく、現実を問題に対処することを明確に示したものといえよう。『月刊民芸』の特集号には、「周囲はかく批判す」と題して、識者の見解を掲載している。そこに、長谷川如是閑《はせがわにょぜかん》、河井寛次郎、寿岳文章《じゅがくぶんしょう》、保田与重郎《やすだよじゅうろう》、萩原朔太郎《はぎわらさくたろう》らと並んで柳田國男「沖縄県の標準語教育」を掲載している。『月刊民芸』のために書いたものではなく、他の雑誌に掲載したものの一部を転載した文章で、「現在あの県の指導者たちは、言語の二重生活の煩累を認めることは私たちと同じでも、之に対処する方策は又全く別であつて、非常時民心の緊縮を機会に、一挙に標準語化の実を収めようとして居るらしい」と述べ、沖縄における方言禁止の状況を取り上げ批判している。この問題は民芸運動だけのことではなかったはずであるが、柳田の発言を除けば、民俗学研究者がこの問題に発言し、また行動することもなかった。

民芸・工芸と民俗・民具　民芸という言葉が普及し、簡素な日常生活用具のなかに美を見つけ、それを収集することが行われた。個別の用具に価値を置く立場から各地の生活用具が集められ、さらにそれと同じ美をつくり出す工芸品が創作された。それらは場合によっては商品としての価値を与えられ流通することとなった。民俗学が郷土研究や郷土史と近い関係にあったのに対し、民芸運動は美術や芸術の世界のことであり、同じく「民」を冠していても当初はそれほど関係はなかった。しかし、一九三〇年代中頃に入り、日本民芸館を中心とした活動は、民芸という言葉を普及させ、民芸と民俗との関係についても注意が向くようになった。民間伝承の会の組織が一九三五年に作られ、機関誌『民間伝承』が創刊された時期に、民芸運動も日本民芸館が開館された。しかし、当事者たちの接点はほとんどなかった。

民俗学と民芸の数少ない接触の例としては、それぞれの中心人物である柳田國男と柳宗悦の二人による対談がある。対談は「民芸と民俗学の問題」と題して『月刊民芸』二巻四号（一九四〇年）に掲載された。対談の司会をした式場隆三郎が冒頭で混同されることがある民俗学と民芸の「両者の区別をはっきりとしておきたい」ということで設定されたことを表明している。そこでは多岐にわたって議論されているが、つきるところ柳田國男が「民俗学とは過去の歴史を正確にする学問です」という見解を示し、それを受けて柳は両者の相違を、民俗学は「かく在るあるひはかく在つたといふことを論じる」のに対し、民芸は

「かくあらねばならぬといふ世界に触れていく使命」をもつとして、「規範学」であるとする相違にあった。民芸は美を発見し、美に価値を置く。民俗学は歴史的事実を重視する。そして、対談は最後に沖縄方言論争にふれる。柳田は島内で暮らす人々に方言を使用禁止にするような県の標準語奨励方法が不適切であることを指摘し、適正をはかるべきであるとするが、民芸の側の行動にはほとんどふれないまま対談を終えている。

民芸と民俗学の違い　この座談会の後、民芸について民俗学の側から大藤時彦が論評をしている。大藤は「民俗学と工芸」（『民間伝承』五巻八号、一九四〇年五月）において、柳宗悦の「ものとこと」（『工芸』九三号）と先の対談における発言に対して反発し、反論している。柳が民俗学は「とかくことに堕し易く、ものを忘れがちな所がある」と批判し、民俗学の本は「農民の作り出した品物（工芸品）への考察は殆どない。之に反し祭事や伝説等に関するものは比較出来ない程に多い」と批判したのに対し、大藤は「民俗学が品物を少しも取り扱はないにしてそれは仕方がないことである」として、バーンの『民俗学ハンドブック』冒頭の言葉を掲げる。すなわち「民俗学者が注意を喚起すべきは鋤《すき》の形式ではなくして、耕作者が鋤を土中に入れる際に執り行ふ儀式であり、網や銛《もり》の製作ではなくて、海に出た漁夫の遵守するタブーにあり」。そして、民芸の主張する美に関しては、「民俗学が美の問題に注意しないといふ批評も見当違ひである。民俗学は美を追求する学問ではない。民俗学がもし美を研究対象とすればそれは常民の美に対する観念、何を美と感ずるか、が問題である」と反論する。そして民芸への批判点として、民芸は保存に耐える品物ばかりを扱っていることを挙げる。柳田國男にはじまる民俗学として常識的なレベルでの反論といえる。

その後、民芸と民俗学との間で直接接触することはなかった。それぞれ独自の道を歩むが、民芸がかくあるべしという規範を主張することによって、しだいに時代状況に組み込まれ国民服の制定普及に関わるようになっていく。

3　『旅と伝説』と『ドルメン』

『ひだびと』　一九三五年（昭和十）に飛驒考古土俗学会が月刊の『ひだびと』を創刊した。誌名が示すように、岐阜県飛驒地方の考古・歴史・民俗の研究誌であったが、しだいに飛驒という地域を超えて、他地方に関する研究を掲載するようになっていった。内容も考古や歴史に関する論考がしだいに減り、民俗関係が増加し、結果として民俗学の研究雑誌という性格を強めた。ここを舞台に活躍した人物に江馬三枝子がいる。江馬は『ひだびと』に多くの調査報告を出し、特に白川村の大家族をめぐる民俗について報告した。そして、個別の民俗事象を取りあげるだけでなく、民俗学理論への関心を示す論文が目立つようになった。大藤時彦は「日本民俗研究小史」を六巻七号（一九三八年）から六回にわたって連載した。八巻一号からはサンティーヴの「フォークロア概説」が山口貞夫によって訳され、一六回にわたって掲載された。

『旅と伝説』の功績　一九二八年一月に月刊『旅と伝説』が発刊された。発行所は三元社といい、萩原正徳がほぼ単独で刊行した。誌名に対応して、日本各地を訪れた紀行文とともに各地の伝説が主要な内容であった。執筆者は文学者が多く、創刊号では長谷川伸《はせがわしん》の小説も掲載されていた。伊沢修二《いざわしゅうじ》、平林たい子、船橋聖一《ふなばしせいいち》などの名前も見ることができる。研究者としては藤沢衛彦《ふじさわもりひこ》が「雪ある山々の伝説」と「スキーと雪の怪」の二編を創刊号に寄せている。ほぼ毎号のように藤沢衛彦の名前が登場するが、四号に関敬吾「舟幽霊の話二題」が掲載されている。このようにして、しだいに民俗学関係の研究者が執筆するようになり、旅の雑誌から民俗学の普及雑誌へと変化していった。その変化は、柳田國男が論文を掲載したことが大きいと思われる。七号から「木思石語《もくしせきご》」という伝説に関する論文の連載を開始した。

『旅と伝説』はしばしば特集号を組んだが、その最初は第六号（一九二八年）の「諸国郷土玩具調べ」であった。その後、柳田國男「昔話採集者の為に」を巻頭に置いた柳田國男特集「昔話」（四巻四号、一九三一年四月）、「郷土玩具」（五巻一一号、一九三二年十一月）、中川善之助の「婚姻形式論」が巻頭を飾った「婚姻習俗」（六巻一号、一九三三年一月）、柳田國男「生と死と食物」から始まる「誕生と葬礼」（六巻七号、一九三三年七月）、「盆行事」（七巻七号、一九三四年七月）、「昔話」（七巻一二号、一九三四年十二月）、「民間療法」（八巻一二号、一九三五年十二月）、武藤鉄城の大部な「羽後角館《うごかくのだて》地方昔話集」を収録した「昔話」（一四巻五号、六号、一九四一年五・六月）などの特集号が刊行され、いずれも豊富な事例を集積している。また、四巻一〇号（一九三一年十月）から隔月巻末に「南島談話」という別雑誌の形式をとった冊子を収録した。この「南島談話」は南島談話会の機関誌である。会は伊波普猷、宮良当壮、比嘉春潮などが同人となって組織されたもので、「薩南《さつなん》諸島・琉球諸島・先島《さきしま》列島出身の郷土研究家を主員とし、その他を客員とす」る組織であった。会の基盤弱体のため、南島出身者の萩原正徳の厚意で『旅と伝説』巻末併載としたという。毎号、沖縄の民俗についての報告と論考を掲載した。

民俗学の研究雑誌という側面が強まるなかで、『旅と伝説』の性格についての議論が行われるようになった。口火を切ったのは栗山一夫《くりやまかずお》であった。栗山一夫は別に赤松啓介《あかまつけいすけ》の筆名で多くの論考を発表している兵庫県在住の若き研究者であり、マルクス主義の立場からの問題提起であった。栗山は「『旅と伝説』の任務に関して」（『旅と伝説』六巻三号、一九三三年三月）を投稿して、『旅と伝説』が学術雑誌でなく、啓蒙雑誌として刊行されてきたことを高く評価し、その意義を論じる。雑誌が多くの読者を開拓し、民俗学的研究者に育ててきたが、その構成員は小市民などの中間層であったと把握し、その限界を指摘し、今後は労働者・農民を読者として獲得する啓蒙雑誌たるべきことを主張した。プチブルからプロレタリアートに基盤を移すべきであるという主張であり、明らかにマルクス主義の主張であった。そして、『旅と伝説』は民俗学の啓蒙雑誌に徹するべきであり、専門雑誌の真似をすることは必要ないとし、たとえば日本各地から資料を集積するテーマ別特集号などは設定すべきでないとする。

これに対して、能田《のうだ》太郎《たろう》が「郷土史学のために（フォークロアと本誌の使命）」（『旅と伝説』六巻五号、一九三三年五月）で反論した。能田は「貴族と英雄との旧い史学は、狭苦しい書斎の中で、偶然に残された古文献の間に気難しい顔をしてゐるそこで我々は彼等と手を切つて書斎から街頭へ、街頭から更に壮快なる野へと脱出した。フォークロアは謂はば野の史学であつた」とし、その特色は第一に旅行の学問であり、第二に多数の者の共力の学問であるとする。そのことを前提に、啓蒙雑誌であっても、道楽の人々に期待するのではなく、まじめで才能のある選ばれた者のみを啓蒙することを目指すべきであり、その出自を特定の階級に限定することはできないとする。そして柳田國男の指導の下に発達すべきことを強調した。その後、蝸牛庵主人の名前で書かれた「民俗学はどうなる」（六巻六号、一九三三年六月）が掲載された。この一文は、タイトルは民俗学となっているが、文中は土俗学と表現して、問題を論じている。『旅と伝説』の性格にはじまって柳田國男中心の民俗学の問題点を指摘している。『旅と伝説』の編者は巻末編集後記で、打ち切りを宣言した。

月刊誌として長期に刊行された『旅と伝説』も一七巻一号を最後に一九四四年一月に廃刊された。この雑誌は、学会組織を基礎にもたず、幅広い読者を獲得し、日本各地の民俗同好者に啓蒙的な文章を提供して、その水準を高める役割を果たした。その意義は大きい。

『ドルメン』　一九三二年に創刊された。一般雑誌としての性格を持たせ、趣味的な問題も取り上げつつ、人類学・民俗学の普及を図ろうとした。日本のみでなく、世界各地の民俗を問題にしつつ、人類史的な考察が多くを占めた。特集号も組んだが、その最初の大がかりの特集は「満鮮特輯号」（二巻四号、一九三三年四月）であった。ついで「北海特輯号」（二巻八号、一九三三年八月）で北海道・千島《ちしま》・サハリンのアイヌ文化を取り上げた。月刊誌であったが、一九三五年八月でその刊行は一旦途切れ、その後一九三八年十一月に再開したが、一九三九年九月の五巻七号で終刊となった。寄稿者は『民俗学』とほぼ同じ傾向を示し、南方熊楠、金田一京助、有賀喜左衛門、早川孝太郎、武田久吉《たけだひさよし》などであり、その他に誌名に示されたように考古学関係の論考が掲載され、考古学研究者の寄稿も多い。柳田國男はまったく関係しなかったが、一回のみ登場する。それは「採集事業の一劃期」（四巻五号、一九三五年）である。

4　地方民俗学研究雑誌の刊行

一九三〇年代に入る頃から、各地で民俗や民俗学に興味を抱く人々の組織が作られ、それぞれ機関誌を発行するようになった。早いものとしては陸奥《むつ》郷土会が一九三二年に『むつ』、兵庫県民俗研究会が一九三二年に『兵庫県民俗資料』、青森郷土会が一九三三年に『うとう』を創刊した。そして、一九三五年に新潟県の民俗研究雑誌『高志路《こしじ》』、一九三六年に近畿民俗学会の『近畿民俗』、一九三七年に『南越民俗』、一九三八年に『讃岐《さぬき》民俗』、『島根民俗』、鳥取県の『因伯《いんぱく》民談』が創刊された。

5　さまざまな民俗学

中山太郎の民俗研究　民俗学研究の一つのスタイルを作り上げた人物として中山太郎の存在を忘れることはできない。中山は雑誌『郷土研究』の読者になることで民俗学に開眼した人物であり、柳田國男から指導を得つつ民俗学の研究に入ったのであるが、柳田國男の民俗学とは大きく異なる方向に向かった。そのことは彼の代表的著書の書名を見れば了解できる。主たる著書を掲げれば以下のようである。

一九二六年　『土俗私考』
一九二六年　『日本民俗志』
一九二七年　『売笑三千年史』
一九二八年　『日本婚姻史』
一九三〇年　『日本民俗学』全四巻
一九三〇年　『日本巫女史』
一九三〇年　『日本若者史』
一九三三年　『日本民俗学辞典』
一九三四年　『日本盲人史』
一九三六年　『続日本盲人史』

『高志路』創刊号

中山は売春・盲人など柳田國男が忌避した問題に正面から取り組んだ。そして研究は各地で行われ伝えられている民俗事象のみでなく、幅広く文字資料を博捜して、それらを総合することで、時間軸を重視して、実年代的な変化を把握しようとした。自ら各地の民俗を調査することはあまりしなかったので、資料は基本的に文庫作業によって獲得された。地誌・随筆など、利用可能と考えたありとあらゆる文字資料が用いられている。したがって、過去の人々の生活の多種多様なあり方が混在している。利用した資料の幅広さもあって、十分な資料批判が行われないままに採用されており、ややもすれば珍しい事象へ目が注がれているともいえる。しかし、柳田國男を中心とした確立期の民俗学が対象から外してしまった生活の諸側面、特に社会の裏面におよぶ問題を研究しようとしたことは重要であり、その価値は大きい。また、中山は事象を整理するだけでなく、そこから把握できることを概念化し、類型化して、理論的に位置づけようとしたことも見逃せない。

また、中山は一九三三年に『日本民俗学辞典』を単独で編集刊行した。その本巻だけでも八五六ページの大冊である。五十音順に配列された項目は、個別事象に関する小項目であり、各地の民俗を知る手がかりを与えてくれるが、日本全体での分布傾向や地域差については示されてない。その点で辞典として寂しい点があるが、これまた日本で最初に編纂刊行された民俗学の辞典であり、その先駆性は大きい。しかも、その後も執筆をつづけ、一九三五年には『補遺日本民俗学辞典』を出している。

松村武雄の輸入民俗学　柳田國男はヨーロッパの民俗学について文献を入手し、その研究成果を咀嚼して、自己の民俗学の内容形成に大きく役立てていたが、柳田門下に入った多くの人々は海外の研究動向や理論に精通することは少なかった。そのなかで、同じく民俗学を名乗りながら、完全に欧米理論にもとづき、欧米の民俗を研究する人物がいた。神話研究を専門とする松村武雄である。

松村武雄は『民俗学論考』（一九三〇年）を、日本の民俗学研究者が欧米の民俗学の蓄積や状況をほとんど顧みないことへの批判をこめて著したものと思われる。もっぱら欧米理論や欧米の民俗学研究の成果を紹介している。そのなかで、「民俗は、死物ではない。一つの文化力（Cultural power）である。社会集団の実際生活に大きな働きかけをなす生きた vital force である」とし「民俗に関する記録の多くは、民俗そのものの形式、内容、意義等については、相当に注意を払ってゐるが、それ等の民俗が、生きた触手を八方に伸して、民衆の実際生活にどんな働きかけをなしてゐるかに就いては、自分たちに報告することが皆無であるか、若《も》しくは著しく貧弱である」と指摘する。すなわち民俗の動的把握がされていないことを批判する。また、単一民族内に限定した民俗研究ではなく、民族を超えた広域的な民俗研究を目指すことを、事例研究をとおして主張している。

肥後和男の宮座調査　民俗学研究者ではなかったが、民俗学に影響を与えた人物に肥後和男がいる。肥後は京都大学文学部で日本史を学んだが、当時の京都大学国史研究室は文化史が中心であり、しかも柳田國男の民俗学に親近感を抱き、研究会も組織されていた。肥後は大学卒業後、東京文理科大学に赴任して日本古代史を担当したが、そこで近畿地方の村落祭祀について調査を行うことを構想し、具体化した。

肥後は一九三一年に滋賀県野洲《やす》の御上《みかみ》神社の祭礼を調査し、「御上神社の相撲神事」（『歴史と地理』二八巻六号）を報告したことが宮座研究開始の一つの契機であった。一九三五年から二年間日本学術振興会の補助金を得て宮座の調査を開始した。まず三五年に滋賀県内の神社に対して調査票を配布してアンケート調査を試みた。県内の社格が村社以上の神社を対象にしたものであるが、八四四件の回答を得た。対象の八割という高回答率であった。民俗事象の把握に際して調査票を作成して広域的に配布し、回答を得るということは、近世の諸国風俗問状という例外を除けば、はじめてのことであった。この調査票によって滋賀県内の傾向を把握した上で、調査員が実際に各神社に赴き祭祀組織の調査を行った。多くの若い助手や学生が現地に出かけて調査を行い、報告書を肥後のもとに提出した。同様の方法で奈良県の調査も行った。さらに京都府、大阪府と調査を進めた。

この成果はまず『近江に於ける宮座の研究』（東京文理科大学紀要16、一九三八年）としてまとめられ、さらに滋賀県以外の調査結果も含めて、祭祀組織の全体像を整理し、『宮座の研究』（一九四一年）を著した。はじめて宮座の全体像が明らかにされた。ここで宮座を神事組合であると把握し、その内部秩序によって株座と村座に区分する考えが提出された。宮座については、早くは中山太郎「座源流考」（『歴史地理』二九巻三・四号、一九一八年）、「宮座の研究」（『社会学雑誌』六号、一九二四年）において宮座の特徴を特権的祭祀組織として把握したが、その依拠する資料は実際の民俗事象というよりも地誌類の記述であった。その後、中川政治「近畿に於ける宮座の研究と古代村落の社会形態」（『国学院雑誌』三三巻八号・九号、一九二七年）で中山説をさらに深めた。そのような前提になる研究は存在したが、この肥後の研究によって宮座が民俗学上の重要な課題として定着した。

6　マルクス主義民俗学の試み

郷土なき郷土科学　一九三一年十一月に羽仁五郎《はにごろう》は「郷土なき郷土科学」（『郷土科学』一三号）を発表した。日本の一般民衆は現実には郷土を失ってしまっているのに、そのことに目をつぶり、郷土が存在するかのように説く郷土科学に対して、このような「欺瞞《ぎまん》と幻想とから、自己を解放することが、郷土科学の最初の課題である」という痛烈な批判を行った。郷土があるかのように位置づける郷土科学に対して、羽仁は以下のように宣告をした。

現在すでに民衆のために存在していない郷土をなお彼らのために存在するかのごとく曲説する「郷土科学」の欺瞞性と反動性とは看破暴露せられ、多数の犠牲の血をもって少数者の保有する郷土の陰鬱の「郷土科学」はそれ自ら遊離解体の運命にまかせられる。（『羽仁五郎歴史論著作集』第一巻、三〇一頁）

そして、すでに郷土が存在しないことを自覚した「郷土なき郷土科学」を主張する。

大衆の郷土喪失の現実の明確なる認識、この認識の粉飾ではなくして、この現実の明確なる分析的理論的の認識、それのみがわが「郷土なき郷土科学」に建設の強力の積極的内容を与えうる。そして、大衆の郷土喪失の現実の明確なる認識に立つわが「郷土なき郷土科学」は、必然的に大衆のための郷土の奪還の科学として、実に「郷土解放の郷土科学」としての任務を自覚せざるを得ない。（同書三〇三頁）

意気軒昂ではあるが、空疎な抽象論という側面がある文章である。しかし、この危機意識は、一九二九年十月のアメリカにはじまる世界恐慌の波をもろに被った日本、特に農村の急激な変化の中で主張されたものであり、現実味を帯びていた。この羽仁の主張に共鳴する人々は若い世代に少なからずいたものと思われる。

赤松啓介の活動　柳田國男に直接接触せずに独自の道を歩んだ人々も各地にいるが、大勢は民間伝承の会に組織される形で柳田國男の影響下に入り、柳田國男のもとへ資料を送る役割を果たした。そして、柳田からそれが位置づけられ、評価されることに無上の喜びを感じていた。そのなかで、柳田に対して正面から挑んだのは赤松啓介である。先に本名の栗山一夫と紹介した人物である。赤松は奇しくも柳田國男と同じ兵庫県の出身である。柳田が東京に出て、生涯を東京で過ごしたのに対し、赤松はその人生のほとんど大部分を兵庫県で送った。柳田が東京帝国大学出身の官僚であったのに対して、赤松は小学校のみの学歴で職業的にも不安定な日雇い労働者や行商を行った。まったく対照的な人物といえる。

赤松はもっぱら兵庫県内の調査研究を行い、同人誌ともいうべき雑誌にその成果を発表しつつ、他方で中央の民俗研究雑誌やマルクス主義を志向する発表媒体にも原稿を寄せた。その最初は「民俗学の、ある吟味」（『郷土風景』一巻九号、一九三二年十一月）である。そこでは、民俗学研究の現状をブルジョアジーとその影響下にある中間層のものと把握し、それを超える方向をプロレタリア文化運動として展開させることとし、そのことは理論的には独立科学としての民俗学ではなく、「歴史的文科学」の一つとしての民俗学を目指すことになると主張した。先に紹介した「『旅と伝説』の任務について」も同趣旨の内容であったし、栗山一夫「郷土研究の組織的大衆化の問題」（『俚俗と民譚』一四号、一九三三年十月）、赤松啓介「郷土研究状勢の展望」（『歴史科学』四巻一号、一九三五年一月）も同様である。その集大成が『民俗学』である（以上いずれも『赤松啓介民俗学選集』第一巻、一九九九年に所収）。

『民俗学』は一九三八年五月に三笠全書の一冊として刊行された。三笠全書は前身が唯物論全書であり、マルクス主義の傾向が強い叢書であった。『民俗学』は、第一章「民俗学発達の史的展開」、第二章「民俗学の対象と方法」、第三章「伝承の停滞と運動」の三章構成で、マルクス主義民俗学の樹立を目指した。

柳田國男の民俗学を小ブル的農本主義と批判した。そして民俗学は「歴史科学に属する、方法に関した技術的科学」であり、「現代に於ける前代の伝承及び残存を対象とし、その歴史的把握を可能ならしめるための方法の科学」と定義した。近代の学問である民俗学は基本的には前近代、すなわち封建社会を明らかにすることが主要な任務となる。封建遺制としての民俗という理解は、民俗学を非常に狭い研究にしてしまう危険があったといわねばならない。なお、ある意味では当然のことであるが、赤松の歴史認識は当時の講座派の立場であった。この時期に、柳田に直接学ばず、独自に理論形成をしたことは敬服すべきことといえよう。しかし、赤松啓介の影響は出る前に、マルクス主義は息の根を止められ、ほとんど取り上げられることもなく、忘れ去られた。

Ⅵ　戦争と民俗学

一　『民間伝承』の変化

1　戦時体制と民俗学

時運・時局と民俗学　『民間伝承』の八巻一号（一九四二年五月）の巻頭言として、柳田國男は以下のように書いた。

今までこの雑誌が力を傾けて居たのは、主として地方文化の消え去るものゝ保存、及び之を収録せんとする人々の相互援助であつた。ところが我々少数者の協同では、思ふやうに資料が集めにくゝ、是非とも外部の理解者を得なければならぬのと、一方には又時運が大いに改まらうとして、衣食生産の日常生活から、信仰芸術社交礼法等、あらゆる問題の未来を考究する必要が起り、それには一般民衆の前代生活に就て、もつと盛んに民間伝承の知識を利用しなければならぬいふことを、認める人が多くなつて来た。この二つの刺激から、今度いよいよこの雑誌の編輯ぶりを更へて、改めて世の中にまみえることになつたのである。

柳田が「時運が大いに改まらう」としていると書いたのは、一九四二年であるから、その内容を推察することは容易であろう。この文章は、『民間伝承』をそれまでのタブロイド判からA五判の一般的な雑誌の体裁に変える際の説明である。そこには種々の配慮が働き、積極的に時の体制に迎合しようとしているのではないことは明らかであるが、しかしこのような表明の積み重ねが結果として戦争協力となり、敗戦への道を作りだしたといえよう。

その前から『民間伝承』誌上に戦時色が少しずつであるが出てきていた。たとえば『民間伝承』二巻一二号（一九三七年）の「会員通信」欄に神戸の山田良隆が「千人結び」と題して報告をしている。それは「最近北支事変発生と共に盛んになった千人結び、或は千人針についての各地の俗信をご報告を望む」という文で始めている。さらに三巻五号（一九三八年）では千葉の篠田定吉が「日支事変と俗信」と題して、「もっと全般に亘って『事変』に関する俗信を調べては如何であろうか、これは現在の民衆の心の中に生きてゐる信仰の姿を知るによい資料だと思はれる」という提案を行い、千葉県印旛《いんば》郡での千角詣《せんかどまい》りという具体例を報告している。

この時局に積極的に対応して発言をした人物が倉田一郎である。倉田は、早くも一九三九年に「時局下の民俗学」を書いている（『民間伝承』四巻六号）。そこでは次のような文章で始めている。

倉田一郎自画像

昨日まで民俗学の将来を愉《たの》しさうに語らった青年が、今日は心機動揺の口調を以て、この激動期の時局下に悠長に民俗を研究してをられない、若人の関心は大陸に在るといふ。借問す、果して民俗学の現代に於ける存在理由はことほどさやうに不安定であるか。凡そ学問の研究に心を寄せるほどの者は、かやうな戦時下に処してなほかつ学問を時代の線に沿うて推進させるだけの認識と実践力とを有たねばならぬのは云ふまでもない。況《いわん》やあらゆる学芸技能が国家総力の発揮として、振興躍進を遂げねばならぬ秋に、独り民俗学が無用の機能に終始するかの如く独断することは慎まねばならぬ。（中略）われわれは斯学の目的と現代に於ける使命とを新たに反省認識すると共に、実践の歩を学芸総力戦の前線に進めねばならぬ。かゝる時代には千人針や守護札の心意を論考することを以て、この学術当面の課題・貢献と考へるが如き愚かなる愉安と末梢的なる流行とは務めて之を排除せねばならぬ。「郷土研究の目的は日本民族生活の凡ての方面の根本的研究」とは雑誌『郷土研究』の巻頭に現れ、かつ今日もなほ渝《あらたま》らざる「日々新」的命題である。即ち民族生活への民俗学的省察・記述・比較・綜合に依つて、新しき明日の民族生活に資すべき知識の究明こそ、民俗学史に隠れなき先学の意途であり、実践であった。

倉田一郎は、戦時体制下に目に付くようになった千人針のような個別民俗の研究によってその限りの解答を出すのではなく、民俗学の課題は民族生活の研究であるとして、「時局」の期待に応えようとした。それは、ドイツにおけるナチス民俗学を範とするものであった。「曾てのナチス独逸の植民政策に偉大なる知識として応用せられた独逸の国学としての民俗学の光輝ある歴史を回想することも亦、現代の日本民俗学への鼓舞激励となるであらう」と述べているのである。

大東亜の教養学　そして、太平洋戦争開始後の一九四二年には、「新しき国風の学」（『民間伝承』八巻四号、巻頭言、一九四二年八月）において以下のようなことを高らかに表明した。

今や北に南にみいくさは進み、現代の新しき国生みの成就しつゝある時、この広大な地域に於ける共栄圏の指導者として立つ日本民族の、新たなる教養として要求せられるものに、おのが国風に対する瞭《あきら》かな認識を数へることが出来よう。是は日本の国ぶりを訊ねられるといふが如き、些々《ささ》たる場合だけの用意ではない。之を明かにわきまへておく事に依つて、共栄圏諸民族の土俗を比較的に把握することが可能だからである。寔《これ》に民を治むる要諦はその俗を識《し》るに在り、ひとの俗を知るは己がてぶりを知るに在る。かゝる根本的なる識見を欠く統治の結果たるや、之を予見するに難くないであらう事は説くまでもない。

こゝに於いてか、わが民俗を観察するの要は、ひとしく北に南に赴く者の欠くべからざる経験であり、良識であると謂ふことが出来る。而して当今かゝる国風を察するの識見は、わが民俗学を措《お》いて之を他に覓《もと》めらるべきもない。然らばすなわち民俗学こそは、現代に於ける新しき国風学であり、新たなる教養学であるといはねばならない。時恰《あたか》も国を挙げて、民の生活と精神とに新たなる反省と転換の齎《もたら》されつつ時、民俗学が国家的・民族的なる学問として、また新しき時代の教養として登場した事は故ある哉である。現代の民俗学徒たるもの、かゝる時局とその要望とに処して、須《すべか》らく懐旧と好奇との旧殻を脱して、新しき学術的使命を以て、大東亜の教養学としての、また新しき国風学としての前線を益々拡大し、以て時代の待望に応へ、学問の光栄を確保する所があらねばならぬ。そこにこそ、民俗学の邦家に報ずるの道であり、また学徒としての生ける験ありといふべきである。

戦時体制下において民俗学の性格づけに民族が強調されることとなった。日本民族の自己認識の学問ということが謳われ、民俗学においてもアジア諸地域を占領支配し指導する日本民族が強調されるようになった。

中山太郎は、「民俗に見る国体精神」（『歴史教育』一九四〇年二月号、『歴史と民俗』一九四一年）において以下のように述べる。

我国のどの民俗を捉へても、其何れにも国体精神の宿つて居らぬものは無いとも言へるのである。反言すれば、我国の民俗なるものは殆どその悉《ことごと》くが、国体精神の発露であり結晶であると云ふも過言でない。併《しか》しながら同じやうな民俗にあつても、発生した時代に新旧の差があり、存続した地方に別があつて、必ずしも一様だとは云へぬのである。詳言すれば、同じく民俗と云ふもの丶、その性質により機能により、国体精神との関係に、直接的なるものと間接的なるものとの区別がある。（三一～四頁）

具体的に祖先崇拝・稲作儀礼・年中行事・民間信仰などの各方面に見られる国体精神を指摘した。色濃く時代状況を示す文章であった。中山太郎には別に『国体と民俗』（一九四二年）を著している。

2　柳田國男古稀記念事業

記念事業の計画　『民間伝承』九巻四号（一九四三年八月）は「柳田國男先生古稀記念会趣旨」を大々的に発表した。まず趣意を以下のように述べる。

柳田國男先生は明昭和十九年を以て古稀の寿を迎へられます。

此の間永きに渉つて、先生が日本民俗学の創建と斯学後進の指導とに半生の情熱を傾倒せられたことは今更言ふ迄もありません。其の学恩は啻《ただ》に日本民俗学にのみ留まらず、光被する所極めて広大であります。

依て我々相計つて、左の事業を成就して、先生の学恩の一端に酬《むく》いようとするものであります。

もとより大戦下単なる賀寿の挙は先生の固く辞まれる所で、我らも亦先生の意を体して飽く迄も学域に挺身奉公し、大戦の必勝を期するを大旨と致します。
冀《ねが》くば大方諸賢の賛同を得て、此の記念事業を完了するよう切望致す次第であります。
昭和十八年九月

この趣意書に名前を並べたのは、発起人として石黒忠篤、石田幹之助、梅原末治、金田一京助、渋沢敬三、新村出、東條操《とうじようみさお》、西田直二郎、橋本進吉、肥後和男、和辻哲郎など全部で二一名で、そのうち柳田國男の直弟子といえるのは折口信夫・橋浦泰雄の二人であった。そして、発起人とは別に実行委員一二名の氏名が記されていた。そこに並んでいるのは、折口信夫（委員長）、大藤時彦、小田倉一、倉田一郎、小山栄三、今和次郎、関敬吾、高藤武馬、西角井正慶、橋浦泰雄、平山敏治郎、宮本常一であった。多くが木曜会に出席している柳田國男の直弟子たちである。

そして、次の四つの記念事業を掲げている。

一、日本民俗学地方大会の開催
行政上の新設地区たる九地方協議会地区を単位として開催すること。該地区内の民間伝承の会々員並に地方文化団体等の自主的主催たることを原則とし、大政翼賛会《たいせいよくさんかい》其他の提携援助を仰ぐこと。大会開催に伴ふ経費は中央部より派遣の講師の旅費は中央部の負担とするも、其他の経費は一切開催する地元の負担とすること。
二、内地以外に於ける民俗学大会の開催
京城、台北、新京、北京、張家口《ちようかこう》に於ける学会と提携連絡して開催すること。
一、二項の講師は中央及び地方より適宜選択するも、中央に於ては予め講師隊を編成して待機すること。

三、記念論文集の刊行

執筆依頼者日本民俗学内約七十名、学外約百名の予定にて、B六倍判四百頁前後のもの五、六冊以上刊行の見込。（一人原稿量四百字詰五十枚前後とする）柳田先生年譜・著作年表・単行著書解説等を収録する。

四、雑誌『民間伝承』の特輯号連続発行

現時局下に最も必要とする主題を選定し、それの資料の採集と論究とを組織的に行ひ、一ケ年間毎月連続して特輯号を発行する。

以上の予定主題は次の如くである。

一月号　氏神
二月号　誕生
三月号　生死観
四月号　錬成と競技
五月号　生産方式
六月号　家
七月号　社交と協力
八月号　祖霊
九月号　家庭教育

十月号　お祭り
十一月号　予覚と前兆
十二月号　結婚　（『民間伝承』九巻四号）

柳田國男の古稀はたしかに記念すべき年であった。還暦記念で日本民俗学講習会が開催され、それを機に民間伝承の会が組織され、『民間伝承』が創刊された。一九三五年は画期的な年であった。それから一〇年が経過しようとしていた。古稀記念が記念すべき年になるべきものであった。民間伝承の会として大規模な記念行事が計画されたのである。

民俗学大会開催計画　第一の事業は、日本国内各地で民俗学大会を開催するというものである。それまで講習会は開催しているが、大会は東京でも開催したことはなかった。したがって、この地方大会についてどのような内容を構想していたのかははっきりしない。東京から講師を派遣することを考えていることから判断して、講習会のようなものであったろう。

この開催は各地の民間伝承の会会員を中心に自主的に構想し実施することにしていた。実際に具体的な計画が立てられたのは大阪のみであった。大阪では大阪市と朝日新聞の共催、民間伝承の会の協賛で、戦時文化講座の一つとして企画され、一九四四年四月に「戦時生活と日本民俗学」という講演会として開催された。その他では、九州の小倉と鹿児島、中国地方の松江と広島で計画されたが、具体化されることなく終わった。

外地民俗学大会と国際共同研究課題　地方大会との関連で注目されるのが第二の事業である。外地での民俗学大会の開催である。開催地として京城、台北、新京、北京、張家口の五ヵ所が掲げられている。

日本の植民地である台湾、朝鮮、日本の支配下にある満州の中心都市での開催が基本であったことが分かる。北京は中華民国であっても事実上は日本の支配下にあった。現在ではあまり親しみのない張家口が含まれているのは、当時日本が蒙古《もうこ》・新彊《しんきょう》支配の拠点としていた都市であり、そのため一九四四年に学術研究機関である西北研究所が置かれ、石田英一郎らが勤めていたためであると考えられる。この第二の事業は、国際的な諸地域との交流ではなく、あくまでも日本の支配下の地域における日本民俗学の大会であった。北京では具体化が進み、東京から折口信夫、関敬吾、橋浦泰雄が派遣されることまで決められ準備に入ったが、そこで中断された。

外地民俗学大会に関連するものとして、柳田國男先生古稀記念会による「国際共同研究課題」の設定がある。一九四四年一月に『民間伝承』一〇巻一号に発表されたもので、以下のような内容であった。

当記念会では、かねて内地外の諸民俗学と、提携連絡の為めの民俗学大会を開催すべく準備を進めて居りますが、大戦の進行と共に大東亜圏内の諸民族が、今後一層緊密なる協同団結をかためて行くことの必要を痛感すると同時に、それには是非共相互の民族性を熟知し、互に齟齬《そご》を来さぬことが重要であります故、まづその調査研究の第一着手として、左記の三項目を選び、これを共同の研究課題とし、その成果を大会に於て発表交換することを、国外諸学会に提案しました。御協力を願ひます。

追て資料の〆切日等は後報致します。

このような趣意につづいて、「異郷人に対する款待」「祖先に対する考へ方」「結婚道徳」の三項目を、それぞれに五項目の細目を付けて、発表した。

結局、戦争の激化のなかで、この二種類の大会開催構想も国際共同研究も実際に実施されることはなかった。

記念論文集と『民間伝承』特集号　記念事業の三番目として示されたのが記念論文集である。これは具体化され、多くの人々に論文執筆が依頼された。柳田國男に学んで民俗学の研究を進めている人だけでなく、関連分野の有力研究者も含まれていた。大方の論文は順調に提出されたが、戦争の激化のなかで出版は不可能になり、その出版は戦後に持ち越された。一九四七年から『日本民俗学のために』として刊行された。

『日本民俗学のために』

四番目の事業が『民間伝承』での一年間におよぶ特集号の刊行である。これだけはほぼ予定通り刊行された。この各特集を具体化するために、『民間伝承』九巻五号で「柳田先生古稀記念共同研究課題」を発表した。その趣旨説明では以下のように述べて、民族を強調している。

是等の諸問題は、現下世界の諸民族、特に東亜の諸民族に対し、指導の地位に立つ我日本民族の、民族精神・理念、を具体的に明徴し、確把するに不可分の問題であつて、将《まさ》に今後我が民族によつて創建されねばならぬ、世界の新指導標としての哲学・科学の如きも、実にかゝる基礎的な探究なくしては、砂上の楼閣を描くに等しいと云わねばならぬ。

そして、研究課題の調査項目を示した。一月号掲載予定の氏神《うじがみ》については、神名・社号、神地・祀所、祀る人、祭日、宮詣り、由来の六項目を掲げている。三月号掲載予定の生死観では「我が民族は時到と生死に対して偉大なる悟りをもつ。これは如何なる信仰観念に基づくものであるか。これの探究を中心主題とする」とした上で、生死の予測、魂の行衛《ゆくえ》、神として祀るか、再生の問題、仮死状態から蘇生した者の話、生と死の忌の類似の六項目となっている。

『民間伝承』は一九四四年八月の一〇巻八号で休刊となったが、最後の号は共通課題の「祖霊特輯号」であった。したがって、予告された家庭教育以降は出されずに終わった。

柳田国男古稀記念の諸事業は、戦時下の民俗学の状況を如実に示すものであった。日本がアジア諸地域に侵略戦争を拡大し、諸民族を支配する日本の民俗学であることを表明しようとした。

二　台湾・朝鮮の民俗学

1　台湾における民俗学

『民俗台湾』　一九四一年七月に『民俗台湾』が創刊された。その刊行の趣旨は以下のようなものであった。

台湾本島人の皇民化は是非とも促進せしめなければならない。近時のその方策が強力に施行せられようとしてゐる事は、従来の無策無為に比して、甚だ心強いことゝ言はなければならない。その為めに本島旧来の陋習弊風《ろうしゅうへいふう》が速かに打破せられて、島民が近代文化の恩恵をより多く享受することの出来るやうになることは甚だ歓迎すべきことであると同時に、一面に於て、さまで弊害のない旧慣がその犠牲となって湮滅《いんめつ》すると言ふこともまた自然の成ゆきであつて、致し方ないことである。また急激なる人為的方策によらずとも、之は永年の間に自然に湮滅すべき運命を担つてゐるものである。

然し、既に記載及び研究の能力ある文明国民には、有らゆる現象を記録し、研究すべき義務がある。陋習は陋習、弊風は弊風として、之れを記録にとゞめ、研究することは、わが国民に課せられた義務であるのみならず、現在わが国民が南方に国力を伸展しようと言ふに当つては、その舞台の南支たると南洋たるとを問はず、最も提携の機会と必要性の多いものは支那民族である。彼等を理解し悉知《しっち》する上に、台湾本島人を予め知ると言ふことは最も必要であり、且つこの便宜を有することは、わが国民の他国に冠絶《かんぜつ》する強味であるとも言へる。

単に湮滅を防ぐと言ふだけの意味に於いてすら一見何ら実用的価値の伴はない自然物に対しても、政府は天然記念物指定等の方策を樹て、これが保護と研究とを奨励してゐる。われわれは台湾旧慣の湮滅を惜しむのではない。しかし、これを記録し研究することが、われわれにとつての義務であり、且つ、単に現下の情勢のみを考へても、甚だ急務であると言ふことを、強調したいのである。（『民俗台湾』一二号）

発起人として名前を並べたのは岡田謙《ゆずる》、須藤利一、金関丈夫《かなせきたけお》、陳紹馨、黄得時、萬造寺龍の六名であった。中心にいたのは金関丈夫であった。また実際に編集にあたったのは池田敏雄であった。

「研究と愛」　当時の厳しい言論統制下の植民地において発表された文章であるから、その表現をそのまま鵜のみにすることはできない。しかし、ここにはこの雑誌の刊行目的が明確に示されていることは間違いない。植民地台湾の「本島人」の民俗を記録し研究することが、中国大陸の漢民族を理解することに連なるという立場である。いわば中国への侵略を進める日本人が台湾において行う民俗研究の雑誌であった。刊行ももちろん日本語表記であった。

この雑誌は刊行される前から論争が行われた。『民俗台湾』の趣意書に対しての批判が『台湾日々新聞』に掲載されたのである。楊雲萍という人の「研究と愛」と題する記事であった。それはこれから刊行される『民俗台湾』の趣意書に「冷たい高飛車な、或るひは機械的な態度、方法」を感じたことによるものであるが、その底には現地の言葉も理解できないのに、それを日本語で記録することへの批判が横たわっていた。『民俗台湾』は毎号台湾各地の民俗について調査報告を中心に掲載し、四三号（一九四五年一月）までにおよんだ。掲載された報告は基本的に日本語で書かれており、台湾の民俗を台湾の言葉、あるいは中国語で記録することはしなかった。そこに植民地台湾の民俗学という性格が表現されていたといえよう。

一九四三年一二月号に「柳田國男氏を囲みて」と題する座談会が掲載された。そのサブタイトルが「大東亜民俗学の建設と『民俗台湾の使命』」というものであった。ここではじめて大東亜民俗学という言葉が用いられ、大東亜共栄圏に民俗学が対応することを示した。柳田國男は座談会のなかで、台湾、朝鮮、満洲での個々の民俗研究が形成展開することを通して、比較がその先にあることを述べている。

2　植民地朝鮮の民俗学

朝鮮の民俗学　朝鮮において民俗学に関連する研究は早くから行われていた。一つは植民地化にともなう支配者の現地対策のための情報収集と記録作成としての調査研究であった。日本の植民地としての朝鮮の支配は朝鮮総督府が行った。その組織の末端には全土に張り巡らした警察組織があり、それが情報収集の組織となった。それを利用した代表人物が今村鞆《いまむらとも》であった。一九〇八年（明治四十一）に忠清北道の警察部長に就任して、人々の生活、特に風俗習慣を把握する必要性を感じ、調査記録を進めた。そして一九二五年の退官後にも継続され、多くの記録を作成した。

そして、これを継承するかのように熱心に取り組んだのが村山智順《ちじゅん》であった。村山智順は朝鮮総督府の嘱託として多くの調査資料を執筆し、刊行した。代表的なものとして『朝鮮の鬼神』（一九二九年）、『朝鮮の風水』（一九三一年）、『朝鮮の巫覡《ふげき》』（一九三二年）、『部落祭』（一九三七年）などがある。その詳細な記録は今では貴重な資料ということができるが、その記録作成は間違いなく朝鮮総督府の支配のためのものであった。

京城帝国大にいに赤松智城と秋葉隆は、朝鮮各地のシャーマニズムを客観的に調査し、『朝鮮巫俗の研究』（上下二巻、一九三七年）を著した。上巻には巫歌を収録しているが、それの記載がハングルで行われ、日本語の対訳を付けている。秋葉は一九三〇年に「性の禁忌と其の解放―朝鮮婚姻習俗研究序説―」（『社会学雑誌』七〇）を発表し、三〇年代を通して朝鮮半島の民俗について多くの論文を発表した。それらを通して儒教と巫俗、男性原理と女性原理の二重構造モデルを描き出した。

『朝鮮民俗』　これらの刺激を受けて、朝鮮民俗学会が組織され、一九三三年（昭和八）一月に雑誌『朝鮮民俗』が創刊された。これは一、二号を発行した後、中断し、六年の空白を経て、第三号が一九四〇年に発行され、終わりになった。いわゆる三号雑誌であった。一、二号は宋錫夏、三号は秋葉隆の編集であった。三号は「今村翁古稀記念」の特集号で、柳田國男の「学問と民族結合」が掲載されている。そこでは、世界民俗学の成立は遠い将来のこととし、今は安易な比較をせず、将来「資料の比較の基礎になるものだけは、十二分に精確にし又判り易く分類整理して」おくことを提唱している。その草稿と思われる原稿が、後に「比較民俗学の問題」と題して『定本柳田國男集』に収録されて公表されたが、その文章はさらに比較研究に慎重な姿勢を見せている。

Ⅶ　日本の敗戦と民俗学

一　敗戦の衝撃と民俗学

1　感激不止

『先祖の話』　一九四五年になると日本の敗色は濃いものとなった。特に東京の三月十日の大空襲は、街を焼き尽くし、多くの死者を出した。そのころ、柳田國男は一心不乱に一つの著作のために原稿を執筆していた。それが『先祖の話』である。戦時中の柳田國男の日記である『炭焼日記』には、一九四四年十一月十日から執筆を開始し、五月二十三日に執筆終了となっている。しかし、五月二十三日に執筆を終えたのではない、門弟の一人平山敏治郎宛ての書簡によれば六月二十三日でも『先祖の話』を書き暮らしていると述べている。『炭焼日記』によれば東京大空襲の当日も終日執筆していた。ほとんど敗戦は不可避であることが分かってきたこの時期に、なぜ柳田國男は時間を割き一生懸命『先祖の話』を執筆したのか。その目的、言い換えればその使命感は、今も生き残って暮らしている自分たちは、若くして死んでいった人々に何ができるのかを説こうとしたことにある。国家は明治以来戦死者の問題は靖国《やすくに》神社の祭神として管理することで解決してきた。しかし、柳田は靖国神社では戦死者の死後の平和と幸福は保障されないと

柳田國男『先祖の話』

考え、古くからの日本人の霊魂観・他界観から考え、人々がなすべきことを説いた。敗戦間際に『先祖の話』は完成したが、出版されたのは一九四六年四月であった。出版社の筑摩書房は売れると判断したのであろう、初版一万部であったという。

『先祖の話』は日本人の他界観・霊魂観、そして神観念を体系的に論じたものであり、われわれ日本人は死後無になるとは考えず、肉体は消滅しても霊魂は存続するが、その霊魂は個性を持った個人の魂として永久に存在するのではなく、しだいにそれよりも上の世代の霊魂と融合し、一つの祖霊となり、子孫と永遠に交流する。祖霊は子孫を守り、豊作その他の望ましい状況をもたらしてくれるのであり、それがより抽象化すると神となり、それをまつる場としての神社となる。日本の神は最初から存在するものではなく、われわれ自身が死後祖霊となり、神として登場する。したがって、神は普遍的に存在するのではなく、先祖として子孫によってまつられるべき存在である。ほぼこのように説いた。もちろんこれは日本各地の民俗を基礎に組み立てたものであるが、組み立て方は柳田のいわば観念の所産であり、仮説の体系ということができる。

戦争末期の連日空襲があった時期に、このような死者から神までを統一的に描き出したのには彼の使命感があった。単に個人的興味関心から葬送儀礼、先祖祭祀あるいは神観念を述べたのではない。それは『先祖の話』の最終章である第八一章の「二つの実際問題」に示されている。次のような記述がある。

（前略）少なくとも国の為に戦って死んだ若人だけは、何としても之を仏徒の謂ふ無縁ぼとけの列に、疎外して置くわけには行くまいと思ふ。勿論国と府県とには晴の祭場があり、霊の鎮まるべき処は設けられてあるが、一方には家々の骨肉相依るの情は無視することが出来ない。家としての新たなる責任、さうして又喜んで守らうとする義務は、記念を永く保つこと、さうしてその志を継ぐこと、及び後々の祭を懇《ねんご》ろにすることで、是には必ず直系の子孫が祭るので無ければ、血食《けつしょく》と謂ふことが出来ぬといふ風な、いはゆる一代人の思想に訂正を加へなければならぬであらう。（『柳田國男全集』一五巻、一四九頁）

戦死者の死後の幸福は靖国神社や護国神社では確保されないことを指摘し、家の子孫によってまつられてはじめて幸福になるとする。そして子供もなく亡くなっていった戦死者を孤独にしないための最良の方法は子孫の創設である。その方法について具体的な提案をする。

死者が跡取りならば世代に加へる制度を設けるもよし、次男や弟たちならば、之を初代にして分家を出す計画を立てるもよい。ともかくも歎き悲しむ人が亦逝き去つてしまふと、程なく家無しになって、よその外棚を覗きまはるやうな状態にして置くことは、人を安らかにあの世に赴かしめる途では無く、しかも戦後の人心の動揺を、慰撫するの趣旨に反するかと思ふ。（同前）

子孫のいない戦死者を先祖にする方策をとれということであり、そのためには戦死者を家の系譜のなかに位置づけ、誰かがその子孫としてまつることを提案しているのである。『先祖の話』は、戦死者の幸福のために生き残った自分たちが行うべきことを提唱する目的で、他界観・先祖観・神観念を説いたのであった。柳田國男の使命感がはっきりと示された書物である。

敗戦と反省　一九四五年八月十五日の敗戦の日、柳田國男は日記に「不止感激」と記した。敗戦はこの日知ったのではなく、すでに八月十一日にはある程度の情報を得ていたようである。日記に「早朝長岡氏を訪ふ。不在。後向ふから来て時局の迫れる話をきかせらる。夕方又電話あり、いよいよ働かねばならぬ世になりぬ」と記しているのである。そして翌十二日には、木曜会のつづきである「お宅の会」（その年の四月から木曜会にあたる日を研究会とせずに、柳田の面会日と定め、門弟たちが集まる日となっていた）でその日に顔を出した丸山久子、和歌森太郎、堀一郎らに対して、ポツダム宣言受諾の情報を話し、「これから大いに働かねばならぬこと、事実を述べることはどんな場合にでも許されなければならない筈だから、民俗学をやる者の真剣に働く時だ、とさとされた」という（丸山久子「終戦のころ」臼井吉見編『柳田國男回想』一九七二年、一四〇頁）。

敗戦は柳田にとっては大きな反省をもたらした。民俗学の再建のなかでふたたび世のため、人のための民俗学を目指すことになつた。敗戦から一年後の一九四六年九月から十月にかけて、柳田國男の古稀記念論文集刊行記念と『民間伝承』の復刊を祝って「日本民俗学講座」が開かれた。その十月五日の会で柳田は「現代科学といふこと」という講義を行った。そこで、戦前の体制を批判し、自分の態度についても反省している。

かう各自の自由な疑問を封じてしまはれてはかなはぬと、思ふやうな事ばかりあの頃は周囲に多かつた。さういふまん中に於て、なほ民俗学は現代の科学でなければならぬ。実際生活から出発して、必ず其答へを求めるのが窮極の目的だと憚らず説いたのは勇敢だつたとも言はれようが、白状するならば私はやゝ遠まはしに、寧《むし》ろ現世とは縁の薄い方面から、問はいつかは答へになるものだという実例を引いてゐた。従つて又気楽な学問もあるものだといふやうな印象ばかり与へて、国の政治上の是ぞといふ効果は挙げ得なかつた。なんぼ年寄りでも、是は確かに臆病な態度であったが、しかし実際又あの頃は今とちがつて、たゞ片よつた解決ばかり有つて、国民共同の大きな疑ひといふものは、まだ一向に生れてもゐなかつたのである。（『定本柳田國男集』三一巻一〇～一一頁）

このように反省した上で、民俗学を現代科学とすることを打ち出した。それは歴史学も同様であり、現代の問題から出発して、それに対する答えを用意する学問であることを主張した。この柳田の講義を含め、講座の記録をまとめて一九四七年十月に『民俗学新講』として出版された。なお、この講座は、九月から十月にかけて三日間ずつ東京九段の旧国防館講堂で開催された。第一期のスケジュールは以下の通りであった。

九月二十八日　日本民俗学概論（関敬吾）、食物の変革（瀬川清子）、日本家族制度（橋浦泰雄）、民俗学の参考書（大藤時彦）、

十月五日　再建さるべき日本歴史（和歌森太郎）、日本民俗学の方法（今野円輔）、現代科学といふこと（柳田國男）、質疑応答（柳田を囲んで）、

十月十二日　婦人の地位（瀬川清子）、青年の社会（牧田茂）、先生の学問（折口信夫）、質疑応答懇談

そして、受講者有志三〇名ほどは十月二十三日には南多摩村へ採訪に出かけた。いわば調査実習の走りといえよう。

2 『日本民俗学のために』

古稀記念論文集の刊行　民俗学の講座開催の理由の一つは柳田古稀記念論文集刊行祝賀であったが、これは一九四七年二月から刊行を開始した『日本民俗学のために』のことである。これは戦争中に企画され、論文が集められていたのであるが、刊行できず、戦後に持ち越されたものである。その第一輯には、巻頭を和辻哲郎「日本民俗学の創始者」が飾り、二番目には渋沢敬三「塩」が掲載されている。和辻の論文は、一九四一年に柳田に朝日賞が贈られたときの記念講演での講演内容である。柳田の民俗学の独自性を、民俗資料の三分類案に即して紹介している。第二輯には有賀喜左衛門「同族と親族」、山口麻太郎「オヤの社会性に就いて」が収録されている。全体としてみれば、戦争中に執筆されたものがおそらくほとんど何も修正されずに印刷刊行されたものとも思われる。戦争中に準備されたものがそのまま戦後に刊行されるということは珍しいことであり、そのことを可能にするほど政治色がない論集だったということになる。以下に第三輯以降の主要論文を掲げておく。

第三輯（一九四七年二月刊行）
化鳥考　森口多里《もりぐちたり》
笑話に就いての断想　森　銑三
難題の趣向　武田　明
言ひ負け狸　土橋里木《つちはしりき》
第四輯（一九四七年十月刊行）

上代土豪の歴史　西岡虎之助
氏と氏神　岩崎敏夫
氏神に就いて　井上頼寿《よりとし》

第五輯（一九四七年十月刊行）
考古学上から観た我が上代文物観に就いての覚書　梅原末治《うめはらすえじ》
漁民と神幸　桜田勝徳
禁忌と呪術に表れたる一つの問題に就いて　桂井和雄

第六輯（一九四七年十月刊行）
自然と神　肥後和男
耳塞餅《みみふさぎもち》　大藤時彦

第七輯（一九四八年九月刊行）
民俗学と人文地理学　小《こ》寺廉吉《でられんきち》
霜柱と氷柱　東條操
樹霊信仰と邦俗概観　小林存《ながろう》

第八輯（一九四八年九月刊行）
新野《にいの》の雪祭　小《こ》寺融吉《でらゆうきち》
和泉の牛神と子供組　高谷《たかや》重夫《しげお》
羽《は》黒《ぐろ》山伏の集団組織　戸川安章

第九輯（一九四八年九月刊行）
山台戯　秋葉　隆
サスヅクリ考　竹内芳太郎
産屋について　瀬川清子
おしら神祭文　今野《こんの》円輔《えんすけ》
第一〇輯（一九五一年十月刊行）
形態的に見た道祖神　武田久吉
古代人の他界観念　松本芳夫
松前年中行事　高倉新一郎

二　活動の再開

1　復刊と意気込み

『民間伝承』の復刊　一九四四年に休刊した『民間伝承』が一九四六年八月に二年の空白をおいて復刊した（一一巻一号）。その号の最初に柳田國男が「木曜会だより」という文章を書き、民俗学の今後についての所感を述べた。その文章の出だしは以下の通りであった。

民間伝承の再興に際しては、何よりも前に戦中戦後、諸君が学問の継続のために、どれくらゐ苦慮せられたかを聴くのが人情であるが、その答へは自分たちの場合から類推して、さう晴れやかなもので無いことも想像せられ、それを尋ねるのが何と無く気が重い。つまりは戦乱は日本民俗学にとつて、どのみち幸福な刺激だつたとは言へないのである。

そして、今後の民間伝承の会について、会員が資料を共有する方策を考えるべきことを提案している。その前提として緩急の順序を立てて問題を絞るべきことを主張する。今までの問題設定が学者の気まぐれや我が儘によって行われていたことを指摘し、以下のように述べている。

ところが今度といふ今度は疑問百出、大は何故に国が敗れたかといふやうな、百年かかり切つても釈《ほど》けないものから、小はなぜ我々は飢えるかといふ、毎日の最近世史まで、民俗学でならば答へられさうなものと、人から思はれて居る題目が山とあつて、根拠も無い仮の解説のみが、大手を振つてあるいて居る。さういふ中から自分ならば是を先づといふものを受持つて、ちゃうど間に合ふうちに何人もうなづくやうな答へを出さうと、志ざすとすれば今が潮時である。何でもござれといふ風に手を拡げぬ方がよい。あまり早急でも無く、さう気永にもして居られぬといふ、好い現実の問題は行く手に転がつている。徒《いたず》らに流行の跡を追はぬやうに、分業と協力とを併せ進めて、結局はこのすべての過去に対する疑惑を、ほぼ明確な歴史と変形して見たい。といふのが我々の新らしい願望である。

そして、民俗学の研究するということの姿勢を以下のように述べている。

未来を測定するまでは民俗学の領分ではないが、その学徒であるが為に我々は未来への関心を放棄しない。今は力の限りその未来への計画の為に、入用なる過去知識だけを、先づ精確にしておくべき時節ではないかと思ふ。

ここには、再建される民俗学へのなみなみならぬ決意が表明されている。一九三〇年代に主張した学問救世を今こそ実践すべきこと、その場合に政策的に提言や提案を提示するのではなく、現状を理解するための歴史を明らかにするのが民俗学の役目だと位置づけている。

民間伝承の会の再編　『民間伝承』の復刊に合わせて民間伝承の会の会則が改定された。それまでの会則は小規と呼んで、ごく簡単な要項であった。ここで組織として明確な姿を示した。その組織上の特色は柳田國男の主導性にあった。会則は七項目で、第三項の会員について「本会員の紹介推薦により会長の承認したる者」とし、その会長以下の役職について第六項で以下のように規定している。

役員　本会に左の役員を置く
　会長一名　初代会長を柳田國男とし任期を定めず
　顧問若干名　会長の委嘱による
　常任委員若干名　会長の委嘱により、企画、編輯、其他の会務を執行す
　評議員若干名　会長の委嘱による

会則によれば柳田國男の意志と判断ですべてが決まることになっていた。一九三〇年代からの歴史経過からすれば民間伝承の会はそのような性格の組織であったことは間違いないであろう。この結果、決められた役員は、橋浦泰雄・関敬吾・大藤時彦・桜田勝徳・倉田一郎・戸田謙介の六名が常任委員として名前を連ねている。これらの人々によって会は運営され、機関誌は発行された。特に、主任としての橋浦泰雄の活躍は顕著であった。

2　占領下の民俗学

CIEと民俗学研究者　日本を事実上単独占領したアメリカは、連合国軍総司令部（GHQ）を設置して、日本の占領政策を展開した。占領下の日本を統治するために九つの幕領部を設けたが、その一つが民間情報教育局（CIE）であった。教育・学術・文化に関する占領政策実施のための組織であったが、そこで日本社会の基礎的な調査が行われ、それに多くの研究者が動員された。調査の主導権はアメリカの研究者が掌握し、その下で日本人研究者が活動するという方式であった。後に著名な日本研究者となるH・パッシン（Passin, H）もCIE部長として活動した。CIEが実施した国民社会（National Society）調査は、人口、社会、親族関係、地域組織、職業構造、社会階層、教育組織、宗教生活組織、生活の年間周期、文化地域、都市化、日本国家の社会構造など一五項目を含む壮大なものであった。そこに動員された研究者のなかに竹内利美・桜田勝徳・関敬吾・大藤時彦などが含まれていた。

CIEの事業に深く関係したのは民族学であり、この調査活動を通して民族学がアメリカ流の文化人類学に組み替えられていくことになった。それに対して、民俗学は組織的には関わることはなかったが、研究者としては関敬吾や大藤時彦という柳田國男の下で活動してきた研究者が、日本常民文化研究所系の竹内利美、桜田勝徳らとともに参加した。CIEに関係した民俗学研究者の活動については今まで検討されることがほとんどなかったため、不明な点が多い。

CIEと柳田國男や民俗学研究所との関係もはっきりしない。しかし、一九四九年四月に柳田國男はパッシンの訪問を受けて、懇談し、さらに同じく四月に柳田國男、渋沢敬三らの一行が富士吉田を訪れた際、東京から乗車した列車は占領軍の手配した占領軍用特別列車であった。まったく無関係ではなかったことが窺われる出来事であった。

江上波夫ほか『日本民族の起源』

「日本民族＝文化の起源」

岡正雄、八幡一郎、江上波夫が石田英一郎の司会で行った座談会「日本民族＝文化の源流と日本国家の形成」が『民族学研究』一三巻三号の特集「日本民族＝文化の起源特集号」（一九四九年二月）に掲載された。この長文の座談会は、座談会全体が重要な問題を提起していた。特に、江上説は、大陸から朝鮮半島を経て渡ってきた騎馬民族の征服によって日本の古代国家は形成されたのであり、天皇を中心とした支配者は征服者であり、それ以前から住んでいた稲作民である農民を支配したことを主張していた。その衝撃的な仮説「騎馬民族征服説」は、現在まで話題を集めている。江上説に関心が集まり、座談会全体の意義は必ずしも注意されなかった。しかし、江上説とともに重要な仮説を提示していたのは岡正雄であった。岡は、日本民族は単一ではなく、時代を異にして異なる地域から異なる種族が日本列島に来住したのであり、それぞれが文化複合として特定の文化の組み合わせとして存在したとした。江上説は、古代国家成立過程を論じたので、主として歴史学の反応が見られたが、岡説は日本民族の形成過程という、はるか古い段階のことであり、歴史学の関心の外という面があったため、それほど論評されることはなかった。なお、この座談会は一九五八年に『日本民族の起源』という単行本にまとめられ刊行された。そのことで広く知られるようになり、さらに一層話題を呼ぶこととなった。

岡や江上の雄大な仮説に対して民俗学研究者からは批判や反論、あるいは論評も出されなかった。しかし、柳田國男は、基本的に日本人は南方からの渡来であると考えていたので、岡や江上の仮説に対して反発した。まず柳田國男と折口信夫の対談「日本人の神と霊魂の観念そのほか」（『民族学研究』一四巻二号、一九四九年十二月）で岡および江上説への反発が示された。二人の対談は、岡たちの座談会が雑誌に掲載される以前に行われたものであり、司会をした石田英一郎による座談会の紹介にもとづいて議論された。そして、日本人は沖縄から黒潮に乗って海上を北上し列島に広がったという「海上の道」の仮説を一連の論文として展開した。

三　民俗学研究所の設立と社会的実践

1　民俗学研究所

民俗学研究所の発足　柳田國男は『民間伝承』の復刊にあたって述べたように、研究者の間での資料の共有による課題の追究を新しい研究体制として考えていた。それを具体化するために考えられたのが研究所の設立であった。一九四七年三月に民俗学研究所が設立された。その趣意書は以下の通りであった。

　民俗学研究所発足のことば

すべてが新しくならうとしてゐる時代には学問も新しくなければなりません。これまでの学問は「象牙の塔」などといふ言葉であらはされてゐたやうに民衆の手のとゞかないところにあることを以て、むしろ誇とするやうな風潮さえありました。しかし、今は民衆自らが考へ、自ら判断を行ふべき時代であり、学問はその取捨判別の基礎を与へるといふ大きな使命をもつてゐるのであります。ことに、これまでの国史といはれるものにたゞの一頁も跡をとゞめなかつた名もなき民の過去の姿を現在の民間伝承によつて復原し、時のながれの中に正しく身を置くことによつて、今日の生活に対する反省と、未来への判断のよりどころたらしめようとする民俗学といふ学問は、まづ率先して国民の間に伍して行くべきであることを痛感するものであります。欧米諸国をみますと幾多の学会が組織され、すべての大学には民俗学の講座が開かれてゐるといふのに、日本では最近やうやく、二三の大学に講座がひらかれたにすぎません。だが、われわれはこれを大学の門に閉ぢこめて専攻の学者の手に任せて置くよりもむしろ国民の間に伍さしめて、ひろく共通の知識たらしめることが、この学問にふさはしいと思ふのであります。

そこで此度わが国の民俗学を育てて来られた柳田国男先生がその厖大な蔵書と資料をひろく同好の者に提供せられたのを機会として新しい時代にふさはしい、新しい形の研究所を設立することにしました。こゝには所長もなく、指導員と称するものもありません。たゞこの学問に対して大いなる情熱をもつ研究者とこれを援助しようとする同情者との結合によつて、内にはいまだ成長期にこの学問の確立をはかるとともに、外にはひろく国民のための学問としての信頼を得るために努めて行かうとするのであります。

またこれまで果たされなかつた海外の関係学界との提携を緊密にすることも考へてゐます。抱負は大きく、念願は深いのでありますが、もとより微力にして世間の期待にこたへ得るかどうか、はなはだ心もとないのでありますが、ひたすら学問への情熱と、国民の将来をより幸福たらしめようとする希望とをいだいて、この新しい仕事にあたる覚悟であります。

この趣旨にせられたる方々の参加、支援を期待すること切なるものがあります。

昭和二十二年三月

東京都世田谷区成城町三七七番地
民　俗　学　研　究　所

（『民間伝承』一一巻四・五合併号、一九四七年）

民間伝承の会の組織が柳田國男の主導性が強いのに対し、民俗学研究所は所長も置かず、同人の衆議によって運営されることになっていた。しかし、柳田國男の指導抜きには研究活動が進展できないことは明らかであった。研究所発足の趣意書を掲載した『民間伝承』一一巻四・五号は、学会消息欄で早速最初に民俗学研究所を取り上げ、その発足について紹介している。一九四七年三月十三日に柳田國男宅で開かれた木曜会で、その解散と研究所の設立を宣言した。その席で、柳田は研究所の意義を説いたことを以下のように紹介している。

柳田先生は本研究所の意義の重要さについていろいろな角度からそれを論及されたが、特に国民教育が将に大改革されんとして居る今日、我が民俗学が担任せねばならぬ部面の多大であることを強調されその為にも研究所の設立が緊急を要することを一時間余に亙って説かれた。

研究所といっても独立した施設があるわけではなく、また専任の研究者を擁するわけでもなかった。柳田國男の書斎が研究所となり、柳田が提供した蔵書と資料が研究所の研究備品であった。形式的には所長もいない開放的な機関に見えるが、実質は柳田個人の研究を基盤にしていた。当時としてはそれ以外には考えられなかったことは明らかであるが、柳田依存の体質はその後ながく問題を残した。

民俗学研究所は設立を報じ趣意書を掲載した『民間伝承』一一巻四・五号の巻頭に「日本民俗学の確立のための御協力を乞ふ」という文章を掲載した。それは民俗学についての疑問を広く募り、それらについて研究所で検討し、民俗学についての解説書を作ろうという構想であった。

また、民俗学研究所を社会的に認知して貰うため、説明会ともいうべき会合を「民俗学研究所世話人会」と称して一九四七年五月二十四日に東京銀座交詢社《こうじゅんしゃ》で開催した。石黒忠篤、渋沢敬三、東畑精一、谷川徹三などの有力者、さらに文部省の担当部局である人文科学課長なども出席した。そこで柳田國男は研究所の意義について説明する挨拶を行っている（柳田國男「民俗学研究所の成立ち」『民間伝承』一一巻六・七号、一九四七年）。

研究所の活動　一九四七年十月刊行の『民間伝承』一一巻一〇・一一合併号に掲載した「民俗学研究所報」は、設立してから半年の事業を一覧で示した。まず同人名簿を掲げているが、代議員は石田英一郎・柴田勝・関敬吾・瀬川清子・橋浦泰雄・柳田國男・和歌森太郎の七名、常任委員は大藤時彦・今野円輔・直江広治・堀一郎・牧田茂の五名であった。研究員は一一名で、「民間療法」（上野勇）、「方言の地理的研究」（宮良当壮）、「東地・北海道民の食物の民俗学的考察」（早川昇）、「鍛冶神の信仰とその伝承者とに関する研究」（石塚尊俊《たかとし》）、「社会科教育と民俗学」（大月松二）、「日本に於ける社会倫理の民俗学的研究」（和歌森太郎）、「水神の研究」（竹田旦《あきら》）、「若者組の研究」（三須義文）、「民俗学的に見たる『我』意識の変遷」（神島二郎）、「修験道の研究」（戸川安章）、「行人塚の研究」（今井善一郎）であった。そのほかに、申込者が一一名待機していることも示している。つぎに、維持員を東京三八名、地方四三名掲げている。維持員として掲げられた人々には、東京で石黒忠篤・石田幹之助・緒方竹虎・大佛《おさらぎ》次郎・渋沢敬三・島中雄作・谷川徹三・東畑精一・平野義太郎など、地方で大山彦一・小寺廉吉・本田安次などであった。

研究所の会計は、収入は個人の拠出を中心にし、加えて個人の寄付でまかなわれていた。拠出金のトップは柳田國男で五〇〇〇円、ついで折口信夫一一〇〇円、赤星平馬《あかぼしへいま》・後藤捷一《しょういち》各一〇〇〇円で、その他の拠出は一〇〇円三名、五〇円一名であった。柳田國男の比重が大きいことが分かる。寄付では島中雄作一〇〇〇円の他は、書籍代金や講演料の寄付であり、たとえば東京都地理教育会から五〇〇円の寄付があったが、これは柳田國男の講演料を研究所へ寄付したものであった。支出では、事務員費が最も高額で、二二〇〇円であった。研究所予算から調査研究経費が支出された様子はない。

会計報告でも「研究所誕生以来経済的方面でもすつかり柳田先生におんぶの形です。研究所としましては一日も早くひとり立ちになりたいものだと思ひます」と記している。民俗学研究所は個人の財産を基礎にした私的な研究所であり、その財政的規模も小さく、法的保護や権利をもつ組織ではなかった。活動上の制約も大きかった。

しかし、所報は事業計画をいくつも掲げている。十月二十八日の第四回代議員会において、重要な二つの事業を決定した。一つは民俗学研究所紀要の刊行である。年二回刊行し、研究員の研究成果を中心として収録するというものであった。第二は、日本民俗誌叢書の刊行である。第一期刊行計画を代議員会で決めたが、その規模は全二四冊、うち五冊は本年度中に原稿を出版社に渡すとして、その書名を掲げた。すなわち、

一、北小浦民俗誌―新潟県佐渡郡内海府村《うちかいふ》―柳田國男
二、鵜来島《うぐしま》民俗誌―高知県幡多《はた》郡沖島村―牧田茂

三、檜枝岐《ひのえまた》民俗誌―福島県南会津郡檜枝岐村―今野円輔
四、日間賀島《ひまがしま》民俗誌―愛知県幡豆《はず》郡―瀬川清子
五、黒河内《くろこうち》村民俗誌―長野県上伊那郡美和《みわ》村―最上孝敬

と、『民間伝承』掲載の所報は出版事業として紀要の刊行と日本民俗誌叢書の刊行を掲げたが、その前に研究所としては民俗学の解説書の編纂刊行、さらに五月の民俗学研究所世話人会で柳田が表明した綜合民俗語彙集の編纂があるので、最初から四つの出版事業をかかえて出発することになった。これによって民俗学研究所の実績を示すことになるが、所員はその編纂刊行に追いかけられることになり、まもなく矛盾が顕在化する。

財団法人民俗学研究所　民俗学研究所の基盤を詳しく報告した『民間伝承』一一巻一〇・一一合併号には、別の所に囲み記事の形で民間伝承の会の「謹告」を載せている。それは以下のような文章であった。

> 過日発足した民俗学研究所は別項の如くその基礎を逐次整備して居りますが、今回更に財団法人として一層強固なものに発展せしめることになりました。ついては同会の活動を活発にする為めには財産的根拠を豊富にすることが不可欠の条件なので、直接間接を問はず、且又金額の多少を問はず会員諸兄姉の御協力御寄付を仰ぎ度懇願致します。

独立した民俗学研究所として確立するために財団法人にすること、そのためには基金が必要なことを訴えて民間伝承の会会員の協力を要請している。そして、申請のための準備が進められ、一九四七年の年末には必要条件がととのい、申請の具体的な相談が行われた。そして、翌一九四八年四月に民俗学研究所は財団法人として認可された。財団法人民俗学研究所の役員は、理事五名（大藤時彦・堀一郎・牧田茂・今野円

輔・直江広治）、監事一名（最上孝敬）、代議員七名（柳田國男・橋浦泰雄・関敬吾・最上孝敬・柴田勝・和歌森太郎・瀬川清子）であった。それまでの研究所維持同人および同人はそのまま財団法人民俗学研究所の維持同人および同人に移行した。財団化によって、四月から大藤時彦が研究所勤務となり、研究体制がととのえられ、また計画されていた各種出版活動が進められることとなった。しかし、研究活動については相変わらず柳田國男の指導のもとで行われていた。財団になる前の一九四七年の民俗学研究所研究会は月二回開催されていたが、八月九日の第九回研究会は柳田の狐をめぐる諸問題の講義、八月二十四日の第一〇回研究会は柳田の「両墓制存立の歴史的地位」の講義、九月十三日の第一一回研究会は柳田の「垣内《かいと》」の講義という具合であった。

2　実際問題に貢献する民俗学へ

民法改正と民俗学

柳田國男は実際問題に役立つ民俗学を標榜していた。制度や政策を提案する学問としてではなく、それらを考える際に不可欠な前提知識としての歴史を明らかにすることで学問として貢献するというものであった。第二次大戦後の一定期間は戦前への反省と民主化への希求からさまざまな改革が行われた。その改革の一つに民法改正がある。戦前の家制度をなくし、個人に基礎を置いた家族・婚姻の諸制度を作ることが目指された。その改正案審議の過程で公聴会が開催され、柳田國男は学識経験者として出席し、意見を述べた。一九四七年八月二十日に衆議院司法委員会の公聴会で次のような趣旨の発言をしたという。

改正案の趣旨を鵜のみにして自由選択と解釈する時、果たしてこれが出来るだろうか。数百万の結婚適齢期の男女がすれ違つてをりながら、実際配偶者をきめる時の選択は、僅か数人を対象とするのが現実で、新民法が出来ても急に変はるものではない。

青年男女の配偶者自由選択の精神を生かすためには、社会教育社会機関を整備し国家的交際機関を設ける必要がある。この点かつて農村にあつた「若者の家」や「娘の家」などは意義ありお互に男の噂、女の噂をしてゐるうちに理想の夫、妻の教育を受けてゐたと言へる。日本のこれまでの結婚は結婚後に愛情を芽ばえさせるといふ式だから、この状態で自由婚姻をさせたら、それは野合に終り、離婚はふえるだらう。（『民間伝承』一一巻一〇・一一合併号）

柳田は法制度の改革とともにその精神を実質的に保障する具体的な施設を国家が設けるべきことを提唱し、その施設の具体的イメージを民俗学が明らかにしてきた若者組・娘組に求めている。

『婚姻の話』　この時期に柳田が情熱を注いで立てつづけに文章を書いたのは、この男女の配偶者選択の問題であった。一九四八年八月に出版された『婚姻の話』がそれである。そこに収録された一〇本の論文のうち、巻末に置かれた「聟入考」が一九二九年発表ともっとも古く、ついで一九四一年発表の「仲人及び世間」があるが、戦前発表の論文はこの二本のみで、残り八本は戦後の一九四六年と四七年の二年間に発表された論文である。特に一九四七年に集中しており、明らかに衆議院公聴会の発言に対応し、そして民法改正問題を意識しての執筆といってよいであろう。いずれも日本の婚姻を恋愛から結婚へのコースで説き、日本において恋愛結婚が古くから当たり前に行われてきたことを述べている。

戦後急速にアメリカ的な価値観や行動様式が影響を与え、それに理想を求める考えが強まった。それに対して、柳田は日本の歴史のなかから理想的な配偶者選択の方式を学ぶ必要性を主張し、そのことを通して恋愛から結婚へという道筋は欧米のみの結婚ではなく、日本においても古くから同様に恋愛を経て配偶者が決まり、結婚に至っていたことを指摘した。安易なアメリカ礼賛を批判しているのである。

社会科と民俗学　戦後改革のなかで教育の改革は最大のものであったが、そのなかでも戦前の歴史教育への反省とアメリカの教育制度の導入から社会科が成立したことは最も大きな改革であった。この社会科という教科について、最初から柳田は大きな夢を抱き、その教科の性格は民俗学と一致すると考えていた。柳田は一九四七年五月の民俗学研究所世話人会での挨拶「民俗学研究所の成立ち」において、民俗学研究所設立の意義を説いたが、そのなかで早速に社会科に言及し、社会科の内容はほとんど全部が民俗学によってまかなうことができると表明し、民俗学の立場を説く絶好の機会到来と喜んでいる。社会科への期待は大きく、また民俗学がそれに貢献することを考えた。世話人会には文部省の社会科担当官たちも出席していた。

社会科は、敗戦後の日本の教育改革において大きな柱となったものである。一九四七年四月に学習指導要領（試案）が出され、その年の九月から実施された。新しい社会科の目指したものは、知識を注入するのではなく、経験から学び、問題を解決する力を養うことであった。固有名詞に彩られたり、学問上の用語や定義にもとづいたり、あるいは学問体系を前提にしたりするのではなく、日常生活のなかに教材を求め、それを考えることで、現実を理解し、問題を解決することを目指すものであった。その日常性の重視は民俗学の研究と一致するものであった。当然のことながら、その準備過程に民俗学研究所が積極的に関わった。柳田國男も述べているように、好機到来という観があった。一九四七年七月五日に柳田國男以下民俗学研究所のメンバーである石田英一郎・堀一郎・関敬吾・柴田勝・瀬川清子・今野円輔・大月松二・

牧田茂『村落社会』

和歌森太郎・直江広治が文部省の担当官勝田守一・豊田武などを招いて座談会を開催し、社会科と民俗学の関係が深いこと、したがって社会科のために貢献できることを表明し、文部省側からの社会科の参考書作りに協力要請を受けている。これに対応して企画されたのが社会科叢書であり、当初全一二巻補遺一巻の一三冊を予定していたが、実際に刊行されたのは牧田茂『村落社会』(一九四八年十一月)、和歌森太郎・萩原龍夫『年中行事』(一九四九年十一月)および補遺にあたる『社会科の諸問題』(一九五〇年二月)の三冊のみであった。

『民間伝承』は一九四八年の新年号にあたる一二巻一号を特集「社会科と民俗学」とした。巻頭言として橋浦泰雄「社会科の第一歩」という短文を掲載し、つづいて柳田國男「社会科のこと」(月曜通信)、大月松二「郷土と社会科」、牧田茂「社会科の教科書批判」を掲載した。柳田の文章は、「どの程度にまづ民俗学が、社会科設定の為に役立つであらうか。是は御問合せが無くても、もう久しい前から、我々の考へて居ることであります」という言葉からはじまっている。そして社会科には全国統一の教科書はできないので教科書は必要ないということを指摘する。社会科では、まず児童の疑問の整理からはじめなければならないと指摘し、それは土地ごとの疑問であり、それに答えることが社会科の機能であるという。そうなって社会科に民俗学は貢献できるとする。大月は社会科に貢献する民俗学を具体的に説こうとする。そして、社会科が単に知識として民俗学を利用するのではなく、民俗学の精神や方法が活かされなければならないと主張する。そして「民俗学は現代生活を有機的に綜合的に比較研究する実証的な学問であるとすると、社会科の学習も子供らしさにおいてこの立場にたたなければならないと思ひます」と考えを表明している。また牧田茂は新たに発行された社会科教科書を検討した上で、「社会科の教科書は民俗学の教科書ではない。民俗学を知らなくても社会科の授業が出来るといふことは当然である。それを承知の上で、われわれが社会科における民俗学の重要さを強調するのは、社会科の目的を達成するための方法として民俗学を採入れることが実に適当してゐるからである」と述べている。これらは、当時、柳田以下の民俗学研究者が社会科を如何に民俗学に近い存在と考え、社会科のために如何に民俗学が大きく貢献すると考えていたかがよく分かる文章といえる。この特集号の民俗学研究所所報には「社会科叢書刊行予定」という記事で先に紹介した書目が掲載されている。全一二巻で三省堂から出版としている。これをうけて、一九四八年一月十日に民俗学研究所第一九回例会は、「社会科教育と民俗学」をテーマに座談会を開催した。社会科教育を熱心に推進し、柳田國男からも指導を受けていた地元の成城学園の教員三名も出席し、深水正策からのアメリカの社会科教育の報告があった後、「社会科叢書」の問題点について意見交換をした。

さらに、『民間伝承』は一九四八年の年末から「社会科の頁」を設けて、毎号社会科に関わる民俗学上の問題を解説することを計画した。その第一回は和歌森太郎「社会生活の理解と民俗学」であった。そこで和歌森太郎はつぎのように述べている。

身ぢかな日常社会生活について、どんな問題にせよ、その今を知ること、今がどんな風な経過の末にどうしてこうなっているのかを知ること、それを経験的にとらえること、これが社会科の進みの上に肝要だとすれば、そこに民俗学の活動領域が大きく横たわっていることは自明であらう。単に『文化

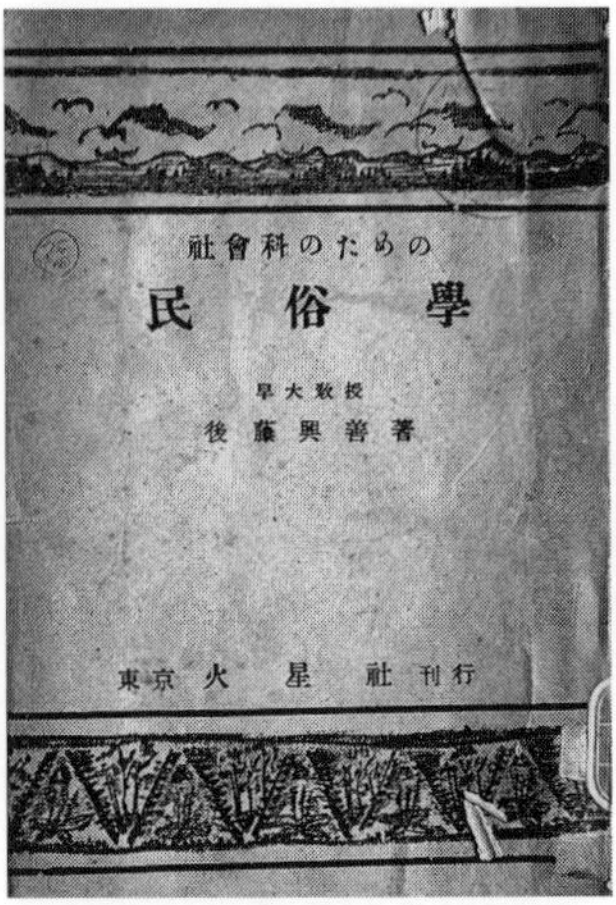

後藤興善『社会科のための民俗学』

遺産』の単元の『習俗』的面についてだけでなく、全面的に民俗学の働く場があるのである。

この「社会科の頁」欄は、一九四九年になって、一三巻一号では萩原龍夫「社会科問答」、牧田茂「民俗学から見た社会科指導要領批判」を掲載して、さらに積極的な取り組みを行った。牧田茂は社会科指導要領補説の遠い昔を志向するような内容を批判し、社会科は「ここ」と「いま」をもとにして組み立てるべきことを主張する。「社会科の頁」は、一三巻二号で竹内利美「村と子供」、三号で奥原国雄「棉作り、木綿ひき、機織り」、千葉徳爾「『個人と集団生活』批判」、四号で和歌森太郎・堀一郎・千葉徳爾の鼎談「社寺と社会生活」、五号で都丸十九一《とくいち》「記録の中から」、山口弥一郎「衣服資料取扱いの試み」、六号で柴田勝「社会科教育と民俗学」、今野円輔「妖怪・幽霊問答二題」とつづき、一〇号で和歌森太郎「都会の社会科と民俗学」が掲載されて、一つの区切りとなった。

また出版社の企画として刊行されたものに、後藤興善『社会科のための民俗学』（一九四八年）、同『社会科のための食物文化誌』（一九四八年）がある。『社会科のための民俗学』は、十分に社会科の内容を検討しておらず、民俗学の入門案内書としての性格が強い。

社会科教科書の編纂

その後も社会科への取り組みはつづく。民俗学研究所にとって社会科教育は活動の中心にあったといってよい。その最大の事業が社会科教科書の編纂である。一九四九年六月から民俗学研究所は成城学園の教員たちと一緒になって社会科のカリキュラム作りをはじめた。そして、一九五一年に完成したカリキュラムによる公開授業が成城学園で行われ、そしてつぎの段階として教科書編纂に取り組むことになった。これが実業之日本社から出された『日本の社会』である。一九五三年に完成し、文部省の検定にも合格し、翌年から使用されたが、採択数は多くなく、その命は短かった。一九五八年度の学習指導要領の改訂で系統学習が明確になるとともに、実業之日本社はそれに対応する改訂はせず、教科書刊行を中止することにした。

柳田國男を中心とした民俗学は、戦後教育改革の目玉として新設された社会科のなかに民俗学の目的や方法と一致するものを発見し、社会科教育に貢献することで、学問の発展と市民権の獲得を図ったといえよう。民俗学研究所自体もそれに重点を置いていた。しかし、民俗学が熱心に社会科教育に取り組む時期に、他方でかつての学問体系に基礎を置いた系統学習への動向が強まり、民俗学研究所が教科書を編纂する時期は、教育の世界では経験学習・問題解決学習は急速に弱まり、指導要領の改訂によって決定的になり、民俗学が関わる状況ではなくなった。社会科と民俗学の蜜月時代は一九四七年からわずかに五年余りであった。

3　研究の新展開

柳田國男の「新国学談」　一九四六年から翌年にかけて柳田國男は「新国学談」というシリーズを書き下ろしで発行した。その第一冊は『祭日考』（一九四六年十二月）、第二冊は『山宮考《やまみやこう》』（一九四七年六月）、そして第三冊は『氏神と氏子』（一九四七年十一月）であった。このシリーズは書名にも明示されているよ

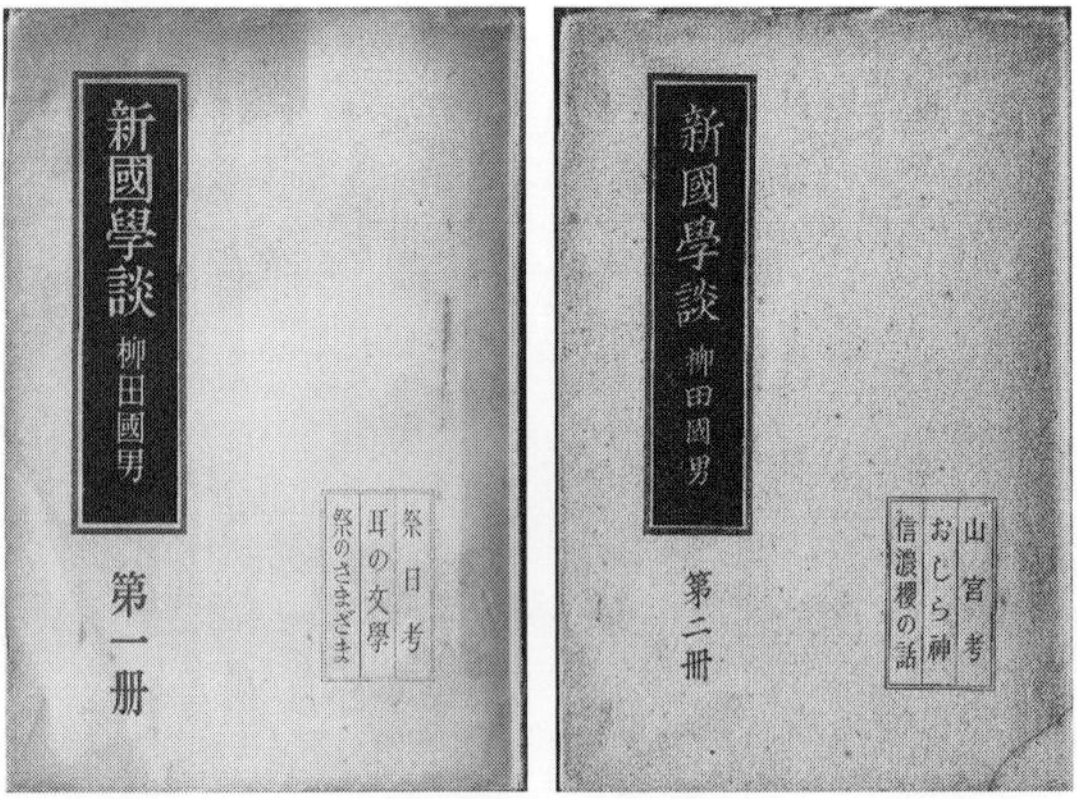

柳田國男「新国学談」

うに、神社祭祀に関わる問題を論じている。敗戦を経て、日本の神道は否定され、神社の存続も危惧される状態になった。柳田國男の危機意識からくる使命感がこの三部作には表現されている。神社を国家神道から解放し、また神道理論からも自由になって、民俗として理解することを行い、神社の民俗的意味を明らかにしようとした。

第一冊の『祭日考』は、氏神の祭日の歴史的変遷を各地の事例や文字資料の比較によって明らかにし、春秋の祭は稲作の開始と収穫に対応するものであり、そのときの神の去来を意味するものであるが、古くは神は祭りの時期ごとに去来すると考えていたとした。神道理論から祭日を解釈するのではなく、各地の民俗を基礎に置いて考察している。第二冊の『山宮考』は、巻頭に置かれた著者の解説によれば、「山を霊魂の憩ひ処とする考へ方が、大昔以来、今もなほ日本の固有信仰の最も理解しにくい特徴となつて、伝はつて居るのではあるまいかといふことを、説いて見ようとした新しい試みの一つである」(同書一頁)。その仮説は以下のように述べられてる。

一方には村々の旧い氏族が、昔から今の日まで祭り続けて居る氏神の信仰行事と、他の一方には現在我々が毎年の盆に、斯《か》くまで大きな仏教の干渉が有つたにも拘らず、なほ歴代の祖霊を家に迎へて共同飲食の歓びを交へようとして居る習俗と、今までは二つ別々の事の如く思はれて居たものの中間に、出来るだけ鞏固《きょうこ》な橋を架けるべく、この山宮氏神二つの祭の事実を、材料として利用して見たいといふことである。（同書四四頁）

第三冊の『氏神と氏子』は、日本の神社の本質を先祖を子孫がまつるという氏神にあると考えて、神社の歴史的展開を説いている。その前提となる柳田の仮説は以下の通りである。

私などに言わせると、日本の神社の成立ほど、単純で自然でわかりやすいものは無い。国内の最も大きな御社から、端々の無名の小社にまで共通して、又一方には上世の記録にも表はれ、更に目の前にも幾多の例のあることは、同じ血筋に繋がる者が集まって、共々に同じ祖先の好意に信頼し、又是に感謝しようとするのが、社に於て神を祭り始めた唯一の動機だったといふことである。（『定本柳田國男集』七巻、四一一頁）

「新国学談」三冊の枠組みは『先祖の話』とほぼ同じであるが、視点を神社に置いて、その神社は子孫が先祖を神として祭り、その神は子孫の豊かな生産・生活を守ってくれる存在としている。存亡の危機ともいうべき状況に直面している神社について、国家神道からではなく、民俗から説明することで、今後も神社が変わることなく存続すべきことの理論的基礎を提出したものと理解できる。このことに関連して注目されるのが、「新国学談」ではしきりに「固有信仰」という用語を用いていることである。もちろん柳田における固有信仰という言葉の用例は古くにさかのぼるが、その使用頻度は決して高くはない。「新国学談」では当然のように固有信仰が頻出する。ここにも、戦後の変革のなかで日本古来の民俗が解体するという危機意識が、固有の強調という形で表明されているものと思われる。

和歌森太郎

そして、この三部作を「新国学談」としたことにも注意される。新国学という表現はすでに一九三五年の『郷土生活の研究法』のなかに出てくるが、戦後に改めて民俗学が新たな国学であることを強調したのは、当時の日本文化の状況を危機的と見たことによるものと考えてよいであろう。

和歌森理論の登場と検討　戦後もっとも早く民俗学の世界で活躍した人物の一人に和歌森太郎がいる。和歌森は戦争中から柳田國男のもとに出入りし、民俗学を学んでいたが、本領は宗教社会史であり、卒業論文は『修験道史研究』であった。東京文理科大学の日本史の教員であるが、戦後急激に頭角を現し、若くして代表的歴史研究者になった。その歴史記述には民俗学の知見が多く活かされ、また民俗学と旧来の歴史研究を統合する内容の論考も少なくなかった。その和歌森は民俗学の方法を歴史との関係で位置づけて提出した。その民俗学理論を明示したのが『日本民俗学概説』（一九四七年八月）である。この巻頭の「日本民俗学の意義と課題」において民俗学の性格を以下のように説明している。

> 民俗学とはいふけれど、民俗を研究対象としながら、畢竟《ひつきよう》民俗史を明らかにする目的をもつものとして、これは民俗史学と謂《い》つてもよいやうなものである。その点この学問は、ジー・エル・ゴムが強調したやうにこの学問目的からいふと歴史科学に属する。しかし後にいふやうに、その歴史を構成するための資料としての個々の民俗の取り扱ひ方、乃至《ないし》方法からいふとむしろ社会科学に属する。（『日本民俗学概説』四頁）

つぎに民俗学の研究方法を説くが、そこではまず柳田國男が提示した周圏論と重出立証法を基本的方法とする。説明の順序は言葉の周圏的分布からはじめて、重出立証法におよんでいる。周圏論については「民俗を研究し、民俗史を構成するこの学問の方法として、右の周圏論的観方は一つの有力な指針を与へるであらう」（同書三七頁）と述べて重視しつつ、また周圏的ではないどこかの中心から一方的に伸び移る系統樹的考へ方もあり得るとしつつ、さらに慎重な態度をつぎのように表明する。

　周圏論にせよ、系統樹にせよ、とにかく、これを余り固執することは、或る意味で民俗学研究の結論を方法に用ゐる、といふ奇妙なことになるので、実はそれきりで民俗史を描写することははばかれねばならない。それを念頭におきつつ更に着実な立証法に則して歴史を考へることがよいのである。

（同書三八〜三九頁）

つぎに方法として取り上げているのが重出立証法である。和歌森はこれを重出実証法と呼んでいる。

　民俗にしても、それにかかはる方言にしても、蒐《まと》めたものを並べて見ると、幾分か重なる部分があり、そのずれた部分に又一部重なるものがある。といふ風に重ね写真式につなぎ合はせて行くことが出来る。かうした伸びた一聯《いちれん》の民俗類型集が、そのままその民俗の歴史を描く、といふ風に考へて方法とする。これが最も頼りになることになる。いはば重出実証法である。（同書四〇頁）

ここまではいわば柳田國男の祖述である。言葉は和歌森のものであっても内容は柳田の域を超えるものではない。和歌森の独自性はそのつぎに提唱した方法にある。

　以上のやうに、民俗事実そのものを重出実証的に考へて歴史を作る場合と、その方言を重出することにより併せてさうする場合とがあるが、かういふ方法を更に精細にたすけるには、何といっても（中

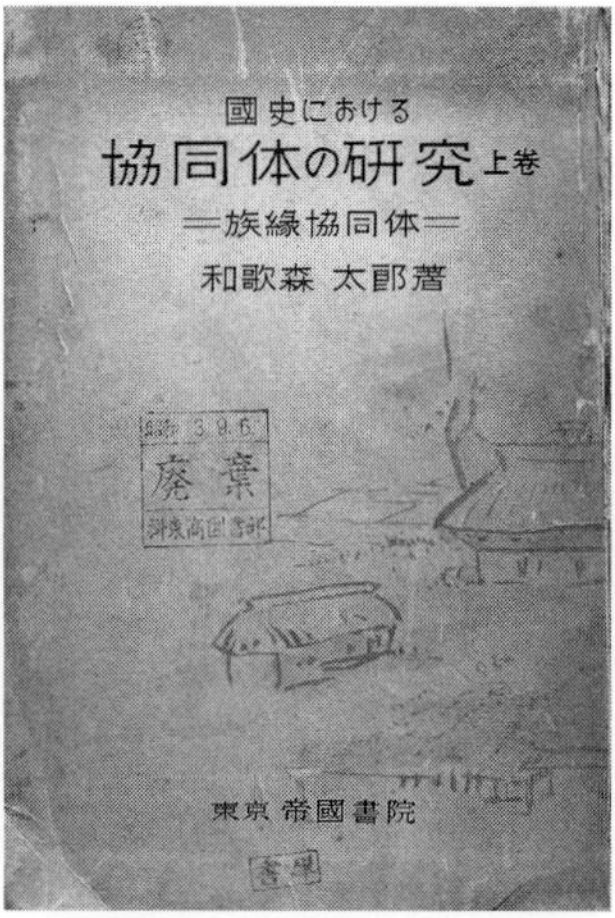

和歌森太郎『国史における協同体の研究』上巻

> 略）、或る民俗の型を荷ふ協同体の文化度乃至《ないし》社会型に照らして見ることが望ましい。すなはち私どもは史料採集として民俗採訪を行ひその資料を研究するのだが、一一の民俗がどういふ社会型のところに行はれてゐるか、又どういふ文化度のところに保たれてゐるかするどく見ねばならない。社会構成の基本的形式として、同族協同体が村落の単位となつてゐる形から、組的協同体がさうなつた形へと推移してゐることは、今日ほぼ疑ひない社会史の通則であるが、そしてそれは文化度の低いものから高いものへの推移と応じてゐるが、どの程度の高低かは問題としても、とにかくさういふ社会史的動きのどこに、一一の民俗が位置づけられ、意味をもたされてゐるかを、たえず資料整理の上に考慮しておけば、少くも社会的意義の大きい民俗の——さういふものはけつきよく民俗学研究上意義ある問題であるが——歴史を編む上に、よりよい照準を得ることにならう。（同書四五〜四六頁）

民俗事象を、それを保持し行っている地域の社会型とか文化度によって位置づけ歴史的展開を考えるというものである。その社会型とか文化度については必ずしも明確ではない。同族協同体から組的協同体へという通則があることを述べて、それのどちらになるかを判断することを示唆するにとどまっている。

和歌森は同じ一九四七年八月に『国史における協同体の研究上巻—族縁協同体—』を出版した。これは和歌森の代表作の一つになった意欲的な著書であるが、その「緒論—課題と方法—」において自己の立場を資料論に重点を置いて述べている。和歌森は歴史を明らかにする史料を大きく遺文・遺形・遺習に区分し、遺文が文献史料、遺形が考古学的史料、そして遺習を民俗学的史料とした。その位置づけについて以下のように述べている。

遺習を主たる史料として、遺文遺形の乏しき、日常的類型的性質の生活事象の歴史、特に庶民生活史を研究せんとする学問が、近時新興しつゝある民俗学である。(『国史における協同体の研究』上、二三頁)

そして、民俗学の方法について周圏論・重出実証法を紹介した上で、以下のように述べている。

斯《か》くの如き周圏論、重出実証法などは全く大体の原則であり、民俗学の発達に伴ひ、更によりよき方法が考案せられることが期待される。要は遺習の行はれて居るところの社会型、ひろく文化度を基準にして考へを立つることが肝要である。とともに文献史料の上に極力かかる遺習を探り求め、ほぼ如何なる文化度の社会にこれが現れてゐるかをつきとめる。

右の如くして、歴史研究は、遺文、遺形、遺習等広汎に深く探り集められねばならぬし、採集されたるものは、互に補足的に利用されつつ、一歩にても近く、十全たる歴史的事象の描写、歴史的認識の対象構成に迫らねばならぬ。(同書二六〜二七頁)

基本的には『日本民俗学概説』と同じ考えを同じ言葉で表明していると言える。『国史における協同体の研究』本文自体は、歴史的時代区分にもとづき、縄文時代からはじまり、平安時代までの族縁協同体を記述するものであり、時代区分を優先させるとともに、根拠はもっぱら文字資料に置いており、旧来の歴史研究の方法によるもので、全体としては民俗学の著作とはいえない。

和歌森の民俗学方法論について当時どのような反応があったのであろうか。『民間伝承』一二巻一号（一九四八年一月）の「民俗学研究所報」は第一三回研究例会が十月十一日に二一名の出席で行われたことを記録しているが、その内容は「和歌森太郎君近著『日本民俗学概説』を中心に関敬吾君を主とした合評会。和歌森君が民俗学の目的は民俗史の構成にあり、その限り民俗学は歴史科学に属するが民俗資料は社会学的に扱かふとする点につき一貫せぬ矛盾ありとして活潑な意見の交換が出た」というものであった。この論にはじまって、民俗学と歴史学との関係が議論されるようになった。

民俗学研究所の第二九回研究例会（一九四八年八月）は神島二郎によるサムナーの『Folkways』の紹介、ついで関敬吾「民俗学の方法論」の報告があった。関敬吾は日本民俗学の方法として歴史的・地理的・社会的・心理的の四つの方法があるとした。この四方法の並列主義に対して、柳田國男は「『歴史は我々の目的であつて方法ではない。我々は今迄の不完全な歴史の完成、言葉を換へて言ふならば、現在我々の行つてゐる生活の原因を探求するのが民俗学の目的である』と我々のとるべき方法を明示され」たという（『民間伝承』一二巻八・九合併号、一九四八年九月）。関敬吾の発表は和歌森の論を念頭に置いて行われたものであるが、柳田國男は和歌森の主張にはふれず、歴史との関係で民俗学を考える立場を改めて強調した。

なお、この時期の和歌森は立てつづけに民俗学に関わる著書を刊行し、多くの論文を発表している。著書では、一九四七年に『日本民俗論』、翌四八年七月に『生活の歴史』、四九年七月に萩原龍夫と共著で『年中行事』、五〇年八月に『中世協同体の研究』、五一年一〇月に『歴史と民俗学』、五三年六月に『日本民俗学』である。『日本民俗学』は、四七年の『日本民俗学概論』の改訂版であるが、民俗学に関する説明を「日本人の心性、生活文化の特色を把握」する学問と、大きく変えていた。

Ⅷ　日本民俗学会と民俗学研究所

一　日本民俗学会の成立

1　九学会連合

六学会連合から九学会連合へ　一九四九年四月に民間伝承の会は日本民俗学会と改称した。一九三五年の日本民俗学講習会参加者を中核として民間伝承の会が組織され、月刊の機関誌『民間伝承』を刊行してきた。民間伝承の会は事実上日本の民俗学研究の中心的学会であった。戦争末期の休止状態を経て、戦後ふたたび活動を開始した。戦後の民主化に象徴される新たな動きは、大衆とか庶民あるいは時には人民という言葉で示される名も無き多数の人々の歴史や文化を重視することとなり、そのような人々の歴史を追究してきた民俗学が注目されたり、期待される機会が急速に増えた。すでに指摘したように、戦後の社会科教育が民俗学と非常に近いと考えられ、短期間ではあったが、密接な関係が形成された。民俗学が単なる好事家の趣味ではなく、重要な意味をもつ学問研究と見られることも出てきた。そして、そのことが他のアカデミックな諸学問と共同したり、協力したりする機会を多くした。その代表的な存在が九学会連合の結成であった。

九学会連合は、一九四七年に六学会連合としてはじまった。参加した学会は日本人類学会、日本社会学会、日本考古学会、日本言語学会、民間伝承の会、日本民族学協会の六つで、その第一回連合大会を一九四七年五月に開催した。個別の学会が年次大会をいまだ開催できない状況のなかで連合大会を開催したことにより、各個別学会の大会を兼ねる面があった。そして、翌年の四八年には新たに日本地理学会と日本宗教学会が加わり、八学会連合となった。その第二回連合大会は五月に稲を共同課題として開催された。それ以降毎年五月に九学会連合大会が開催された。その大会の記録は『人類科学』という年報として刊行された。

九学会連合では民間伝承の会、すなわち民俗学が他の既成のアカデミックな学問と対等に参加し、対等に議論することが行われた。いまだかつて無かったことである。民俗学（民間伝承の会）は九学会連合において参加諸学会のなかでもっとも熱心に活動したと評価できる。第二回連合大会の課題に対応して、四八年の四月刊行の『民間伝承』一二巻三・四号で「稲と民俗」の特集を組んだほどである。その後、一九五〇年に日本心理学会が加わり、九学会連合となった。

九学会調査　九学会連合といえば、毎年日本各地の特定の地域を画して共同調査を行ったことで知られる。その最初は対馬《つしま》の調査であった。当時はまだ八学会連合であったが、その調査は一九五〇年七月から対馬を対象に共同調査を開始することを計画した。タイミング悪く朝鮮戦争が勃発し、予定を若干繰り下げて実施された。この調査には日本民俗学会は三班を編成して参加した。

このようなアカデミックな人文系学会の仲間入りをすることが民俗学として学問的自覚を高め、形式上の対等性を示すために他の学問研究組織と同じ形、すなわち学会を名乗ることが考えられるようになった。

もちろん九学会連合のみが契機ではない。社会科教育に大きな役割を果たすということも、学会を名乗る必要性を高めた。

九学会連合の共同調査は一九五〇、五一年度の対馬を皮切りに、五二、五三年度に能登、五五年度から五七年度までの奄美、五九年度からの三年間の佐渡、六三、六四年度の下北とつづけられた。いずれの調査に際しても、日本民俗学会は熱心に参加し、重要な一翼を担った。当時の民俗学は大学に籍をおいて研究する者は少なく、長期にわたって調査に参加できる人は限られていた。そのなかで瀬川清子の活躍が顕著であった。対馬、能登、奄美と参加し、報告書に執筆している。

その調査対象は、いずれも地域的にはかぎられた範囲であったが、特定の村落ではなく、多くの村落を含む広域的な地域であった。九学会連合は、フィールドワークを行う人文・社会科学の連合であったが、地域の調査に不可欠な歴史研究の学会は参加しておらず、問題を残した。また調査は、各学会が調査班を編成して行ったため、学際的な調査研究にはならなかった。そして、各学会でも、九学会に参加する研究者が特定の人々にかぎられる傾向が生じ、それぞれの学会の全体の活動にはならなかった。そのため、九学会連合の活動はマンネリになり、低調になっていった。

2　民間伝承の会から日本民俗学会へ

改称問題　日本民俗学会と名乗ることに柳田國男は必ずしも積極的ではなかったとされる。一九四九年三月一日に折口信夫が柳田國男を訪れ、民間伝承の会を日本民俗学会とすることを進言したという。それに対して、柳田國男は反対し、怒って二階へ上がってしまった。そこで折口は「これで決まりました」

といったというエピソードが残っている。柳田は折口の提案を怒りながらも黙認したのである。学会を名乗る必要性を感じていたということであろう。

早速三月の『民間伝承』につぎのような会告が掲載された。その理由は「一層学会らしい会へと発展」するためであった。

会　告

このたび、委員並に在京評議員一同の協議にもとづき「民間伝承の会」の会名を「日本民俗学会」と変更することに致しました。思へば、民俗学研究所が公式に発足してより一年、日本民俗学の学的確立は世間、学界のひろく認めるところとなりました。それで私たち民間伝承の研究に従ふ学徒も、いよいよ責任の重大なるを痛感しつつ、ますますこの学問の充実と向上とを期し、たくましく勉励して居る次第であります。かやうな学界の趨勢にかんがみ、本会も一層学会らしい会へと発展すべく、創設以来のなつかしい名ではありますけれども、「民間伝承の会」の名を廃し、「日本民俗学会」と称することに定めたのであります。一般の会員の方々もこの趣旨を諒とせられ、本会の活動のために、また日本民俗学の進歩のためにさらに一段の御協力を賜はりますやうお願ひしたいと存じます。なほ、民俗学研究所と本会との関係は、従前の通りであります。いはば研究所の外廓団体としての機能をも帯びて活動をつづけたいと望んで居ります。それから雑誌「民間伝承」の誌名はそのままとして行きます。会長にはやはり柳田先生を推戴申すこととし、この旨御承諾を得ました。なほ新会則（次号に発表の予定）の制定までは評議員も、従来お願ひして来た方々を煩はしたく存じます。委員には、さしあたり左記の五名が当ることに決しました。

堀一郎、大藤時彦、和歌森太郎、萩原龍夫、竹田旦《あきら》

◎従来民俗学研究所において毎月第二日曜日に開いて参りました談話会は、今後日本民俗学会の月例談話会といふことに致します。しかし開催の時日、場所、形式は、すべて従前通りであります。(『民間伝承』一三巻三号、一九頁)

日本民俗学会会則の制定　そして、翌四月号には新たに制定された日本民俗学会会則が掲載され、その組織を明確にした。会則は以下の通りである。

日本民俗学会会則

昭和二五年四月一日制定

第一条　本会を日本民俗学会と称する

第二条　本会は民俗学の研究と指導・資料の採集調査・会員相互間の連絡をはかることを目的とする

第三条　本会の目的を達成するために左の事業を行う

イ、「民間伝承」(月刊)及び会報、その他の図書を発行する

ロ、年一回大会を開催する

ハ、毎月一回民俗学談諸会を開催する

ニ、随時講座・講習会・講演会等を開催する

第四条　本会の会員は本会の目的に賛同し、会費を前納するものとする

第五条　入会に際しては常任委員会の承認を得るものとする

第六条　本会会員は「民間伝承」及び会報の配付を受け例会並びに大会に出席し得るものとする

第七条　本会に左の役員を置く
　会長一名　初代会長を柳田國男とし任期を定めない
　顧問若干名　会長の委嘱による
　評議員若干名（任期二年）会長の委嘱による
　常任委員若干名（任期二年）評議員中より、会長の委嘱により、企画・編集・会計その他の会務
　　を執行する
第八条　会員十名以上を有する地方には部会を設けることを得る
第九条　本会の本都を東京都世田ヶ谷区成城町六三一番地におく
第十条　本会の会則は評議員会の議決を経て変更することを得る
会費規定　当分の間年額四八〇円、但し三ヶ月以上の分納を認める
会計事務　東京都杉並区阿佐ケ谷五丁目一番地　戸田謙介（『民間伝承』一三巻四号、二三頁）

基本的には民間伝承の会の組織運営方式を維持しており、特に新しい点はないといってよいであろう。初代会長は柳田國男であり、その任期を定めないとして、いわば終身会長として設定している。そして、会の役員は、評議員、常任委員ともに会長の委嘱であり、柳田國男会長の強力な指導性を認めた組織となっている。この規定は民間伝承の会と同一の内容である。

これ以降、民俗学研究所と日本民俗学会が車の両輪となって、民俗学研究が活潑に展開することとなった。日本の民俗学史のなかでもっとも研究が進展した時期であると評価できよう。

財団法人日本常民文化研究所　渋沢敬三の私財で維持されていた日本常民文化研究所は、敗戦後の渋

沢の公職追放、財閥解体によって、その財政的基盤を失い、活動力もなく、苦しい状勢におかれていた。それを救うべく考えられたのが国の補助金の獲得であった。当時漁業制度改革が進められつつあったが、その基礎的な資料の調査を日本常民文化研究所が引き受けるということで、補助金を得、研究所の再起を図った。そうなると法人格のない任意団体では不適切ということで、日本常民文化研究所の財団法人化が進められることとなった。一九五〇年十一月に「財団法人日本常民文化研究所設立趣意書」が作成された。そこにはつぎのように説明されている。

> 研究所は戦争と戦後の荒廃によって一時中絶の状態にあったが昨一九四九年九月水産庁より漁業制度資料調査保存事業を受託すると共に、同人相寄新しい陣容を以て再び活動を開始し、この再開とともに事業は急速に発展して特異な公益事業団体として水産庁、文部省その他諸方面よりの補助寄付等相つづくにいたつたが、これら諸官庁補助受入態勢のためにも更に各種事業遂行のためにも、任意団体では支障が少くない。

この財団法人日本常民文化研究所はその年の十二月に設立が認可された。設立時の理事長は桜田勝徳、理事は有賀喜左衛門・宇野脩平・楫西光速《かじにしみつはや》・竹内利美・羽原又吉《はばらゆうきち》・宮本馨太郎《みやもとけいたろう》であり、渋沢敬三は石黒忠篤・小泉信三《こいずみしんぞう》・土屋喬雄《つちやたかお》とともに顧問となっている。同人には多くの研究者が名前を並べた。民俗学研究者・民族学研究者・歴史学者が並んでいるが、民俗学研究者が多い。柳田國男自身の名前はないが、柳田國男門下と見なされる研究者は多く含まれている。ただし、そこに東京文理科大学・東京教育大学系の研究者は一人もいないことが注目される。日本常民文化研究所の活動は、漁業制度に関する資料調査に活動の中心を置くことになり、これ以降中世・近世の社会経済史研究者の活動が顕著になる。

二　車の両輪の学会と研究所

1　『海村生活の研究』と離島調査

『海村生活の研究』　戦前、山村調査についで実施された調査にいわゆる海村調査がある。海村調査は一九三七年から実施された。当初は三年計画であったが、補助金を打ち切られたため、二年間で終わった。調査したのは三〇ヵ所であった。その成果は、山村調査と同様に、出版されるはずであったが、戦時体制下ではかなわず、戦後に持ち越された。一九四九年四月にようやく、柳田國男編『海村生活の研究』が日本民俗学会から刊行された。この四月には民俗学研究所の事業として全国民俗誌叢書の刊行が開始され、その第一冊目として柳田國男『北小浦《きたこうら》民俗誌』が出された。民俗学研究が活発になったことを示すものであった。

『海村生活の研究』は『山村生活の研究』と同じように、一〇〇の調査項目のうち、比較的資料が集まった事項について、事項ごとに各地の事例を並べて記し、その傾向を示すというものであった。収録した項目は二五項であった。内容的には、漁村の特質を示す項目が多く、漁撈の労務組織、漁場使用の制限、漁獲物の分配、背後農村との交渉、出漁者と漁業移住、海村婦人の労働、蜑人《あま》の生活、船に関する資料、漁撈と祝祭、海の怪異、海より流れ寄るもの、海へ流すもの、海辺聖地、海上禁忌など一四項におよぶ。日本の沿海村落の民俗が具体的に明らかにされたといえるが、民俗全般におよんでの調査成果でなかったため、山村調査の成果ほどその後活用されることはなかった。

離島調査　この『海村生活の研究』の刊行を無事に終えたところで、民俗学研究所はつぎの調査対象を全国の離島に設定し、文部省科学試験研究費を申請し、それが採択された。翌五〇年から全国離島調査を開始した。正式名称は「本邦離島村落の調査研究」であり、五〇年度から三年間の科学研究費補助金で実施された。山村・海村調査と同様に、「離島村落調査項目表」を作成し、それを記載した『離島採集手帖』を持参して行われた。そこには以前にはなかった世帯調査や人口移動の数量的把握も含まれていた。海村調査の際に用いられた『採集手帖』への反省から、調査から報告まで通して用いる調査手帖方式を破棄し、調査用の調査項目と結果の報告様式を分離して、別々に設定することが試みられた（桜田勝徳「離島沿海僻村の共同調査項目作成に当って」『民間伝承』一三巻八号、一九四九年）。後者の報告様式は、調査地の特色に応じて調査者が判断して作るようにし、あまり詳細な基準を設けないこと、また地図や図表を用いての整理も考えていた。

計画では六〇あまりの離島を調査することになっていたが、実際には三〇あまりにとどまった。この調査の成果は、『山村生活の研究』や『海村生活の研究』のような、項目ごとに各地の調査結果を集める名寄せ方式を採用せず、調査対象の離島ごとに整理し、記述する方式であった。民俗誌としての報告が構想されたといえよう。調査結果のうち陸前江《え》の島《しま》、越後粟島《あわしま》、能登能登島、備中白石島《しらいしじま》、豊後姫島《ひめしま》、肥前宇《う》久《く》島《じま》、肥前樺島《かばしま》については中間報告の形で『民間伝承』一五巻四号（一九五一年）に発表された。しかし、この報告書の刊行は、民俗学研究所解散のため遅延し、ようやく一九六六年に日本民俗学会編『離島生活の研究』として刊行された。

2　全国民俗誌叢書

各地民俗誌の計画　一九四九年四月には柳田國男の『北小浦民俗誌』および宮本常一『越前石徹白《いとしろ》民俗誌』が全国民俗誌叢書の第一回配本として刊行された。『山村生活の研究』、『海村生活の研究』がいずれも、項目別に各地の事例を集めて記述するという方式をとり、問題別の比較研究のための資料提供および資料の傾向を示そうとしたものであったが、これに対する問題点は『山村生活の研究』への批判として早くは山口麻太郎によって提起されていた。地域に即して民俗を把握記述すべきであるという提案であるが、それは調査当事者からは表面上は拒否された。しかし、提起は重要な内容を含んでいた。

そして、各地の断片的な事例を問題別に集めて比較するという『山村生活の研究』的整理記述の方法は、戦後の各人文社会科学のフィールドワークによる研究が進展するなかで、古くさい安易な方法と見なされる傾向が出てきた。地域に即して民俗を把握し、理解するという方法への転換はしだいに明確になってきた。民俗学研究所は民俗誌叢書の刊行を計画し、すでに一九四七年十月には最初の五冊の書名・執筆者も公表されていた。計画では一〇〇冊の刊行が計画され、その書名予告されたのは一八冊であったが、実際に全国民俗誌叢書として出たのは、一九四九年から五一年までの間に七冊であった。すなわち、『北小浦民俗誌』(海村調査、新潟県)、宮本常一『越前石徹白民俗誌』(福井県、一九四九年四月)、瀬川清子『日間賀《ひまか》島《じま》民俗誌』(海村調査、愛知県、一九五一年四月)、今野円輔《こんのえんすけ》『檜枝岐民俗誌』(福島県、一九五一年六月)、大間知篤三『常陸高岡村民俗誌』(山村調査、茨城県、一九五一年七月)、桜田勝徳『美濃徳山村民俗誌』(山村調査、岐阜県、一九五一年七月)、そして最上孝敬『黒河内民俗誌』(山村調査、長野県、一九五一年十月)である。

この七冊は、山村調査の成果としての民俗誌が四冊、海村調査の成果としての民俗誌が二冊、そして二つの調査とは関係のない個人的調査による民俗誌二冊という内訳であった。基本的には、山村・海村調査の調査結果を調査地ごとに記述して民俗誌として刊行するというものであった。

各民俗誌の巻頭には柳田國男の「各地民俗誌の計画について」という文章が置かれている。そこでは、各地の民俗誌を一〇〇冊出して、それを基礎に綜合索引を作る構想であること、そして今回の民俗誌は市町村という広域ではなく、小さい部落を単位に作成することを述べている。民俗誌が行政的単位ではなく、そのなかに含まれてしまっている村落を単位に作成されるべきであるという考えを表明していることは重要である。民俗の生成・伝承の単位をそこに認めていたといえよう。

『北小浦民俗誌』　第一回配本が柳田國男の『北小浦民俗誌』であったことは、この叢書の商品性を高めるためのものであったと推測されるが、それに間に合うように柳田國男自身が原稿を書き下ろした情熱と使命感をそこに見なければならない。もちろん情熱と使命感は全国民俗誌叢書を成功させたいという思いであるが、それに加えて若くして亡くなった倉田一郎を追悼しての著述であったことである。

すでに有名な話になっているが、柳田國男は『北小浦民俗誌』の対象地である佐渡の北小浦という村落を一度も訪れていない。「あとがき」で表明しているように、一九二〇年に佐渡を旅したときに、海上から北小浦を見ただけであった。おそらく無名のごく小さな集落である北小浦をそのとき認識することはなかったものと思われる。まったく行ったことのない村落の民俗誌がどのようにしたら書けるのか不思議なことといえる。そのことを「あとがき」で「倉田君が不慮に世を去って、遺編空しく伝わるのを見ると、今度のような民俗誌の企てがなくても、なお私は代ってこういう一書を、まとめておくのに躊躇をしなかったであろう」と述べている。すなわち一九四七年五月に急逝した倉田一郎の遺した『採集手帖』をもとに記述したのが『北小浦民俗誌』であった。『北小浦民俗誌』は倉田の手帖に記載された内容を活用して、北小浦という小さな村落の民俗を記述している。しかし、読んでみるとすぐに気づくことであるが、記述内容は北小浦に行われていたり、伝えられているとは判断できない記述が非常に多い。北小浦を越えた内海府、さらに外海府、さらに日本全国の一般的な様相や変遷の仮説が多く出てくる。ほとんど北小浦という地名にはこだわっていないように思える民俗誌である。むしろ柳田の民俗についての解釈や仮説を示そうとしたものといえる。逆にいえば、民俗の変遷や一般的な傾向はここ佐渡のごく小さな村落である北小浦にも貫徹しているという考えを表明しているとも考えられる。かつて柳田が表明した「郷土で日本を」を実践した民俗誌といえるかもしれない。

全国民俗誌叢書として刊行された他の民俗誌は、あくまでも調査対象地域に限定して記述しており、他の地方と比較したり、あるいは全国的な傾向を示したり、全日本的な変遷過程を提示したりしていない。その点で民俗誌としては特異な一冊といえる。柳田のみが著すことができた民俗誌ということになろう。しかし、この『北小浦民俗誌』が倉田一郎の『採集手帖』にもとづいているという点を、柳田の「あとがき」での表明を信じて多くの読者は納得してきた。ところが、検討してみると、柳田は倉田のノートには書かれていない事象も記述し、逆に倉田のノートに書かれながら採用していない事象も見られるのである。ますます、『北小浦民俗誌』は北小浦に場を借りての柳田の仮説を提示した書物といえる。その点では、民俗誌という書名を無視すれば、他の多くの柳田の著書と同じ作法にもとづく著書ということになる。

『北小浦民俗誌』をどのように評価するかは、民俗誌のあり方との関連で、また柳田の研究方法との関連で議論されることとなった。その議論は、民俗学研究者はあまり関与せず、社会学者や文化人類学者が高く評価する形で行われ、『北小浦民俗誌』を実証的に検討し、その問題性が明らかになるのははるか後のことである。

民俗誌叢書の内容　全国民俗誌叢書として刊行されたものは予告と違い、七冊で終わった。すなわち宮本常一『越前石徹白民俗誌』（一九四九年）、瀬川清子『日間賀島民俗誌』（一九五一年）、今野円輔『檜枝岐民俗誌』（一九五一年）、大間知篤三『常陸高岡村民俗誌』（一九五一年）、桜田勝徳『美濃徳山村民俗誌』（一九五一年）、最上孝敬『黒河内民俗誌』（一九五一年）である。柳田國男の『北小浦民俗誌』を除く六冊の全国民俗誌叢書の内容は、調査報告書に徹しているといってよい。基本的には、最初に対象地を訪れたときの様相・印象・交通を述べてから、本文にはいるという形式である。記述の順序は社会経済的事項から行事・儀礼、そして信仰におよぶというもので、ほぼ統一されている。しかし、内容構成はそれぞれの地域に即して取捨選択が行われており、すべて同じ構成というわけではないし、表現も異なっている。おそらく構想段階で協議はしたであろうが、民俗誌としての組み立てについては各人の判断に委ねられたものと思われるし、その結果地域の個性と著者の問題意識が反映する記述になっているといえる。

しかし、この民俗誌叢書は単に個別地域の民俗を総体的に理解するためのものではなく、やはり柳田國男の主張する比較研究に対応するものであることを叢書全体の組み立てで示していた。記述においては、かつての山村調査に際して出された注意事項の一項目である、解釈を入れずに「客観的」に記述することが心がけられ、また民俗語彙を重視し、民俗語彙を片仮名で表記することが行われた。そして索引が必ず巻末に掲載された。そこには民俗語彙を中心に収録され、五十音順に配列されている。民俗語彙を索引から取り出すことで比較研究を行うという方法を前提にして全国民俗誌叢書は作られているのである。

なお、七冊の民俗誌は東日本に偏っている。西日本を対象とした民俗誌は刊行されず、福井県石徹白、岐阜県徳山がもっとも西の地域として、すべて東日本の民俗誌である。予告には多くの西日本の地域が含まれていたのであるから、たまたま早く原稿が完成したのがこの七つの地域ということになり、これは偶然といってよいが、そこには当時の民俗学研究の担い手が東京一極集中であり、その結果東日本に偏ることになったという事情は間違いなく存在するといえよう。

『北小浦民俗誌』以外の六冊の民俗誌が作り出した記述構成や記述態度はその後の民俗調査報告書のスタイルとなった。その配列、記述のスタイルなどは各種の民俗調査報告書に受け継がれた。

3　年会の開催

第一回年会の開催　日本民俗学会となって新しくはじめた大きな事業が年会の開催である。現在も毎年秋の十月上旬に開かれる日本民俗学会年会は、一九四九年九月に第一回が開催された。第一回年会は九月二十三・二十四日に東京の朝日新聞社講堂で公開講演、國學院大学で研究発表が行われた。二十三日午後の公開講演は柳田國男「日本を知る為に」、萩原龍夫「家の祭と村の祭」、折口信夫「日本民俗学の領域」の三つであった。翌日の研究発表は一二本であった。
柳田の講演は、日本民俗学会の活動の目標を三点示した。第一は、各地に居住する研究者の相互連絡と中心機関としての学会からの声援と激励を行うこと、第二に重要な研究課題は地方に存在し、またその資料も各地に残っているので、それらを整理整頓していつでも利用できるようにしておく機関が必要であること、そして第三に世間の民俗学への理解は不十分であり、好事家的な趣味の学問と考えられているのに対して、実生活に貢献しようとしている民俗学の役目を広く理解させるために学会は働くというものであった。そして一国民俗学としての立場を強調し、未来を考えるために歴史を明らかにすることを課題として示している（柳田國男「日本を知る為に」『民間伝承』一三巻一一号、一九四九年）。

会則変更　日本民俗学会が学会として活動することは年一回の年会で示されることとなった。第二回年会は一九五〇年九月三十日・十月一日に東京で開かれ、この総会で一年前に決めた会則を変更し、会長制を廃止して、五名の理事のなかから代表理事一名を互選して就任し、会を代表することとなった。初代の代表理事は堀一郎であった。これ以降の日本民俗学会は、五名の理事の下に委員と称する若手研究者の実務担当者が組織され、会務を執行するという重層的組織となった。一九五〇年に委嘱された委員は九名であった。

第三回年会は五一年十月に東京で開催されたが、この年会は柳田國男喜寿記念会を兼ねたものであり、記念講演会は岡正雄「民族学と民俗学」、西田直二郎「身振りの伝承」であった。第四回は初めて会場を大阪に移し、五二年十月に開催された。第五回は東京で開催し、それから第八回までは会場は東京であった。第九回年会は一九五七年十月に岡山で開催された。これ以降欠けることなく今日まで開催されてきている。年会開催地は東京都とそれ以外の地方が交互に開催することが原則となったのは、一九六六年の第一八回年会が群馬県前橋市で開催されて以降である。

年会には研究発表が不可欠であるが、第一回は一二、第二回は一三、第三回は一六、第四回が一九としだいに増加し、第五回年会で二一となった。しかし、現在のように一〇〇前後の発表になるのは一九九〇年代になってからのことである。年会は一、二本の公開講演と一〇あまりの研究発表で行われるということが久しくつづいた。

4　民俗学研究所の出版活動

『民俗学研究』　民俗学研究所は専任の研究員を擁し、民俗学研究を推進する機関であったが、非常に熱心に進めたのが出版活動であった。一九四九年には民俗学研究所編『民俗学の話』を出版した。これは社会科教育の発足に対応して、民俗学の意義を分かりやすく説こうとした入門書である。またこの年に、研究所の紀要としての性格を持つ『民俗学研究』を創刊した。『民俗学研究』はわずかに三輯までで終刊となるが、そこには今までに見られなかった本格的な論文や調査報告が毎号収録されている。

『民俗学研究』では大きな論文や長い調査報告が発表された。第一輯（一九五〇年）には大間知篤三「足入れ婚と其の周辺」、和歌森太郎「村の伝承的社会倫理」、第二輯（一九五一年）では最上孝敬「両墓制について」、萩原龍夫「家の祭りと村の祭り」、宮本常一「亥の子行事」、第三輯（一九五二年）に堀一郎「民間信仰に於ける鎮送呪術について」、千葉徳爾「座敷童子」が論文として収録された。

『民俗学辞典』　民俗学研究所の出版活動のなかで、現在なお印刷されつづけ版を重ねているのが『民俗学辞典』である。一九五一年一月に出版された。これも社会科を念頭に置いて編纂された。総項目八九七で、民俗学の重要事項を設定して解説している。一項目の解説はそれほど長文ではなく、中項目の事典といえる。その解説は当時の状況から当然のことであるが、柳田國男の説を基礎に置いており、辞典全体が柳田國男の研究成果を易しく説明するという性格を持っているといえる。解説は無署名であり、民俗学研究所の責任の下に編纂されたことを示している。

後に項目ごとの執筆者は、編纂事務を担当した井之口章次によって公表されている（井之口章次『民俗学辞典』の執筆者一覧」『民間伝承』四五巻二号、三号、一九八一年）。それによれば、柳田國男が執筆した項目はわずかに一項目で、「にらいかない」のみであった。このことは当時柳田がいかに沖縄に関心を持っていたのかがよく分かるともいえる。鉢巻・木印・いるか・いべなど他にもいくつかの項目を柳田が執筆することになっていたが、結局執筆されることなく、井之口が代わって執筆したという。その他に、御伽噺《おとぎはなし》・鼠浄土・人柱など、柳田の著作を要約して項目の原稿としたものがあるという。項目の多くを執筆しているのは、当然のことながら民俗学研究所の関係者である。総論の民俗学・民俗学史・民間伝承などは大藤時彦、民俗資料・民俗語彙・方言周圏論などは大間知篤三、基層文化・郷土研究は和歌森太郎、そして比較研究法は直江広治、常民は牧田茂である。しかし、執筆者名が記されていないように、多くの項目は編集委員による加除修正が少なからず加わっていると考えられる。「民俗学研究所報二七」（『民間伝承』一四巻一〇号、一九五〇年）には、「民俗学辞典の編輯も着々と進み、大間知、大藤、直江、和歌森、井之口の諸氏は七月末から八月末まで約一ヶ月能田氏宅に合宿して読み合せを行つた、この冬には出版される予定」と記されている。各項目には文末に参考文献が掲げられているが、多くが柳田國男の著作である。このように、いたって柳田色の濃い民俗学辞典であり、柳田の説や仮説を知るには便利な一冊となっている。

比較研究法の項目で、民俗学の研究法が記述されている。一般には知りがたかった民俗学の方法がはじめて簡略に説明された。その比較研究法は、各地から類例を集積し、それらを類型化し、各類型の要素を分析して、その組み合わせを比較することで、類型間の新旧そして変遷過程を明らかにすると解説し、こ

FOLKLORE AS AN HISTORICAL SCIENCE

BY

GEORGE LAURENCE GOMME

WITH TWENTY-EIGHT ILLUSTRATIONS

METHUEN & CO.
36 ESSEX STREET W.C.
LONDON

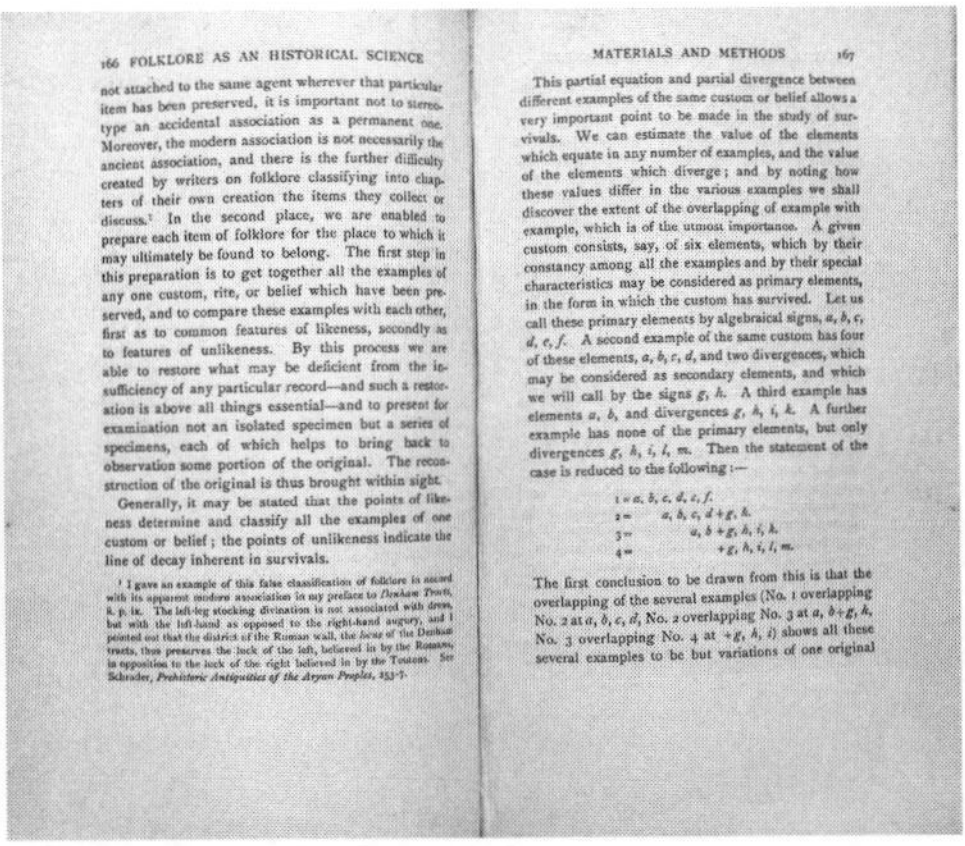

166 FOLKLORE AS AN HISTORICAL SCIENCE

not attached to the same agent wherever that particular item has been preserved, it is important not to stereotype an accidental association as a permanent one. Moreover, the modern association is not necessarily the ancient association, and there is the further difficulty created by writers on folklore classifying into chapters of their own creation the items they collect or discuss.[1] In the second place, we are enabled to prepare each item of folklore for the place to which it may ultimately be found to belong. The first step in this preparation is to get together all the examples of any one custom, rite, or belief which have been preserved, and to compare these examples with each other, first as to common features of likeness, secondly as to features of unlikeness. By this process we are able to restore what may be deficient from the insufficiency of any particular record—and such a restoration is above all things essential—and to present for examination not an isolated specimen but a series of specimens, each of which helps to bring back to observation some portion of the original. The reconstruction of the original is thus brought within sight.

Generally, it may be stated that the points of likeness determine and classify all the examples of one custom or belief; the points of unlikeness indicate the line of decay inherent in survivals.

[1] I gave an example of this false classification of folklore in accord with its apparent modern association in my preface to *Denham Tracts*, ii. p. ix. The left-leg stocking divination is not associated with dreams, but with the left-hand as opposed to the right-hand augury, and I pointed out that the district of the Roman wall, the *locus* of the Denham tracts, thus preserves the luck of the left, believed in by the Romans, in opposition to the luck of the right believed in by the Teutons. See Schrader, *Prehistoric Antiquities of the Aryan Peoples*, 253-7.

MATERIALS AND METHODS　167

This partial equation and partial divergence between different examples of the same custom or belief allows a very important point to be made in the study of survivals. We can estimate the value of the elements which equate in any number of examples, and the value of the elements which diverge; and by noting how these values differ in the various examples we shall discover the extent of the overlapping of example with example, which is of the utmost importance. A given custom consists, say, of six elements, which by their constancy among all the examples and by their special characteristics may be considered as primary elements, in the form in which the custom has survived. Let us call these primary elements by algebraical signs, *a*, *b*, *c*, *d*, *e*, *f*. A second example of the same custom has four of these elements, *a*, *b*, *c*, *d*, and two divergences, which may be considered as secondary elements, and which we will call by the signs *g*, *h*. A third example has elements *a*, *b*, and divergences *g*, *h*, *i*, *k*. A further example has none of the primary elements, but only divergences *g*, *h*, *i*, *l*, *m*. Then the statement of the case is reduced to the following :—

1 = *a*, *b*, *c*, *d*, *e*, *f*.
2 = *a*, *b*, *c*, *d* + *g*, *h*.
3 = *a*, *b* + *g*, *h*, *i*, *k*.
4 = + *g*, *h*, *i*, *l*, *m*.

The first conclusion to be drawn from this is that the overlapping of the several examples (No. 1 overlapping No. 2 at *a*, *b*, *c*, *d*, No. 2 overlapping No. 3 at *a*, *b* + *g*, *h*, No. 3 overlapping No. 4 at + *g*, *h*, *i*) shows all these several examples to be but variations of one original

ゴム『歴史科学としての民俗学』

ひかくけんきゅうほう

俗學が主として比較研究法を採用するのは、この學問の目的ならびに資料の性質からみて、これが最も有効だからである。民俗學の資料である民間傳承※の著しい特質はそれが記録によらないで受け繼がれてきた點にある。長い年代にわたつて傳承されて行くうちに、少しずつ改變されて行く。しかもこの改變は土地によつて一樣ではない。同一の事柄でも、あらわれる形は地方々々で千差萬別であるのはこのためである。同種の民間傳承について各地の資料を數多く集める場合、その類似と差異が極めて重要な觀點になる。資料の比較によつてその傳承の變遷の過程が跡づけられる筈である。ここに民俗學が方法として比較研究法を用いる根據がある。しからば民俗學では比較研究法を用いて、どのように資料を處理して行くのであろうか。これを圖式的に示してみよう。同種の傳承と考えられる數多くの資料が集まつたら、それを若干の類型に分け、それぞれ要素に分析する。いま假りに次の如く四つのグループに分けられるとする。

(1)　a・b・c・d・e・f
(2)　a・b・c・d……g・h
(3)　a・b…………g・h・i・k
(4)　……………g・h・i……l・m

この四例を重ねてみると、(1)と(2)はa・b・c・dを共通にし、(2)と(3)はa・b・g・hを、(3)と(4)はg・h・iを共通にしている。(1)と(4)とは何等共通の要素を持たないが、(2)と(3)を間に置いてみると、同一の系列に屬する傳承であることが推定される。しかしここに問題が生ずる。a・b・c・dとg・h・iのいずれを本質的要素とし、いずれを第二次的な變化要素とするかということである。ごく大ざつぱに言えば、最初からの本質的要素は、各例證を通じて常に同樣の形式を示し、もし變化を生じているにしても、ごく僅かの差異に過ぎない。これに反し變化要素は、形式が非常にまちまちで、それ自身の類例中でも共通形式を持たないことが多い。本質的要素は殘存中最も古い傳承を形成している。それは本質的なものであるだけに容易に變化しないのである。このように比較によつてある傳承が、(1)から(4)へと變化したことを推定するのである。さらに或る傳承を若干の要素に分析するだけでなく、それが他のどのような新舊の要素と連なりを持つているかを併せ考察する。以上の圖式を簡單に表現すれば、或る傳承に關わる多くの資料を並べて比較してみると、幾分か重なる部分があり、そのずれた部分にまた他の一部が重なる。このように重ね寫眞式につなぎあわせて行くと、そこにその習俗の一つづきの變遷過程が現われてくることになるわけである。民俗學のこうした方法を重出立證法とも呼ぶことがある。

次に民俗資料※の比較に當つて注意すべきことは、資料の質と量の問題である。資料の質に關しては「民俗資料」の項で詳しく觸れておいた。民俗學の比較研究に當つて

『民俗学辞典』
比較研究法の項目

れを重出立証法と呼ぶとした。この要素の組み合わせとその比較によって、類型間の序列、変遷を明らかにするという説明は、一九〇八年に出版されたG・L・ゴムの『歴史科学としての民俗学』において採用されたものであり、ゴムが示した図式がそっくりそのまま用いられた。ゴムの『歴史科学としての民俗学』は柳田國男が早く入手して読んでおり、重出立証法の説明にゴムの図式を導入することには柳田の示唆があった可能性が大きい。

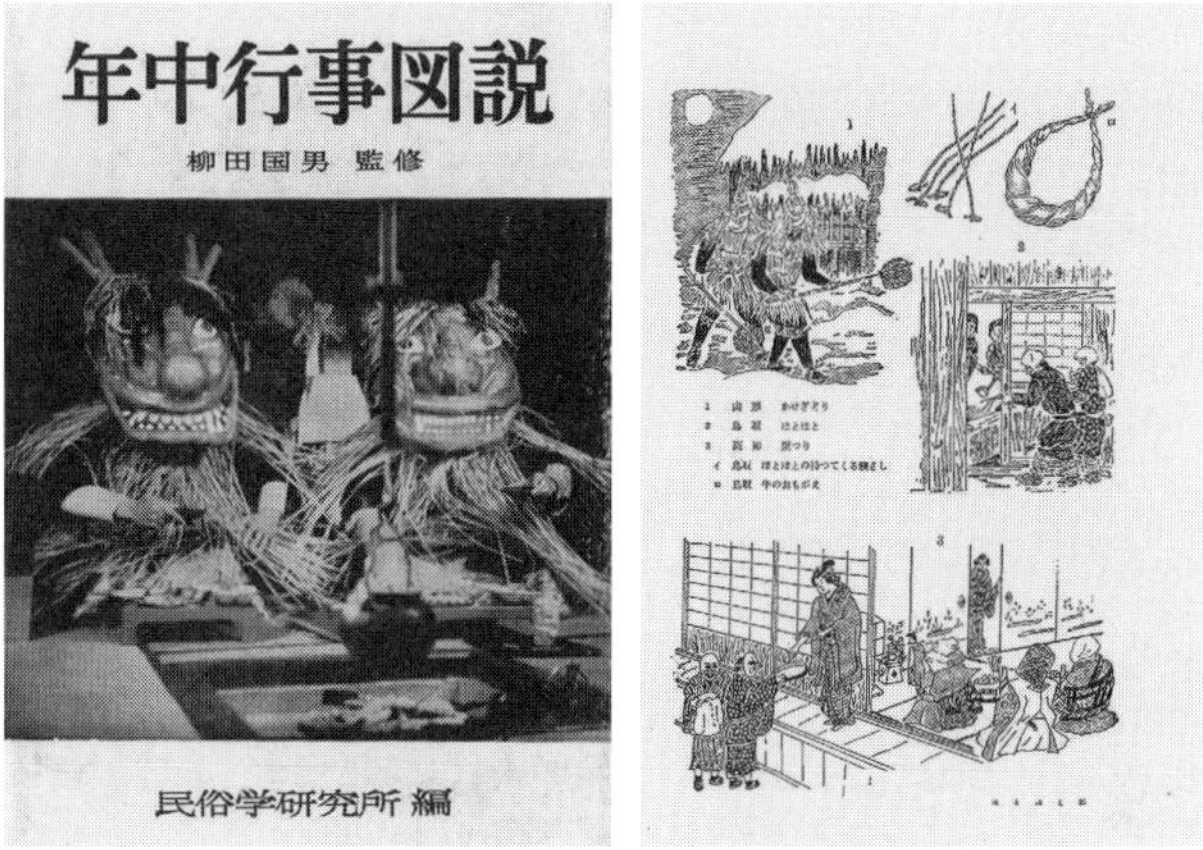

民俗学研究所編『年中行事図説』

『年中行事図説』と『日本民俗図録』

一九五三年には『年中行事図説』を刊行した。これは年中行事を図入りで概観しており、文字・文章では理解できない日本各地の年中行事をスケッチで挿入することで理解できるように配慮したものである。図像を民俗の記述に用いることは挿絵としては古くから行われてきた。特に柳田の『村と学童』（一九四五年）、『村のすがた』（一九四八年）があるが、それらは子供を読者に想定して執筆されたものであり、説明の中心は文章にあり、挿絵は挿絵としての性質が強い。それに対して、『年中行事図説』は、図を主体とした年中行事の解説書である。しかも、同じ事項について各地の様相や事物を並列的に配置して、見ることから共通性と相違を把握させようとしている。描かれた絵は、スケッチ画であるが、行事全体を描くことは少なく、個別の事物に集中している。画期的な書物であるが、年中行事のみであり、民俗全般におよんでいないのが惜しまれる。

一九五四年には『民俗学手帖』を出した。これは民俗学研究の諸分野について、研究上の問題点をわかりやすく解説した入門書として企画されたものであるが、その基礎は一九五〇年から『民間伝承』各号に連載された「問題解説」である。さらに一九五五年には『日本民俗図録』を刊行した。これも文字・文章では理解できない民俗事象を写真によって説明し、概観しようとするものであり、民俗学への分かりやすい案内書となっている。


『綜合日本民俗語彙』　民俗学研究所の出版活動のほぼ最後の、そして最大の事業が、一九五五年から翌年にかけて刊行された『綜合日本民俗語彙』全五巻の編纂である。すでに戦前に各分野別の民俗語彙集を一〇冊刊行していたが、それらの分野別の語彙を統合して、さらにその後の調査結果を含めて、民俗語彙を五十音順に配列し、解説したものである。これは現在なお刊行されているが、この編纂のための作業は民俗学研究所の人員を多く注ぎ込むことになり、結果として研究所を疲弊させることとなった。研究所解散の契機にもなったといえる。

『綜合日本民俗語彙』は、戦前に出された各種民俗語彙集を基礎に、民俗語彙を集成したものであるが、五十音順に全語彙を配列しているため、各語彙の相互の関連性は失われ、完全に個別の語彙の解説になっている点が大きな特色である。戦前の民俗語彙集が、五十音順ではなく、民俗事象の分類にもとづく一定の秩序にもとづいて配列され、読み進むことで民俗事象の相互関連性、そしてそこから導き出される解釈・仮説が示されている。読む語彙集であった。それに対して、今回の総合語彙は完全にその相互関連性は消え去り、民俗語彙のインデックスとしての機能に特化した編纂であった。国語辞典や方言辞典に準じた民俗語彙の辞典であり、特殊な方言辞典という印象を与えたといえる。比較研究法や重出立証法に対応したデータ整理であり、民俗学の方法を示すものであったが、かえって研究資料としての活用は弱くなった。

これらの多くの出版活動によって、民俗学を広く社会に紹介することを民俗学研究所の大きな使命としていたことが分かる。民俗学が社会の要請に応える学問であることを示そうとしたといってもよいであろう。

三　民俗学理論の展開と論争

1　個別研究の展開

『民間伝承』を飾った新研究　民間伝承の会が日本民俗学会と改称し、すでに成立していた民俗学研究所とともに車の両輪となって、柳田國男を中心とした民俗学が日本の民俗学そのものとなって研究を進展させることとなった。月刊の『民間伝承』、民俗学研究所の年報としての『民俗学研究』などを発表の舞台として、つぎつぎに意欲的な論文や調査報告が出されるようになった。

『民間伝承』の誌上に登場した論文としては、大間知篤三「寝宿婚の一問題」（一四巻三号、一九五〇年）、渡辺澄夫「九州地方の『ひかり』について」（一四巻六号、一九五〇年）、直江広治「八月十五夜考」（一四巻八号、一九五〇年）、千葉徳爾「タテザクとヨコザク」（一四巻八号、一九五〇年）、大間知篤三「家の類型」

（一四巻一二号、一九五〇年）、さらに桜井徳太郎「信仰的講集団の成立」（一五巻五号、一九五一年）、堀一郎「口寄巫女へのアプローチ」（一五巻一二号、一九五一年）などがある。これらのうち、直江広治「八月十五夜考」は、日本の民俗事象を研究するに際して、朝鮮半島など近隣の地域の民俗も視野に入れて考察すべきことを主張し、具体的には八月十五日の月見の行事を沖縄および朝鮮半島の行事と関連させて、稲の収穫祭と祖霊祭が営まれる重要な折り目であったとした。後のいわゆる比較民俗学につながる研究であった。また、大間知篤三の「家の類型」は、その後議論が盛んになる東西日本の家族のあり方の相違を指摘したものである。

両墓制研究の展開　『民俗学研究』第二輯（一九五一年）に掲載された最上孝敬の「両墓制について」は、当時学界で最も注目され、盛んに調査研究が行われていた埋葬地と石塔建立の地が異なる両墓制についての展望をもとうとした論文である。両墓制は柳田國男の『先祖の話』のなかで日本の霊魂観・他界観を把握する際の手がかりを与えてくれる重要な民俗として位置づけられることで、民俗学の重要な調査研究課題となった。『民間伝承』は一四巻五号（一九五〇年）で「両墓制の問題」という特集を組み、各地の事例を収録しているし、その他の号でもしばしば両墓制の報告が掲載された。福井県大飯《おおい》郡大飯町大島の「ニソの杜《もり》」は、先祖を子孫が集まって原生林の森を祭場としてまつる例として紹介され、柳田國男の『先祖の話』にも適合する重要な事例と判断され、早く柳田國男によって注目され、戦前から何人もの研究者が訪れていた。安間清「福井県大飯郡大島村ニソの杜」（『民俗学研究』第三輯、一九五二年）はその集大成ともいうべきニソの杜全体を調査し記述したものである。ニソの杜はその名称にも示されているように、民俗語彙ではなかった。大島の古老であり、研究者でもあった大谷信雄《おおたにのぶお》という人物から、大島を訪れたすべての研究者がニソの杜の話を教えて貰った。その三〇ほどのニソの杜の所在は大谷の調査によって明らかにされたものであるが、それらの森は先祖をそれぞれ子孫がまつっているというのは大谷の解釈であった。しかし、そのことが十分に認識されないまま、民俗学では重要な事例として高く評価されることとなった。

両墓制（滋賀県甲賀市）
埋葬墓地（上）と石塔建立墓地（下）

両墓制を古くからの霊魂観を示す墓制と理解するには大きな問題があった。両墓制の重要な要素が石塔を建立する墓地にあることである。石塔は古く見ても中世後期、一般化するのは近世中期以降である。そこで多くの研究者が注目したのが石塔以前の姿であった。ニソの杜が注目されたのも、石塔以前の詣り墓を求めたことによる。先祖をまつるという聖地や屋敷神に石塔以前の詣り墓を想定した。それに対して、異なる考えを提出したのが五来重《ごらいしげる》であった。五来は山中の霊場に石塔以前の詣り墓を想定し、そこから市井の寺院の位牌堂、さらに石塔へ変化したと考えた（「両墓制と霊場崇拝」『民間伝承』一六巻一二号、一九五二年）。

啓蒙書・案内書　また単行本で研究成果が公刊されることもしだいに多くなってきた。宮本常一『ふるさとの生活』（一九五〇年）、瀬川清子『販女』（一九五〇年）、和歌森太郎『歴史と民俗学』（一九五一年）、和歌森太郎『中世協同体の研究』（一九五〇年）などである。

さらに民俗学の普及を図る概説書・案内書も刊行された。堀一郎『民間信仰』（一九五一年）、牧田茂『生活の古典』（一九五二年）、和歌森太郎『日本民俗学』（一九五三年）、柳田國男編『日本人』（一九五四年）、井之口章次『仏教以前』（一九五四年）、橋浦泰雄『民俗学問答』（一九五六年）、竹田聴洲『祖先崇拝―民俗と歴史―』（一九五七年）、竹田聴洲・高取正男『日本人の信仰』（一九五七年）などであるが、これらの多くは比較的分かりやすく書いた概説書に近いものである。そのなかで、堀一郎『民間信仰』はやや異なり、岩波全書の一冊として刊行された学術的な入門書である。柳田國男の学説を咀嚼し、それと欧米の民俗学や宗教理論と関連づけながら高度な民俗学案内書としての内容になっている。大枠は柳田國男学説に依拠しているが、その最終章に「人神と宗教的遊行者の信仰と伝承」を置いているところに大きな特色がある。

牧田の『生活の古典』は分かりやすく民俗学の意義や特色を説いている。特に地域差のなかに歴史が発見できるという方法を周圏論に中心を置いて説明した。灯火の地域差を図式化することで、中心に近いところでは電灯になっていても、遠く離れるとヒデが用いられていることから、地域差は時間差であることを説いた。和歌森の『日本民俗学』は、先に紹介したように、『日本民俗学概説』の改訂版であるが、民俗学についての立場を大きく変更して、「日本民俗学は、今日見聞し得る諸々の民間伝承の比較研究を通じて、日本人の心性、生活文化の特色を把握しようとする学問」と説明した。柳田國男編の『日本人』は、当時の民俗学研究所の中心メンバーが執筆する民俗学案内書である。また橋浦泰雄はマルクス主義と柳田國男の民俗学の矛盾なき結合を構想して入門書『民俗学問答』を著した。

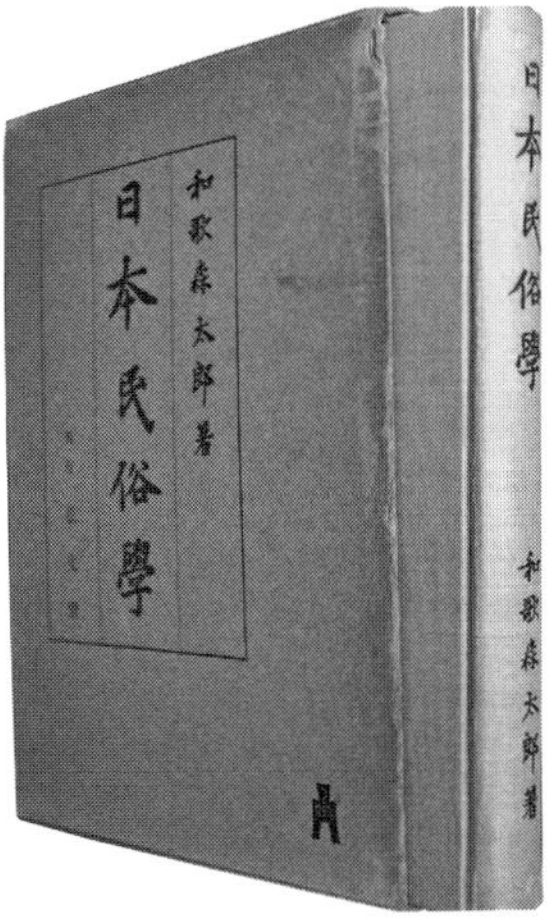

和歌森太郎『日本民俗学』

橋浦泰雄『民俗学問答』

2　民俗学性格論争

平山敏治郎の問題提起　『民間伝承』一五巻三号（一九五一年三月）の巻頭論文として平山敏治郎「史料としての伝承」が発表された。平山敏治郎は、日本の民俗学の特質を二点指摘した。すなわち、第一に日本の民俗学の研究領域が非常に広いこと、そして第二に民俗学が歴史科学として成長発展してきたことである。そして改めて定義して「日本民俗学は日本民族の文化に関して国史の立場から考察しようとするもので」、そのために「日本民族の伝承文化」を考察するとした。そして依拠する史料について、歴史学は文献、民俗学は伝承というように史料の形態に求めることはできないとして、史料に含まれている内容によって区別されるべきことを主張し、民俗学も文献のなかから伝承文化を取り出さねばならないとした。言い換えれば、民俗学研究にとっても文献史料は有効であり、活用しなければならないというものであった。表現に資料ではなく、史料を用いているように、旧来の歴史研究に引きつけて民俗学を考えようとするものであった。

この平山敏治郎論文をきっかけとして、一年間熱い論争が展開された。ここではそれを民俗学性格論争と呼ぶことにする。

過去科学か現代科学か　この平山敏治郎の主張に早速反応したのが牧田茂である。牧田は「民俗の時代性と現代性—日本民俗学の目標について—」と題して『民間伝承』一五巻六号（一九五一年六月）に平山敏治郎批判の論文を発表した。牧田は平山だけでなく、その前に民俗学の性格について意見を表明している和歌森太郎と堀一郎をも取り上げ、一括してその歴史志向を批判した。牧田は、問題を端的に「民俗学を以て過去を解説する学問とするか、現代について稽《かんが》える学問であるとするか」と示し、民俗学は後者を目標とするとして以下のように説明する。

もちろん現在の民俗を明らかにするためには、民俗の前後関係とか、変遷の過程も明らかにしなければならない。しかし、それはどこまでも、現在の民俗を説明し、理解するための手段であって、目的ではないと我々は信じている。

そして、柳田國男の文章に依拠して民俗学を以下のように改めて説明している。

実証科学という新しい態度によって、現在の民俗を素材にし、あらゆる問題に向ってこれまでの史学や哲学が満足に答え得なかったところの、日本人が「自ら知る」ことを目標とした学問、悩み多き人の世の疑問に答えようとするところの実用の学問、そのための新国学という言葉ではあるまいか。

民俗学を現代の課題を明らかにする学問という柳田國男の主張をそのまま学問の性格として主張し、歴史学系の民俗学研究者の過去中心の性格づけを批判した。文章は資料論からはじまっているが、途中からは民俗学の性格論に中心が移行している。

なお、牧田論文が掲載された前の号には短い文であるが、千葉徳爾「史料と資料」が掲載されている。そこでは、歴史学と民俗学では依拠する資料の性質が異なるのであって、文献か文献以外の伝承かという資料の形態の相違ではないとする。

歴史学の資料、即ち史料としての性格は、それが正確な事象の表現であるならば、唯一のものであろうと、多数のうちの一例であろうと問うところではない。ところが、民俗学の資料たるためには、正確な事実であると共に、少なくともある集団における何回かの存在可能性のうちの一例であるという保証を必要とする。そのような資格さえあれば、文字であらわされていようと、行為や言語で示されようとえらぶところはない。

そして、史料という文字を用いていることに反対し、資料を採用すべきことを主張している。

論争の展開　つぎに牧田に反論したのが和歌森太郎で、「民俗学の性格について」(『民間伝承』一五巻八号、一九五一年）であった。これは牧田の論文が取り上げた和歌森の主張が古いものであり、二年前に『民間伝承』に発表された「民俗学の方法について」が無視されていることを批判したものである。牧田は一九四七年に公刊された和歌森の『日本民俗学概説』のなかの表現を取り上げているが、「民俗学の方法について」では主張を改めており、したがって牧田の批判は当たらないというものであった。そして改めて自分の民俗学についての位置づけを表明した。「民俗学は日本の現在を明らかにする自己反省の『新国学』だというだけでは、その独自の性格を示しつくすわけにいかない。日本人が日本について研究する諸々の科学が皆そういうことになってしまうから、それはいったいに『人生における学問研究の意義』なのである。別に各個別科学の学問研究の独自な目標にはならない」と、牧田の民俗学の現代的意義のみを強調する主張を批判する。和歌森の理解では、以下のように民俗学は説明される。

今日の事実に着目するといっても、材料が伝承資料である限り、過去からの遺産を扱うのであるから、その本質究明の視野は当然過去の世界に及ぶ。いわゆる重出立証的に比較するという方法は、さらに、より以前は、より以前と尋ねる方法に他ならない。だから日本民俗のもつ歴史的性格や意味というように限定されたものを通じて、さまざまの民俗におおわれた日本人の生活現実の、由ってるところをたしかめる学問になるというわけである。

一九四七年に公刊した『日本民俗学概説』の民俗史究明が目的という主張からは変化しているが、基本的には歴史を明らかにすることを通して現代を理解するという歴史主義の立場には変更がなかったことを示している。

そして、和歌森論文が掲載された翌月号に堀一郎「民間伝承の概念と民俗学の性格」が発表された。堀一郎も牧田の論に反論するが、その論の背景には欧米の諸理論が横たわっているところに特徴がある。堀一郎は民俗学の基礎にある資料について以下のように説明する。

フォクロアを規定するものは伝承性・持続性・常民性であり、文化一般から民間伝承を区別するものは、その文化の担う常民性の有無ということになる。この点が資料を資料として取上げる標準となる。素材が文献として保存されているか、口頭乃至行為伝承として保存されているかによって資料価値が定まるのでなく、その資料がフォクロアであるかどうか、その文化表象が常民性を担うかどうかにかかわるのである。採集は口頭や行為伝承を記録化する作業であり、従って記録資料と採集資料との厳密な区別は一般論としては成立し得ない。そしてここに民俗学の基本的方法としての比較法を適用することによって、始めて素材が資料としての意義と立場を明らかにすることとなるのである。

したがって、日本民俗学は歴史科学として成長すべきであると主張する。その場合、堀は歴史を歴史歴史学と文化歴史学に分け、民俗学は文化歴史学であるとする。そして残存にも注目する。「文化表象を変化の相において捉えるのも民俗学であるが、『残留』研究もまた文化歴史学としての民俗学なのである」と主張する。

このようにして、平山論文に端を発した民俗学の性格をめぐる議論は、牧田論文に登場した和歌森、堀が反論することで、その主張はほぼ出そろい、それらをうけて牧田が「民俗学の現代性」（『民間伝承』一六巻二号、一九五二年）で改めて反論した。そこでの主張は、「民俗学の独自性を確保するためにも、やはり理論上では、資料としては採集資料を第一次のものとして尊重し、過去の文献に現れてくる資料はこれを第二次の位置におくべきだ」というものであった。言い換えれば「文献資料というものは、それだけでは民俗学の資料としての価値が発揮できないのであって、つねに現代性のある採集資料が、その一方に存在することによって、始めて民俗学の対象になりうる」という主張であった。

民俗学性格論争はこの牧田の反論で終わった。これが掲載された『民間伝承』の編集後記で、「民俗学の性格論は、編集部内に、すでに打切り説が濃かつたが、牧田氏の熱意を汲んで載せた。これがまた物議をかもすかもしれぬが、よほどおもむきの変はつた展開を示さぬ限り、こうした問題の原稿は今後掲載しない方針である」と打ち切りを宣言した。論争としては互に意見をいい放つ段階で終わり、それらの相互批判から新しい理解や理論に達するということはなかった。しかし、民俗学の性格という根本問題について柳田國男抜きに議論されたことは重要な意味を持った。民俗学内部において、議論が可能であることを示すとともに、民俗学そのものについていくつかの相違する立場や方法が存在することを明白にした点ではおおきな出来事であった。

柳田國男の見解　柳田國男はこの一連の議論に対して自己の見解を提示して介入することはなかったが、日本民俗学会の第三三四回談話会（一九五一年六月開催）で、二人の個別研究発表の終了後、柳田國男は特別に発言し、「採集資料と文献資料とに対する考え方」を述べたという。その要旨が『民間伝承』一五巻九号（一九五一年九月）に掲載されている。そこで柳田は以下のように述べたという。

我々の文献に対する態度は以前からはっきりしている筈である。文献記録をすべて同等に考えるのは誤りであると思う。又採集資料と文献資料とを対立させることは無意味であるが、採集資料にのみたよりすぎてもいけない。（中略）多くの学問は方法論よりも、その目標に重きをおきやすいが、我々は特に方法論をきめることが大切である。我々は得るに随ってとりこむという態度を当分続けなくてはならない。次に史学という語は従来あまりにせまく使われていた。私は意識して民俗学を史学の一方面であるといっているが、自ら低うして補助科学としていると思われては困る。（中略）又、文献をとるに足らぬと思うことは誤りであるから訂正しなければならぬ。然しよほどしっかり判断しないと、基層文化を見ることはむつかしい。今民俗学はまだ形成時代であるから、ただ太平無事を願うのみが能ではない。いうべきことはどしどし言ってもらいたい。これまで史学を過去学としてやってきたのが誤りである。同じく現代学であるという点で、史学と民俗学は対立するものではない。

この柳田の意見は自ら書いたものでない。談話会の席上での発言を『民間伝承』編集者が書き留めた文章であり、どの程度発言内容に即しているかははっきりしないが、民俗資料と文字資料を区別して、民俗資料のみで研究するのが民俗学であるという見解を退けていることは読み取れる。同時に、歴史研究は過去学、民俗学は現在学という考えも否定し、両者とも現在学であることを強調しているといえる。平山敏治郎、牧田茂の論を意識して発言しているのである。そして、方法論の問題に積極的に発言することを奨励している。

四　民俗学批判の展開

1　マルクス主義と民俗学

『もちはなぜまるいか』　第二次大戦前はアカデミックな世界で民俗学が議論の対象になることはほとんどなかった。その存在自体が認知されず無視されていたといってよいであろう。柳田國男の個人的な著作活動のみが認められていたといえる。したがって、民俗学の批判的検討もほとんど行われなかった。戦前に柳田國男の民俗学を批判したのは赤松啓介だけだったといえる。それに対して、第二次大戦後の民俗学の進展によって、関連するさまざまな学問研究の世界に民俗学の姿が目にはいるようになってきた。特に社会科教育との関連で民俗学の存在が浮かび上がり、また九学会連合（はじめは六学界連合）などの共同研究において他の学問との関係が強まったこともそれに関係している。そうなると、当然のことながら、民俗学についての民俗学外からの論評が行われるようになった。

民俗学について、民俗学外から戦後はじめて論評したのは、当時日本共産党の中心にいた志賀義雄《しがよしお》の著書『もちはなぜまるいか』（一九四八年）であった。志賀は非転向を貫き獄中にあったときに、危険性がないということで読むことを許された柳田國男の著作を読み、そこから学び、その方法や成果をマルクス主義の歴史認識と結合させることを考えた。序章にあたる「科学のあたらしい発展のために」において、共産主義者の硬直した態度や志向を批判して「民俗はこれを迷信だといっただけできえてなくなりもしない

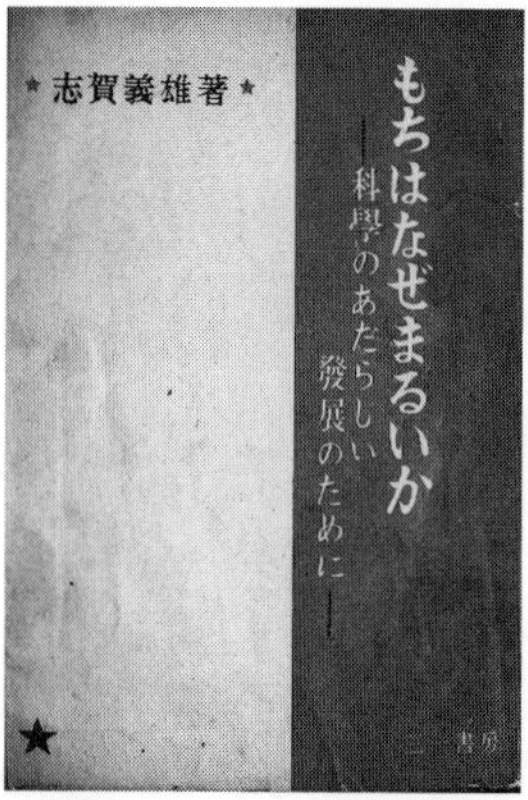

志賀義雄『もちはなぜまるいか』

し、清算できるものでもない。共産主義者が、もしもそうした態度で民俗にたちむかうならば、手をやくのがおちだ」と述べ、さらに「われわれは日本民俗学から神秘的形態をはぎ、革命的核心をとりだして、これを史的唯物論によってしあげようとしている」と述べ、「日本民俗学は史的唯物論によってみのりの多いものとなるだろう。また史的唯物論は民俗学によって、その形相をもっと多様なものとされるであろう」と主張した。

柳田國男の民俗学を高く評価するとともに、その神秘主義を批判し、マルクス主義との結合を提唱する。マルクス主義者や共産党員にとって重要な提起をしているが、これに呼応して研究が展開された様子はない。その点では、当時のマルクス主義者は志賀がいうように硬直していた。逆に、この志賀の著書が『民間伝承』上で紹介されたり、批判の対象になったりすることもなく、完全に無視された。なお、マルクス主義の立場から民俗学を批判したものに志村義雄「日本民俗学の功罪」（『世界文化』三巻五号、一九四八年）、「批判的に見た民俗学」（『文化史研究』三、一九四八年）がある。

2　歴史学からの批判

『歴史学研究』特集号　戦後華々しく活動した学問に歴史学がある。特に、マルクス主義理論を基礎に社会構成史として歴史を組み立てることが盛んになった。その歴史学研究者の大きな組織であった歴史学研究会の機関誌『歴史学研究』一四二号（一九四九年十一月）が「歴史学と隣接科学」という特集を組んだ。収録された論文は永原慶二《ながはらけいじ》「法史学の方法と課題」、藤間生大《とうませいた》「民族学に対する歴史研究家としての若干の要望」、本田喜代治《ほんだきよじ》「アメリカ社会＝人類学—とくにその文化概念について—」、そして古島敏雄《ふるしまとしお》「民俗学と歴史学」であった。このなかで最も注目される論文が古島の民俗学批判の論文であった。

なお、この『歴史学研究』の特集が企画された背景には、日本民族の起源に関する民族学・文化人類学の議論があったことは間違いないであろう。一九四九年二月に発行された『民族学研究』が「日本民族＝文化の起源」を特集し、座談会を掲載した。当時、歴史研究は内的な発展段階による歴史を当然のことにしていたが、それとまったく異なる征服による支配・被支配の成立を説く議論がなされ、それなりに注目されたことが、批判特集になったものと思われる。歴史学研究会は、この『民族学研究』の特集について、早速四月に民主主義科学者協会との合同合評会を開いており、おそらく『歴史学研究』の特集もその直後に企画されたものであろう。また、社会科教育との関連で活動が目につき出した民俗学の組織が一九四九年四月に民間伝承の会から日本民俗学会へ改称したことも取り上げる契機となったであろう。

古島敏雄の批判　古島敏雄はマルクス主義の立場ではないが、実証的歴史研究として戦前から近世農業史・農村史を深く研究してきた人物であり、すでに『近世日本農業の構造』（一九四三年）という大著があり、戦後の社会経済史が盛行する歴史学において大きな役割を果たした。古島の研究対象自体が民俗学のそれと重なるものがあり、しかも彼の表明によれば学生時代に柳田國男の講義を二年間にわたって受講したという。したがって、民俗学についての理解も十分あっての民俗学批判であった。

古島の民俗学批判の中心は「現状の横断面に現れる多様性と近似性の示すものは、その多様性そのものを、変化のない形とするならば、正に単純な変化の可能性を示すにすぎない」という、民俗学の研究成果が歴史としては提示できないことを批判するものであった。現在の横断面に示された多様性からだけでは歴史にはならないというもので、それは具体的には調査した場所の詳細な条件分析をともなって、それとの関係で事象が評価されていないこと、伝承者の記憶は合理化されており、伝承者の生存以前のこととして信用できないことなどを指摘した。したがって「今の断面の分析たる観察・蒐集《しゅうしゅう》の中にもとりあげられる個物が如何に現実の中にはめ込まれて、あるべき条件の中で活動しているかということをも同時に明らかにして欲しい」と、事象間の相互関連を把握すべきことを提唱している。そして、また柳田國男の著作が背後にいかに多くの文字資料の裏づけをもって書かれているかを知るべきであり、柳田の門弟たちの文章がその点で欠けるため、物足りないものになっていると述べている。先に紹介した、民俗学性格論争の出発を作った平山敏治郎の論文は、この古島の批判を受けて触発され、文字資料も研究資料にすべきことを述べたと考えられる。古島論文に対する反論は民俗学内部からはすぐには出されなかった。この論文を取り上げて紹介したり論評することは一〇年近くたってから行われるようになる。

家永三郎の柳田國男論

今から見れば不思議なことであるが、戦後の一〇年間は柳田國男を論じたり、検討することもほとんどなかった。いわゆる柳田國男論がつぎからつぎへと出されるようになるのは一九六〇年代に入ってからのことである。その時期に柳田國男を批判的に論じた先駆的研究が家永三郎《いえながさぶろう》の「柳田史学論」である。家永は当時は古代文化史の研究者であったが、幅広く思想史を研究しており、後にはむしろ近代思想史の研究者として活躍した。これは一九五〇年に執筆され、要旨を一九五一年十月に『日本読書新聞』に発表し、全文は著書『現代史学批判』（一九五三年）に収録した。この論文は柳田の学問が歴史学としてどのような性格を有するかを検討し、柳田の研究、言い換えれば民俗学の歴史研究としての問題性を指摘し、批判したものである。

家永の文は柳田國男の史学への多大の貢献を承認しての論である。伝承に史料的価値を発見し、新しい方法論を提案したと評価する。そして、既成史学が見落としてきた多くの事実を発見し、それを基礎に既成史学が構成してきた歴史像に修正を迫ったとする。しかし、それだけに問題も多いとして、柳田の著作を検討し批判するのである。

結論的には、「文献を主要資料として物質的遺物を副資料とする史学のみが史学の中心位に座すべきであり、民俗資料を主要史料とする史学はその補助者にとどまることを主張しないわけにはゆかないのである」ということであり、それは「民間伝承がどこまでも現在の事物であって過去の事物ではなく、しかも歴史学の対象がどこまでも過去の事物であるという根本的な矛盾」があるためであり、その歴史学が明らかにするところは歴史的発展であり、それは「人間世界の実年代的展開をいうのであって、人間世界の様式的類型の序列を意味しない」（二〇八頁）というものであった。オーソドックスな歴史学の立場からの正当な批判であったといえるが、これに対する民俗学としての見解は出されることはなかった。

3　有賀喜左衛門の民俗資料論

有賀喜左衛門はすでに一九三〇年前後から柳田國男の民俗学の問題点を積極的に論じ、新たな民俗学を志向していたが、結局それは社会学へ向かうこととなり、日本独自の農村社会学、家族社会学形成となった。戦後は完全に社会学者であったが、民俗学の方法論にも関心を失わず、一九五三年に「民俗資料の意味」（金田一京助博士古稀記念『言語民俗論叢』、『著作集』Ⅷ所収）を発表した。

有賀は、ユニークな学問論に基礎を置いて民俗学の性格、その前提としての研究資料論を展開している。柳田國男の研究成果から民俗学は庶民生活史を研究する学問と理解するが、その研究を民間伝承資料にのみたよって行うことではないとする。「記録資料と民間伝承資料とは、研究上の諸問題に関してそれぞれ一方が主となる場合はあるにしても、相互補足的である」とし、「それぞれが独自的領域を形成して相分離しているのではない」ことを主張する。これはあるいは一九五一年に行われた民俗学性格論争を意識してのものかもしれない。

そして学問論を展開する。学問は綜合《そうごう》科学と個別科学に分けることができるが、前者の綜合科学は哲学しかなく、人文科学はすべて基本的に個別科学である。すなわち研究の対象を局限しなければ科学として成立しないとする。各個別科学は現在を対象とするが、そこには必ずその立場の歴史研究が存在する。言い換えれば歴史学は具体的には常に個別科学の立場で行われてきたのであり、綜合科学としての歴史学は存在しない。すなわち、歴史研究は経済学の経済史、法律学の法制史、社会学の社会史などということになる。このように歴史学自体の存立を否定した上で、民俗学の性格について論じる。必然的に個別科学としての民俗学は存在しないことになる。個別科学は特定の資料にのみ依拠するわけではない。したがって、民俗学は民間伝承資料で研究する学問という説明は成立しない。具体的な民俗学の研究成果とされる婚姻の歴史であっても、民間伝承資料に加えて記録資料も使用しているのである。

有賀喜左衛門

有賀の論は結局、民俗学が存在するとすれば、各個別科学における民俗資料採集の方法論ということになる。これに対して、民俗学研究者からの反応はなかった。特に歴史系の研究者から何らかの反論があってしかるべきであったが、出されなかった。

五　民俗学研究の拡大

1　『日本民俗学』の創刊

『民間伝承』から『日本民俗学』へ　日本の民俗学の基本的な学術雑誌は、一九三五年創刊の『民間伝承』であった。これは一九四九年に日本民俗学会と組織名称が変更になって以降もそのまま存続し、編集方針にも大きな変更はなかった。長い論文の掲載はなく、短信ともいうべき短い各地からの事例報告が重視され、論文といっても一〇ページを越えることはほとんどなかった。

研究の進展はそれでは新しい研究成果を吸収することは不可能であることがはっきりしてきた。一九五三年五月に日本民俗学会は新たに機関誌として『日本民俗学』を創刊した。『日本民俗学』は季刊として刊行されたが、各号はそれまでと違いページ数も多く、長い論文をもっぱら掲載することとなった。関連する諸科学の学会機関誌とほぼ同じような体裁を採用することとなった。おそらく九学会連合に加わり、その一員として活動する中で機関誌名とともに、掲載論文についても他の学会機関誌に対応させる必要を感じた結果と推測される。『日本民俗学』は五巻まで出され、一九五七年九月に五巻二号を出して終刊となった。

アカデミックな学術雑誌　『日本民俗学』によって、一つの論文が独立した研究の完成品として掲載されることが多くなり、民俗学研究の水準を引き上げることとなった。しかし、それまでの会員が気軽に自己の居住地や訪れた土地で得た民俗を資料として報告するという面は消えた。結果的には、論文を発表する会員はごく少数になり、多くの会員を購読会員の状態にすることとなった。『民間伝承』では資料報告の形で、会員は機関誌の内容形成に関わることができた。そのことが会員であることの満足感になっていたものと思われる。ところが、その面が消え、論文を執筆できる者のみが機関誌の内容形成に関与し、残りの大部分の会員は配布をうけるだけの状態になってしまったのである。野の学問がアカデミックな学問に変化していくことをすでに示していたといえよう。

なお、それまでの『民間伝承』も刊行主体を変更して継続して出されることになった。巻数も引き継がれた。日本民俗学会から編集・刊行が離れ、それまで『民間伝承』刊行の経理方面を担ってきた戸田謙介個人の発行となった。そこにはそれまでの編集方針が踏襲された短信の資料報告が掲載されたが、誌面構成には発行者の個性がしだいに強く出るようになった。この『民間伝承』は一九八三年まで刊行された。

2　文化人類学と民俗学

新制大学と文化人類学

『日本民俗学』になってからは、各号が量的に枚数の多い論文を掲載するようになり、学問的にも発展したように見えた。しかし、日本民俗学会として一つの方向を明確に示すことはなかった。他方、同じ発音で紛らわしい存在であった民族学は、戦後ますますアカデミックな性格を強め、戦後の大学制度の改革によって大学教育のなかに文化人類学の名称で位置づけられ、多くの研究者が研究機関に属して研究することとなった。専門課程は必ずしも多く開設されたわけではなかったが、大学の一般教育科目として文化人類学が設定された。そこに研究者として供給されることとなったのは、まず日本で最初に文化人類学の専門課程が置かれた東京大学教養学部の文化人類学専攻であった。

新制大学で文化人類学として位置づけられ、研究者が配置されるようになっても、その研究には大きな制約があった。それは海外でのフィールドワークがほとんど不可能であったことである。自らが海外へ行くという機会はまったくなかったといってよい。しがって、やむをえず日本での調査研究に向かうことになった。戦前植民地として支配した地域から引き揚げてきた研究者が、そこで獲得したデータを基礎に研究を進めるということはあったが、引き揚げに際して資料をなくしてしまった研究者が多く、それもわずかであった。新たに欧米から学んだ理論を武器に日本国内の調査に向かった。その結果、民俗学との連続性はふたたび強まった。同じような対象や課題を、民俗学研究者も民族学研究者も研究することになった。

東京大学文化人類学教室を作った中心人物は、石田英一郎《いしだえいいちろう》であった。石田は戦前、転向の結果として民族学の世界に入り、ウィーンに留学して民族学を学んだ。したがって、その民族学は文化史的民族学であった。しかし、戦後アメリカの文化人類学を摂取し、総合科学としての人類学を目指し、日本の大学において文化人類学教育を行うことに努力した。彼自身は最初は東大東洋文化研究所に所属したが、理学部の人類学教室を経て、一九五八年から東京大学教養学部に文化人類学教室を創設した。また一方で戦前第一回の日本民俗学講習会に参加し、直接柳田國男に教示を得ていたこともあり、また研究内容が日本の民俗に関連することが多かったことにより、民俗学にも親しみを感じ、民俗学のなかでも活動していた。一九四九年日本民俗学会が成立するとともに、その評議員に選任され、一九六〇年代末まで評議員であり、その間一九五六年には理事にも就任している。

「日本民俗学の将来」　一九五四年十月に開催された日本民俗学会第六回年会（会場東京教育大学）の公開講演は三本であったが、その一つが石田英一郎の「人類学と日本民俗学」であった。この講演は翌年一九五五年に刊行された『日本民俗学』二巻四号に「日本民俗学の将来―とくに人類学との関係について―」という巻頭論文として収録された。そこで石田は以下のように述べて柳田國男の目指すところとは違っても人類学の一部として民俗学は発展すべきであることを強調した。

石田はまず自らの民俗学定義を「日本民族の伝統的＝中核的＝基層的な文化すなわちエートノスの究明にある」としたうえで、有賀喜左衛門の「民俗資料の意味」を取り上げた。有賀特有の個別科学か綜合科学かという論を前提にした、民俗学は綜合科学でもなければ、個別科学にもなり得ない、資料採集の技術であるという論を批判し、民俗学は「ある一定の目的のもとに、庶民生活のなかから資料の選択を行ってきた。その選択の基準こそ、柳田先生などはそういうことばで呼んでおられないが、私のいう日本民族のエートスにあったものと思う。この意味では、民俗学は明らかに有賀氏の定義される『個別科学』であろう」とする。そして、日本の民俗学は他の学問から離れた孤立的な立場にあることを問題視し、大学制度のなかで位置づけられるべきであり、そのためには民俗学はどのような性格を持つべきであるのかを論じる。柳田の立場であれば、それは広義の日本史に属することは自明のことであろうが、石田はあえてそれとは異なる方向を提唱する。それが「広義の人類学と結合する行き方」であり、「日本民俗学の発見し、開拓した、みのりゆたかな世界には、いかに多く、人類学とくに文化人類学や民族学と共通した、発展性のある問題を含むことであろう」と指摘する。特定の学問研究も幅広い基礎的教養に裏付けられるべきであり、その点で民俗学は孤立によって欠けるものがある。それを打破する途として広義の人類学との提携を提唱するという説明である。

石田の提唱する広義の人類学との提携は明らかに柳田の方向とは異なった。しかし、この点についてすぐには議論は起こらなかった。業を煮やした柳田國男は、翌年一九五五年十二月に開催された民俗学研究所の代議員会で発言し、石田英一郎の講演を批判し、「日本民俗学は広義の日本史である。それにもかかわらず、石田の見解に対して批判を敢えてするものもなく、民俗学は低調でその発展は心細い、かかる無力な民俗学研究所は解散し、学会の発展に主力を注ぐべしという意味の重大な発言をした」という（関敬吾「日本民俗学の歴史」『関敬吾著作集』七、五八頁）。

民俗学の限界　この柳田の癇癪《かんしゃく》ともいうべき発言を受けてのことと思われるが、一九五六年十月の日本民俗学会年会（東京・早稲田大学）で「民俗学の限界」というシンポジウムが行われた。問題提起は当時民俗学研究所で活動していた若手研究者の大島建彦《おおしまたてひこ》・桜井徳太郎《さくらいとくたろう》、そして民俗学性格論争の立役者牧田茂《まきたしげる》であった（『日本民俗学』四巻二号、一九五七年）。このシンポジウムは隣接関連科学との関係で民俗学の限界を考えようとしたもののようで、大島は「民俗学と国文学と」、桜井が「日本史研究との関連」というものであった。牧田は民俗学からの「〝民俗〟の意味」という解説であった。大島は民俗学の立場に立つ文芸史の存在を主張し、その基礎は常民性にあるという見解を提示した。他方、桜井は「日本民俗学は、決して単に史学ではない。また単に史学であることを欲しない」と述べて、歴史学との関係性を絶ち、「日本民族の伝承生活を通して、日本人の民族性を探るところにその独自の領域をもつものである」とした。牧田は、先の性格論争での主張を民俗に絞って再論したもので、民俗には常民性・伝承性・現代性という要素が必要であるとする。

この三人の報告のなかでもっとも話題となったのは桜井の主張であった。歴史学の世界に属する桜井が、歴史学との関係を解消するかのように、民俗学は「日本人の民族性を探る」ことを目標にするとしたからである。桜井は別の箇所で「日本民俗学は、日本民族が送ってきた伝承生活、または現に送りつつある伝承生活を通じて、日本民族のエトノス（Ethonos）ないしフォルクストゥム（Volkstum）を追求するところに、その学問的目標をおく。ここでエトノスとかフォルクストゥムということの意味は、民族の特質、あるいは本質と解してよかろう。またウルチュープス（Urtypus）つまり祖型と解してもよい。民族の日本民族たる所以、であるから、民族性というのが妥当であるかも知れない」と述べている。ここには明らかに石田英一郎の影響が見られる。民族のエートノス（石田）と民族のエトノス（桜井）はその指し示す内容は異なるであろうが、桜井の用法からいえば、同じものであろう。歴史的な変化変遷ではなく、民族の本質である民族性を明らかにするという一種の本質主義的な志向が明確に示されることとなった。この考えは少なからず影響を与えた。その後、民俗学の性格や目的を表明する機会には、多くの民俗学研究者が同様の考えを提示した。

3　沖縄研究と民俗学

『海上の道』　柳田國男の最晩年の単行本著書といえば『海上の道』である。『海上の道』は一九六一年七月に刊行された。日本列島に住む日本人の先祖は遠く中国大陸に住んでいたが、偶然にも暴風で漂流して沖縄先島に漂着したが、そこが宝貝が豊富な豊かな土地であることを知って、あらためて家族・家財道具・農具・種籾《たねもみ》を持って渡ってきて、住み着いた。これが日本人であり、その後ふたたび舟に乗り島伝いに北上を開始し、ついには日本列島全体に住むようになったという。黒潮《くろしお》による「海上の道」とは日本人のルーツであり、展開の道を示している。そして、日本人の存在、あるいはそのアイデンティティは沖縄にあるということを強調したものであった。黒潮による海上の移動は、彼が学生時代に伊良湖岬《いらござき》に滞在し、海岸に打ち上げられた椰子《やし》の実を発見した感動が晩年に花開いたというロマンとして語られるが、しかしもう一つ忘れてならないのは日本列島に住む日本人は沖縄抜きには存在しないということを示したことである。その点では、『海上の道』に表出したのはロマンではなく危機感であり使命感であったというべきであろう。

『海上の道』の出版は一九六一年であったが、そこに収録された九本の論文は次のような年次に発表された。

宝貝のこと	一九五〇年十月
海神宮考	一九五〇年十一月
知りたいと思ふ事二三	一九五一年七月
みろくの船	一九五一年十月
海上の道	一九五二年十〜十二月
人とズズダマ	一九五三年二月
稲の産屋	一九五三年十一月
根の国の話	一九五五年九月
鼠の浄土	一九六〇年十月

これで判明するように、『海上の道』収録の論文の大半が一九五〇年から五三年の四年間に集中的に書かれているのである。この時期に柳田國男の関心が海上の道、そして沖縄に向いていたことを示しているが、

これを当時の日本の置かれた状況と照らし合わせてみると重大な事実が浮かび上がってくる。それは、一九五一年九月のサンフランシスコ講和条約の締結である。第二次大戦の敗戦の結果として連合国に占領されていた状態から独立を回復するための条約であるが、この条約によって沖縄をアメリカの統治下におくことを認めたものであった。

一方的に占領されている状態から、日本政府さらには日本国民の意思として沖縄のアメリカ統治の正当性を認めた。この事態の進行に対して、柳田が深い悲しみと怒りをもって、沖縄が日本の不可欠一部であり、沖縄抜きには日本あるいは日本人は存在し得ないことを人々に自覚させようとした。それが一連の海上の道についての論文である。

沖縄研究の進展　危機意識・使命感が『海上の道』という柳田の代表的著書を作り出した。そして、柳田の影響下にあった民俗学研究者たちが沖縄研究に向かうことになった。柳田國男は第二次大戦後早くから沖縄への同情と関心を強めていた。敗戦後わずか二年後の一九四七年に柳田國男編『沖縄文化叢説』を刊行した。これは沖縄文化を日本「本土」に紹介するための論文集であり、伊波普猷《いはふゆう》「ウルマは沖縄の古称なりや」、東恩納寛惇《ひがしおんなかんじゅん》「地割制」、折口信夫《おりくちしのぶ》「女の香炉」、仲原善忠《なかはらぜんちゅう》「セジ（霊力）の信仰について」、柳田國男「尾類考《じゅり》」など、全部で一六本の論文が収録されていた。この本の「編纂者の言葉」で柳田は「所謂三十六島の古来の住民が、大和島根《やまとしまね》に家居《かきょ》した人々と、根原に於て一つだといふことが決定しないと、種々なる推論は前提を欠くことになるのだが、この点は久しく心付かれ、又八九部通りまでは、もはや立証せられても居る」と述べており、『海上の道』の仮説につながる見解を表明している。そして、一九四七年八月には沖縄文化の研究をめざす沖縄文化連盟の発会式に出席している。その挨拶で「島々の人生の永遠の幸福の為に、画策する」ことを目標として掲げ、「政治の事情は是からもなほ変転するが、さういふ眼の先の利害の為に、この団体を利用するやうなことのないやうに、この今日の初一念を守るのが、何よりも大切なことゝ思ふ」（『民間伝承』一一巻一〇・一一号）と述べた。

柳田の沖縄への強烈な思いは民俗学研究所や日本民俗学会の活動に影響を与えた。民俗学研究所の研究会において沖縄に関する発表が行われ、やがて『民間伝承』にも沖縄に関する論文・報告が掲載されるようになったが、それまでにはある一定の時間が必要であった。沖縄に関する活動再開の一つの契機になったのが、伊波普猷の死であった。一九四七年八月に亡くなった伊波普猷は戦前の沖縄研究の中心人物であり、東京にあって多くの人々に影響を与えてきた。彼の追悼講演会が一九四八年十月に國學院大学郷土研究会の主催で開かれ、折口信夫「沖縄学の過去将来」、金田一京助《きんだいちきょうすけ》「伊波君の追憶」、柳田國男「学者の後」であり、それらの「講演は伊波氏の業績を中心として南島文化研究の重要性が強調され、大講堂を満した参会者に多大の感銘を与えた」という（『民間伝承』一二巻一号、一九四八年）。そして、これが契機になったのであろうか、現地へ簡単に訪れることができない代替として沖縄出身者を民俗学研究所に招いて聞くということが計画された。その第一回がいつであったかは明らかでないが、一九四九年十二月には仲原善忠から沖縄の民俗について聞いたという（「民俗学研究所報一九」『民間伝承』一四巻二号、一九五〇年）。仲原は沖縄研究の専門家ともいうべき人物で、主として沖縄の歴史を研究していた。この会は後に「『島の人』に話を聞く会」と呼ばれるようになり、その第四回が一九五〇年一月に開かれ、与論島《よろんとう》出身者から話を聞いた（「民俗学研究所報二〇」『民間伝承』一四巻三号）。したがって、仲原善忠から聞いたのが第三回となり、それ以前にすでに二回の聞く会があったことになる。

そして、一九五三年には、民俗学研究所として沖縄調査を実施することとなった。その発足に当たって柳田國男は以下のような注意事項を与えたという（大藤時彦「日本民俗学における沖縄研究史」一九六五年）。

① 先島は久しく無視され、忘れられていた。故にその中には多くの沖縄の古史料がある。（中略）

② オモロの採集の最も古いものでも、すでに島津入りよりは一二〜一三年後であることを忘れてはならない。

③ 沖縄の採集記録のできたのは、信仰がかなり複雑化し、また衰退してから後のことである。したがってこれを盛時の描写とは見なしがたい。これらの記録に対してもやはり民俗学的な見方をしなければならない。

④ 離島の交通、往来、移住、これを内から考えてみる。また漂着者の記録、舟を失った者の努力など。

⑤ 公暦と作物暦との比較、異なる緯度の上にあるので、よほど効果が得やすい。稲作の歴史の特色、これはこれからの良い課題である。気象記事に注意する必要がある。

⑥ 南の島だけで一旦の仮定を立てること。日本側の資料はいわば暗示であり、古書も亦これに近い。今まで縁なしと見られた近くの島々との比較、たとえば台湾東海岸の紅頭嶼などである。マヤの神のことなどにこれが大切である。

⑦ 民俗学検索は一つの準備、壱岐《いき》、対馬《つしま》、甑島《こしきじま》、佐渡《さど》、八丈島《はちじょうじま》などとの比較、単なる島なるが故の特徴や類似もあると思われる。あまり民族の親近性に引きつけるのは用心しなければならない。

ここには、沖縄の位置づけが示されているが、安易な周圏論によって沖縄を理解することをいさめ、沖縄は沖縄として理解すべきことを説いている。一九五〇年代にはすでに紹介したように、後に『海上の道』に結実する論文を柳田がつぎからつぎへと発表するようになるが、その内容は民俗学研究所の研究会で話されていた。一九五〇年の三月に開かれた研究会では「島の鼠」と題して発表しているが、これは「鼠の浄土」としてまとめられる内容であった。

沖縄研究と東京都立大学

民俗学研究所の活動の一環として沖縄出身の人々から話を聞くことにより、ほとんど実地調査が不可能であった沖縄に関する情報を得た。そこからどのように研究を展開するかがつぎの課題であった。柳田國男がそこで期待した人物に馬淵東一《まぶちとういち》がいる。馬淵は戦前の台北帝国大学で人類学を学び、そこの人類学教室の助教授であった。戦後引揚げ、九州平戸での中学教師を経て、一九四九年アメリカ軍総司令部民間情報教育局（ＣＩＥ）勤務となり、一九五一年十月に東京都立大学教授に就任した。台湾研究において大きな業績を挙げていた馬淵を沖縄研究に入らせたのは、一つには海外フィールドの喪失という人類学の状況のなかで、台湾と地理的に近い沖縄が視野に入ってきたためであろう。具体的には、一九五一年の年末頃、柳田國男から誘いがあって、民俗学研究所に出入りするようになってからである。一九五二年に「沖縄研究における民俗学と民族学」（『民間伝承』一六巻三号）を発表し、一九五四年に民俗学研究所から沖縄調査に派遣され、宮古島《みやこじま》で調査を行い、沖縄研究を本格化させた。

そのころ、馬淵だけでなく、多くの文化人類学研究者も沖縄に関心を抱いていた。そこには明らかに海外フィールドの代替え地という意味合いがあった。『民族学研究』一五巻二号（一九五〇年十一月）は「沖縄研究特集」として刊行され、石田英一郎「沖縄研究の成果と課題」を巻頭に置き、金城町永「沖縄研究史」、東恩納寛惇「沖縄歴史概説」などの概説的な案内を入れてから、沖縄研究上の問題を、宮良当壮《みやながまさのり》、島袋源七《しまぶくろげんしち》、比嘉春潮《ひがしゅんちょう》、仲原善忠など主として沖縄出身の研究者が執筆している。柳田國男は「海神宮考」を寄稿した。

馬淵が教授に就任した東京都立大学には日本では珍しい社会人類学研究室が開設された。学部の教育組織としては社会学に包含されたが、大学院にのみ社会人類学専攻が置かれ、研究者の養成を行った。第二次大戦後、系統的・組織的に文化人類学の研究者を養成したのは、石田英一郎・泉靖一《いずみせいいち》を擁した東京大学と馬淵・岡正雄《おかまさお》・古野清人《ふるのきよと》を擁した東京都立大学の二つであり、多くの大学の文化人類学担当者はこのどちらかという傾向が長くつづいた。そのうち、都立大学出身の研究者は、後にはさまざまな問題に取り組むが、大学院生時代にはその習作として必ずのように沖縄でのフィールドワークの成果を発表した。馬淵や岡・古野のもとに集まってきた大学院生が、海外異文化のフィールドで調査可能な場所として沖縄を認識し、訪れたためであろう。

都立大学の社会学・社会人類学研究室は沖縄研究だけでなく、日本「本土」の人類学的研究においても大きな影響を与えた。今日でも概説書や辞典によく引用される年齢階梯制《ねんれいかいていせい》の図式を示した伊豆半島南端部の伊《い》浜《はま》を対象とした共同調査を一九五三年に実施し、報告書「伊豆伊浜の村落構造」（鈴木二郎編『都市と村落の社会学的研究』一九五六年）を刊行した。村落構造を把握し、若者組を中心とした年齢階梯制を明らかにした。その調査に参加して、村落調査を行い、その後それぞれ独自の研究を展開したのが、蒲生《がも》正《うまさ》男《お》・住谷《すみや》一彦《かずひこ》などである。いずれも岡理論の強い影響を受けていたが、日本における地域差を複数の種族的文化複合の渡来という仮説は弱め、村落構造の地域差としての理解を示した。

都立大学では、一九六二、三年度に東京都立大学南西諸島研究委員会（委員長古野清人）を組織して、現地調査を行い、はじめての本格的な社会人類学的な調査の成果を『沖縄の社会と宗教』（一九六五年）として刊行した。それを推進した一人が村武精一《むらたけせいいち》である。村武は一九五七年に都立大学の大学院に入学し、そのまま都立大学の教員として残り、久しく研究室の中心的存在であった。馬淵・村武のもとで育った多くの研究者が沖縄あるいは奄美をフィールドにし、そこから文化人類学の世界に飛翔していった。彼らは民俗学に親しみを感じ、民俗学研究者とも共同することにそれほど違和感を持たなかった。彼らのなかでもっとも民俗学に接近し、沖縄の民俗学研究者として活動した人物に野口武徳《のぐちたけのり》がいる。また郷田《ごうだ》（坪井《つぼい》）洋《ひろ》文《ふみ》も都立大学の研究室で人類学を学び、独自の民俗学を築いていった。

新嘗研究会　柳田國男が熱心に取り組んだ問題に稲作の来歴がある。一九五一年に東京都立大学の研究者たちが中核になって組織された新嘗《にいなめ》研究会は、学際的な研究会として稲作の歴史を議論したが、その熱心なメンバーの一人が柳田國男であった。一九五一年から毎月のように開催された研究会において、柳田國男は「新嘗祭の起源について」「稲霊《いなだま》信仰」などの研究発表を行った。また折口信夫「新嘗と東歌《あずまうた》」、馬淵東一「高砂族《たかさごぞく》の新嘗祭」、杉浦健一「ミクロネシアの収穫祭」、松本信広「インドシナの農耕儀礼」などの研究発表があった。その記録が『新嘗の研究』第一輯（一九五三年）である。柳田國男が『海上の道』所収の諸論文において、田《た》の神《かみ》信仰よりも稲霊信仰を重視して取り上げているのには、この新嘗研究会での議論が大きく影響しているように思われる。

4　関連学会と地方学会

民俗を研究する学会　日本民俗学会が日本の統一的な民俗学会であるが、その他にも民俗学に関連した学会組織がある。それらの有力な組織は一九五〇年代に組織され、機関誌が創刊されている。まず、一九五〇年三月に組織された日本民俗建築学会はその代表であろう。民家研究を目指す人々の組織であり、多くの建築学の人々が参加し、厳密な調査を行い、実測図などをともなう緻密な研究論文が機関誌『民俗建築』に多く掲載された。民俗学研究者の参加は必ずしも多くなかったが、民家研究に大きな役割を果たし、今日にいたっている。

社会組織の研究、特に宮座の研究において大きな役割を果たしたのが社会と伝承の会の『社会と伝承』である。一九五六年六月に創刊され、季刊で一五巻まで刊行した。この会は会員組織にはなっていたが、実際は原田敏明《はらだとしあき》の単独刊行であった。民俗学だけでなく幅広く研究論文を収録しており、村落組織や制度についての学際的研究の場であった。宮座についての多くの論文が『社会と伝承』誌上に発表されたが、中心的な役割を果たしたのが発行者の原田の論文であった。

各地研究団体とその機関誌　日本各地に住み、その地の民俗に興味関心を有する人々は少なくない。それらの中心的存在の人物は民間伝承の会あるいは日本民俗学会の会員となって、『民間伝承』誌上に調査結果を報告し、また柳田國男の論文を読んで民俗の意義を理解していた。しかし、そのような中央と結びついた人々はごくわずかであり、それ以外に多くの民俗に関心を持つ人々がいた。戦後、社会科教育の進展によって、小中学校の社会科教員が地域の民俗に関心を持つようになり、研究団体の組織化を進める力となった。すでに戦前に組織されていた研究団体も、改めて活動を再開し、機関誌を刊行するようになった。その多くは戦前から柳田國男の指導を受けたり、民間伝承の会の会員として組織されていた人々によって組織されたものであった。

戦後最も早く活動を開始したのは群馬県で、一九四六年九月には民間伝承の会員約三〇名が民間伝承の会群馬県支部を結成し、その組織名称として上毛民俗の会としたことから始まるといってよいであろう。第一回研究会を四七年一月に開催し、東京の民間伝承の会から派遣された直江《なおえ》広治《ひろじ》・萩原龍夫《はぎわらたつお》が講演をし、さらに七月には民俗学講習会を開催し、やはり東京から池田弘子・今野円輔・牧田茂・直江広治が講師として参加した。四七年一月には阿波民俗研究会、六月には弘前民俗の会が組織され研究会を開催し、島根民俗学会も活動を開始した（『民間伝承』一二巻五・六号）。他方、近畿地方の民俗学研究者を結集した組織として戦前から活動していた近畿民俗学会が、一九四九年二月にその機関誌『近畿民俗』を復刊した。また大阪民俗研究会が組織され、沢田四郎作《さわだしろさく》・宮本常一《みやもとつねいち》・錦耕三《にしきこうぞう》が運営を担当していた。同じ四九年四月には岡山民俗学会が『岡山民俗』を創刊した。その他、津軽民俗の会、羽前民俗学会、加能民俗の会、大分民俗学会などの活動が見られるようになった。五〇年一月には仙台民俗の会ができ、研究会を開催するようになったし、庄内民俗学会も成立した。一九五四年二月には山陰民俗学会が『山陰民俗』を創刊し、その五月には相模民俗学会が『民俗』を創刊した。また、かならずしも特定地方の研究団体というわけではないが、当初は東京の地域的組織としての面を持っていた西郊民俗談話会が一九五七年六月に『西郊民俗』を創刊した。

このように各地で民俗学会と称する組織が作られ、機関誌が創刊された。それらを担ったのは多くが小中高の教員であった。社会科教育とも結びつき、教材研究の一部として民俗調査も行われ、それが研究団体を活発にしたといってよいであろう。もちろん、民俗関係の団体だけが盛況になったのではない。戦後の特色として、官に対して民が重視される動向があり、それが新しい地方史研究を作り上げたことも深く関係している。地域で地域の調査を行うことが、日本全体を明らかにすることになるという考えは、柳田國男の「郷土で日本を」とは同じ意味ではないが、現象的には同一の方向として共鳴したことは間違いないであろう。

日本常民文化研究所の変化

一九四二年にアチックミューゼアムは日本常民文化研究所と名称変更した。日本常民文化研究所は引き続き研究成果を刊行し続けたが、一九四〇年代には近世の文字資料とそれに基づく研究成果が目立つようになった。一九四一年刊行の戸谷《とや》敏之《としゆき》『徳川時代に於ける農業経営の諸類型』がその皮切りであった。そして敗戦後に引き継がれることとなったが、事態は大きく変わった。日本常民文化研究所の主宰者であった渋沢敬三は、一九四六年に公職追放になり、また財閥解体の対象になった。日本常民文化研究所の運営条件は消えた。財政的基盤を確保し、活動を継続するために考えられたのが、漁業制度改革に伴う漁業制度資料の調査収集事業を水産庁から受託して実施することであった。そのために、まず一九五〇年一二月に日本常民文化研究所を財団法人に切り替えた。そして、月島の東海区水産研究所の一角に日本常民文化研究所月島分室を設け、多くの若い研究者が資料の調査収集と整理にあたった。これ以降、日本常民文化研究所は文書の調査とそれに基づく研究に大きく傾くことになった。この事業は一九五五年まで継続され、厖大な漁業・漁村史料が調査収集され、その後の研究に大きく貢献することになったが、同時に現地から資料を借用してくるという方式で行ったため、その後返却されないままになってしまった多くの文書が発生し、大きな課題を残した。

戦後の日本常民文化研究所のもう一つの大きな成果として『絵巻物による日本常民生活絵引』の刊行を忘れてはならない。中世の絵巻物に描かれた場面から、絵巻物の主題や筋とは関係なく、当時の人々の生活に注目して、絵に名称を付し、また絵に描かれた事物や人物の相互関係の中で生活を読み取るというものである。字引ではなく、絵引をという渋沢敬三の発想によって始められ、すでに一九四〇年から絵巻物研究会を組織して、編纂を開始していた。しかし、戦争のため中断し、作成した原稿も焼失してしまった。一九五五年から再開され、精力的に編纂の作業が進められた。この作業には渋沢敬三自ら熱心に参加し、また宮本常一も大きな役割を果たした。これが完成して五巻の『絵巻物による日本常民生活絵引』として刊行されたのは一九六八年のことであった。

5　文化財保護法の制定と民俗資料

民俗資料の登場　戦前にはまったく考えられなかったことの一つとして、文化財保護の対象として民俗事象が浮かび上がり、しだいにその重みを増してきたことがある。一九五〇年に文化財保護法が制定され、文部省の外局として文化財保護委員会が組織された。その文化財保護法では、第二条で文化財を規定した。その規定の仕方は具体的な事物を列挙する形で行ったが、その第一番目に掲げられた有形文化財は「建造物、絵画、彫刻、工芸品、書籍、筆跡、典籍、古文書、民俗資料その他の有形の文化的所産でわが国にとって歴史上又は芸術上価値の高いもの及び考古資料」とした。建造物以下古文書まではイメージを得やすい事物であり、「歴史的又は芸術上価値の高いもの」として理解しやすいものであったのに対し、民俗資料はその言葉だけでは何を指し示すか一般には理解できない用語であった。しかも民俗資料はあくまでも有形文化財である。したがって、人々の行為としての民俗は対象外であった。民俗的な物質のみが文化財として想定されていた。文化財という用語自体がこの法律から生み出されたのであるが、「財」という語にその後も長く縛られることになった。

文化財保護法に民俗資料が有形文化財として位置づけられはしたが、その具体性は乏しいため、しばらくの間放置され、保護の対象として取り上げられることはなかった。一九五二年になり記念物課のなかに民俗資料係が置かれ、その主任として祝宮静《ほうりみやしず》が就任した。ここで民俗資料の範囲を明確にし、指定基準を作ることが行われた。その際、大きな影響を与えたのが日本常民文化研究所関係者であった。民俗資料係の調査員には宮本馨太郎《みやもとけいたろう》が就任し、これ以降長く文化財保護行政にかかわり、影響を与えた。

無形民俗資料と有形民俗資料　有形文化財の一つとして、絵画や建造物と並んで民俗資料が位置づけられていることは、その性格の相違から違和感も大きかった。「財」という語が示すように財宝的価値があるものが文化財という暗黙の前提があった。そこで、一九五四年の文化財保護法の改正で、有形文化財から民俗資料を独立させた。そこでは民俗資料を「衣食住、生業、信仰、年中行事等に関する風俗習慣及びこれらに用いられる衣服、器具、家屋その他の物件で我が国民の生活の推移の理解のため欠くことができないもの」と規定し、民俗資料を無形の民俗資料と有形の民俗資料に区分した。そして、有形民俗資料のうち特別に重要なものは重要民俗資料として指定すること、また無形民俗資料については資料的価値の高いものについて記録を作成することにするとした。これ以降、各地の民俗学研究者は都道府県や市町村の文化財行政に動員され、組み込まれることが多くなっていったが、それが本格化するのは一九六〇年代に入ってからである。

他方、日本民俗学会が文化財保護法に関心を示し、また民俗資料というとらえ方について議論した形跡はまったくない。『日本民俗学』にも関連する論文は一本も掲載されなかった。文化財として民俗資料が位置づけられ、文化財保護の対象にされることについて、民俗学の学会や研究者の間でまったく議論されることがなかった。文化財は基本的に「財」として認定した状態に固定することであり、人々の生活のなかに見られる民俗を固定することが可能なのか、あるいは意味があるのかについて何らかの議論があってしかるべきであったが、日本民俗学会でこの点について検討された様子は見られない。

六　民俗学研究所の解散と民俗学の停滞

1　民俗学研究所の解散

行き詰まる研究所　日本民俗学会とともに民俗学研究の車の両輪となっていた民俗学研究所は、しだいにその矛盾を大きくしていた。民間の研究機関であり、財団法人として認可されていたが、その財政基盤は弱体であった。専任の所員を抱えていたが、その生活を十分に保障するだけの給与その他が支給できる状態ではなかった。専任所員には一定額の研究費が出される程度であった。大学卒業者の初任給が一万円程度のとき、所員が与えられた研究費は五〇〇〇円であった。生活ができる条件はなく、他に収入を求めなければならなかった。しかも、研究所自体は、経済的基盤確保のために、出版活動を活発に展開しなければならなかった。所員は書籍の編集出版に追われた。すでに紹介したように、大きな出版だけでも、『民俗学辞典』（一九五一年）、『年中行事図説』（一九五四年）、『日本民俗図録』（一九五五年）があり、その最後の大事業となった『綜合日本民俗語彙』が刊行されたのは一九五五年から翌年にかけてであった。柳田國男が中心になって戦前に刊行した各分野の民俗語彙集にその他の成果も加えて総合して、五十音順に配列した全五巻の辞典である。所員たちはこれらの編纂に追われる毎日であった。日常的な研究活動が疎かになるのは必然であった。

先に紹介したように、一九五五年十二月の民俗学研究所理事・代議員会の席上で、柳田國男は一九五四年の日本民俗学会の石田英一郎の公開講演「人類学と日本民俗学」の内容を批判し、その「石田の見解に対して批判をあえてするものもなく、民俗学は低調でその発展は心細い。かかる無力な民俗学研究所は解散し、学会の発展に主力を注ぐべしという意味の重大な発言をした」という。この柳田の発言が当時の状況をよく表している。民俗学の理論の深化は見られず、文化人類学に対して独自性を主張する見解を表明する者もない民俗学の状況に対しての柳田の苛立ちであった。翌五六年一月の民俗学研究所の研究会に出席した柳田は、以後この研究会には出席しないと表明した。いよいよ民俗学研究所は柳田に見捨てられ、柳田によって背後から全面的に支えられていた民俗学研究所は急速に弱体化し、解体の方向に進んでいった。

解散の決議　一九五六年三月二十九日、民俗学研究所理事会・代議員会合同協議会は研究所の解散を決議した。以下のような議決内容であった。

議決

一、諸般の事情より推して現段階においては、当研究所は一年後に閉鎖または解散することを適当と認める。従って、昭和三十一年度予算並びに研究体制については、一応現状に基づいて立案決定した。

二、閉鎖または解散後の処置としては、他の研究機関に付置または移管することを目標にその実現方に努力する。

三、移管の第一候補としては東京教育大学を挙げる。従って同大学への移管については、代議員会としても積極的にこれを進めるよう努力する。

四、移管の条件としては、少なくとも当研究所設立の趣旨に則り、民間研究者（研究所同人、または日本民俗学会会員）が研究のために、所蔵図書を自由に利用できるよう処置されることが必要である。

五、移管に関する直接の連絡機関として左のごとき委員会を構成する。

委員（代議員）桜田勝徳、関敬吾、和歌森太郎、

（理事）堀一郎

この議決は、四月十日の代議員・理事合同協議会で再確認され、正式決定となった。その審議過程には柳田國男は出席していなかった。

また三月二十九日付けで民俗学研究所同人に対して「民俗学研究所の状況について」と題する文書を発送した。公式的な書き方で民俗学研究所存続が困難になったことを述べ、事業継続ができないと解散を示唆する内容となっている。

東京教育大学移管案　この決議の文面が示すように、東京教育大学への移管はすでに準備が行われていた。推進したのは民俗学研究所の代議員和歌森太郎、理事の直江広治であった。和歌森は日本史教室の教授で、当時すでに著名な歴史研究者・民俗学者として知られ、影響力のある存在であった。直江は史学方法論教室という学生定員のない考古学・民俗学研究室の民俗学の助教授であった。この二人を中心に、当時東京教育大学の日本史教室の助手で、民俗学研究所理事であった桜井徳太郎、また東京教育大学の前

身である東京文理科大学の卒業生である、研究所理事の萩原龍夫などが推進する人々であった。移管に際して作成された計画案では、宗教民俗学・教育民俗学・社会民俗学・民間文芸学・比較民俗学の五講座で、教授・助教授各一、助手は全部で八名という計画であった。この移管の動きに対して反発したのが、研究所に勤務して実際に業務に当たっていた所員であった。所員への十分な説明、説得がないまま、議決機関として決議し、推進していたことが反発を招いたといえるが、そこには所員の身分保証がはっきりせず、解散移管後の生活保障の見通しがなかったことが大きな理由として存在していた。当時の所員は七名であった。六月に「財団法人民俗学研究所を東京教育大学付属研究所に移管する案に反対する声明書」を所員として発表した。これ以降、研究所の代議員・理事を巻き込んで、移管派と反対派が対立し、争うことになった（以上の経過は『柳田國男伝』第一三章第二節の記述による）。

反対派には別の構想が準備されたわけではなかったので、結局は教育大学への移管か研究所解散かということが対立軸となって、前々からあった東京教育大学系への反発が強まり、八月には教育大学移管計画案は中止となった。そして解散決議をしてから一年後の一九五七年三月に代議員会・理事会は「民俗学研究所の状況について」を公表して研究所の解散を発表した。そして最終決議として四月七日の研究所代議員会が民俗学研究所の閉鎖解散を決議した。賛成が九票、反対が一票だったという。民俗学研究所は設立されてからわずか一〇年で姿を消したのである。

民俗学研究所の意義　短い期間であったが、民俗学研究所が日本の民俗学の歴史上大きな功績を残したことはいうまでもない。野の学問としての性格を民間の研究所として維持存続させながら、専任の所員を擁して研究活動を行うというアカデミックな面をもち、全国の民俗学研究者を同人として組織して研究の水準を引き揚げる努力をした。そして、解散の理由にもなったが、研究所は『民俗学辞典』はじめ多くの出版物を刊行し、民俗学の普及、また研究の推進を図った。民俗学研究所によって日本の民俗学は飛躍的に成長したことは間違いない。

しかし、その解散への過程が柳田國男の怒りの発言に端を発しているように、いまだ柳田國男の下にあり、研究上も柳田國男の傘の下から抜け出すことはなかった。そこに民俗学研究所の限界があった。研究所の解散で、戦後の民俗学発展を進めてきた車の両輪の一つがなくなり、必然的にもう一つの車、すなわち日本民俗学会も壊れることになった。

2　日本民俗学会の活動停止

『日本民俗学』の休刊　日本民俗学会は全国の民俗学研究者・同好者を会員として組織し、他の人文社会系の学会と協力しながら、民俗学の普及と研究推進を行っていた。その活動の中心は会誌として季刊の『日本民俗学』を発行することと、年一回日本民俗学会年会を開催することであった。その学会運営の中心部は民俗学研究所の関係者が担っていた。民俗学研究所の代議員・理事がまた日本民俗学会の理事であり、研究所所員が学会の委員であった。民俗学研究所の解散は必然的に日本民俗学会の活動に大きな影響を与えた。特に、解散に至る過程での、その後の進路をめぐる対立抗争は深刻であり、亀裂は大きかった。不信感は大きく、ともに活動することを困難にしていった。

『日本民俗学』は毎号大きな論文を掲載する学術雑誌としての体裁をとっており、その印刷刊行にも大きな経費を必要とした。刊行は実業之日本社によって行われていたが、それも無理となり、刊行の継続は困難となっていたところに、民俗学研究所解散があって、財政だけでなく、編集体制も行き詰まることになった。民俗学研究所解散の半年後の一九五七年九月に『日本民俗学』五巻二号を刊行して、休刊となった。

また学会の主催で毎月行っていた研究会は、一九三五年に開始された木曜会を受け継ぎ、談話会と称していたが、これもそれまで民俗学研究所、すなわち柳田國男邸を会場にしていた。それも一九五七年三月の三九四回談話会が最後になってしまった。その次の談話会は六月に開催されたが、会場は東京高田馬場の東京電力サービスセンターであった。これから数年間は大学などは用いず、都内の集会施設を会場にして開催された。日本民俗学会の状況を反映した開催場所だったといえる。

学会組織の変更　一九五七年十月に日本民俗学会第九回年会が岡山市で開催されたが、そこで役員が交代することとなった。当時の学会役員は会員による選挙ではなく、学会理事が評議員を選出し、評議員が理事を選出するという交互選出で、ほぼ限定された世界で選任が行われていた。一九五七年当時の理事は石田英一郎・桜井徳太郎・桜田勝徳・沢田四郎作・直江広治・萩原龍夫・堀一郎・本田安次《ほんだやすじ》・牧田茂・和歌森太郎の一〇名で、代表理事は和歌森であった。この一〇名の理事は前年の一九五六年十月の年会で選出されたばかりであった。ところが、わずか一年で辞任し、理事を退いたのである。民俗学研究所解散に連動した動きであった。そこで、評議員会において次期の理事を選出したが、その顔ぶれは川端豊彦《かわばたとよひこ》・沢田四郎作・戸川安章《とがわあんしょう》・長岡博男《ながおかひろお》・萩原龍夫・平山敏治郎・堀一郎・本田安次・最上孝敬《もがみたかよし》の九名であった。なお、大藤時彦も選出されたが、就任することを辞退し、理事にはならなかった。前期から引きつづいて理事になったのは、沢田四郎作、萩原龍夫・堀一郎・本田安次の四名であった。民俗学研究所解散・移管問題で大きな動きをした桜井・直江・牧田そして和歌森が退くものであった。代表理事は最上孝敬が就任した。また学会事務局はそれまで置かれていた実業之日本社から別に移されることとなった。引き受けたのは能田多代子《のうだたよこ》で、これからは能田方と記載された。個人の家を事務所所在地とするいう、学会としては珍しい姿になったのである。

学会は談話会を毎月開催することは継続していたものの、機関誌は『日本民俗学』を一九五七年九月に刊行して以降何も出されていなかった。やがて一年が経過しようとする一九五八年七月に新たに『日本民俗学会報』と題する機関誌が刊行されることになった。創刊号はわずかに三二ページという、『日本民俗学』に比較すると非常に貧弱な体裁の雑誌であった。これからしばらくは五〇ページ以下の号がつづくことになる。したがって、掲載される論文も比較的短いものが多く、本格的な研究とはいえないものが目立った。

『日本民俗学会報』創刊後の巻末に「会務報告」が掲げられたが、その副題として「会員各位へお詫びとお願い」となっていた。その文章は以下のようなものであった。

会務報告（会員各位へお詫びとお願い）

昨秋岡山の大会で、長年学会のため御骨折いただいた諸君が役員を去られ、われわれ後をうけて学会の運営にあたるよう選任されたのでしたが、中にどうしても御引受いただけない事情の方もあり、かつ学会の経理も行きづまつて、『日本民俗学』をこのままで継続、刊行していくことはわれわれの手にあまりましたので、一時学会の事務は停止の状態となつておりました。そのため多数会員方からの御送金や御間合せに対して一時そのままとなつており、大変御心配をかけ御迷惑をおよぼしましたことを、ここに深くお詫び申しあげます。しかし民俗学研究所が解散した今日われわれの唯一の拠点となった学会を長くこのままの状態にしておくことは到底しのびえぬことですので、今回意を決し、学会の再建発展のため、およばずながら努力いたすことといたしました、従来実業之日本社にあった事務所を中央線西荻窪駅に近い杉並区西荻窪二ノ十二の能田方に移し、さしあたり会報としてこのような小冊子を隔月に発行し、会員諸氏の研究発表と連絡の機関とすることにしました。第一号は匆々《そうそう》の際の編集で不出来の点多々あるとおもいますが、皆様方の御叱正、と御協力を得て段々としっかりしたものにしていきたいと思います。幸に多くの方から御支援をいただきますれば、もっと紙数もふやし隔月刊を月刊にまでもっていくこともできると思います。なお現行の会費はこのような会報の頒布にてらし不釣合な点もありますが、大会で決めたことなので、次期大会までしばらくこのままとし、将来改訂のおり清算したいと考えております。どうかそのおふくみで御協力いただきたく御願い申しあげます。

なお東京で行う学会の談話会は別頁報告のとおり、ほぼ毎月ひきつづいて開かれております。また本年度の大会は別頁予告のとおり、開催の日と場所がきまりました。いつも時間ぎれで十分な御相談のできない会運営に関する諸問題も、今度はゆっくり御話合をしたいとおもっております。どうかふるって御参会のほどお願いいします。

なお在京理事中の会務担当は庶務および談話会萩原、会報編集川端、会計最上ときめました。

日本民俗学会理事会

（日本民俗学会報一、三二頁）

Ⅸ　アカデミック民俗学への行程

一　大学における民俗学教育の開始

1　民俗学専攻の誕生

成城大学の文化史コース　民俗学研究所の解散にともない、その財産の中心部を占める施設は柳田國男に返されることになった。また図書については、研究所規則にも明記されていたように、解散時には提供者に返すことになっていた。一九五七年（昭和三十二）八月に研究所の残務整理を担当した大藤時彦と成城大学の間で協議し、柳田へ蔵書移管を要請した結果として、柳田へ返却されることになる蔵書は成城大学に委託されることとなった。早くもその年の九月には柳田の家から成城大学に搬出され、成城大学図書館に収められた。ここに柳田文庫が誕生した。この前提は、研究所解散にともなう移管騒動で反教育大学の中心人物となった大藤時彦が成城大学の教員に就任することがそれ以前に内定していたことであり、また柳田國男自身と成城大学とのさまざまな因縁があったことによる。まずは、柳田の自宅は成城大学に近く、歩いて数分のところであった。その近さはまず親しみを抱かせる大きな条件である。加えて戦後の社会科教育について新たな構想を練るに際し、成城学園の小学校教員が柳田と協力し、柳田の指導を受けていたことが大きな力になった。そして、個人的なつながりとして、柳田國男の長男為正《ためまさ》が旧制成城高校の卒業生であったことである。

大藤時彦が成城大学教授に就任し、新たな学科設置の要員となった。そして、一九五八年四月に成城大学文芸学部文芸学科文化史コースが開設された。その名称が示すように、民俗学の専攻学科ではないが、日本文化史という幅広い領域のなかで民俗学が重要な位置を占め、民俗学を専門的に研究指導する最初の私立大学となった。これ以降、柳田文庫を大きな基礎にして、民俗学教育は進められた。後に成城大学の民俗学を大藤とともに担うことになる鎌田久子は、柳田の蔵書が成城大学に入ることにともなって、その管理にあたる嘱託職員として成城大学に就職し、その後非常勤講師を経て、成城大学の専任教員となった。

その後、成城大学は柳田文庫を基礎に民俗学研究所を設立し、民俗学研究に大きな役割を果たすような活動を展開するようになった。民俗学研究所が設立されたのは一九七三年四月であった。

東京教育大学史学方法論専攻　国立大学で早くから民俗学に関わる研究者を専任教員として擁していたのは東京教育大学であった。東京教育大学の前身は東京文理科大学と東京高等師範学校であったが、その当時から民俗学との関係は深かった。戦前の東京文理科大学に肥後和男がいて、宮座調査などをすすめていたし、一部の学生が柳田國男の家を訪れたりしていた。和歌森太郎が東京文理科大学・東京教育大学の専任教員になり、その影響下に少なからず民俗学を専門にする学生が生じたが、あくまでも史学科日本史専攻の学生であった。しかし、卒業生のなかには研究活動に従事する者も少なくなく、また東京教育大学に就職する者もおり、民俗学界での存在感は大きなものとなっていった。日本民俗学会の役職にも関係者が多く就任した。そして民俗学研究所の東京教育大学への移管案が浮上することとなったのである。

一九四九年の東京教育大学発足にあたり、文学部史学科に学科共通の講座として「歴史学」が設けられた。それが一九五二年になって「史学方法論」と改称され、民俗学および考古学を専門とする一つの教室となった。しかし、学生定員はなく、教員のみがいる教室であり、史学科の講義や一般教育として民俗学・考古学を開講していた。一九五八年度からその史学方法論教室に学生定員が認められ、一学年五名という小規模な専攻教室として発足した。わずか五名がさらに民俗学もしくは考古学の専攻に分かれるのであり、実際の民俗学専攻学生は毎年二、三名であったが、はじめて日本の国立大学で民俗学の専門教育が行われることとなった。開設当初の講義科目としては、民俗学概論（直江広治）、比較民俗学（直江）、民俗学特殊研究（民間信仰史の研究）（和歌森）そして民俗学実習（和歌森・直江）であった。翌年もほぼ同様であったが、一九六〇年度からは桜井徳太郎、竹田旦も講義を担当するようになり、科目数も増えた。また文化人類学（非常勤講師担当、馬淵東一、後に中根千枝）も開講した。さらに一九六一年度には民俗学演習（和歌森・直江）も開かれた。

これで分かるように、概説・特論・演習・実習という四種類の講義を行う民俗学専門教育が始まった。ごくわずかな学生に対して多くの講義が開講され、体系的に民俗学を教えた。この概説・特論・演習・実習という種類は民俗学教育のみの特色ではないが、これ以降の各大学での民俗学専門教育の編成基準になったといってよい。これらの講義・演習などで指導を受けた学生たちが卒業論文を書いて提出することで民俗学の研究は前進した。そしてそのなかから専門的に研究する人物も登場した。第一期入学生は五人で、そのうち三人が考古学専攻となり、残りの二名が民俗学を専攻した。牛島巌、平山和彦の二人である。第二期入学生も五人であったが、考古学専攻は一名で四名が民俗学専攻であった。第三期入学生は六名で、全員が民俗学を専攻した。なお、宮田登は史学方法論教室に学生定員ができる前に東京教育大学に入学しており、史学科日本史専攻の学生であった。しかし、実際には史学方法論研究室に出入りし、民俗学を専門に学んでいた。

民俗調査実習が正式のカリキュラム上設定されたのも東京教育大学史学方法論専攻が最初であった。毎年調査地を設定し、教員と受講学生が合宿して調査を行った。参加者は専攻学生とはかぎらず、史学科の多くの学生が参加し、規模の大きい調査であった。いわゆる伝承者に向かって教員が質問をし、後に控えた学生たちがそれを筆記するという方式が採用された。教員の伝承者との問答から民俗調査の方法を学ぶという方式であったが、学生自身がその過程で抱いた疑問を質問することはできなかった。調査実習は実施したが、その結果を印刷刊行するという予算はなく、報告書は刊行されることはなかった。そのため、実習調査の成果は学界に共有されることもなく、また地元にも還元されることがなかった。その点で問題を残すことになった。

2　大学中心の研究体制

東京教育大学の民俗総合調査　和歌森太郎を団長とする民俗総合調査が科学研究費補助金を得て開始されたのは一九五八年八月のことであった。大分県の国東《くにさき》半島全域を対象に一〇日間共同して調査を行うという方式で行われた。メンバーは当時の東京教育大学の関係者で、和歌森太郎、直江広治、桜井徳太郎、竹田旦、宮原兎一（教育学部・社会科教育法）、北見俊夫（非常勤講師・民俗調査実習）、亀山慶一（非常勤講師・民俗調査実習）、それに東京文理科大学・東京高師卒業生の千葉徳爾（信州大学）、萩原龍夫（東京学芸大学）、西垣晴次（東京学芸大附属高校）、半田康夫（大分大学）などが参加した。また、地元の研究者もメンバーとなり、調査事項を分担した。史学方法論専攻の学生たちも一年生からこれに参加し、民俗を直接学ぶこととなった。調査は毎年夏に本調査、一月前後に個別の補充調査を行い、翌年度末にはその成果を印刷刊行した。一九五八年国東、五九年愛媛県宇和、六〇年島根県西部の西岩見、六一年岡山県の美作、六二年兵庫県淡路島、六三年三重県志摩半島、六四年福井県若狭、六五年宮城県東部海岸地方である陸前北部、六六年に青森県津軽半島と九年間つづき、調査実施の翌年度末には大部な成果報告書を出版社から刊行した。一九六〇年に刊行された和歌森太郎編『くにさき』がその第一冊であった。民俗の調査報告書がシリーズとして出版社から刊行されるということは、全国民俗誌叢書を除くと例がないものであり、民俗学が新しい段階に入ったことを示すものであった。なお、この後六八年には沖縄調査を実施したが、これは中間報告書のみで、ついに成果報告書を刊行せずに終わった。

この調査の特色は、第一に多数の研究者が同じ期間に同じ地域を対象に調査するという点にあった。共同調査としてはすでに一九三四年開始の山村調査、それに引きつづいて海村調査、また戦後には離島調査が行われてきたが、それらはいずれも一人で一地域を総合的に調査するものであり、同一調査項目によって調査することで結果として日本列島各地の民俗事象を記録するという方式であった。それに対して、この総合調査は参加者が調査項目を分担して調査するという方式であり、調査団全体で民俗全体を調査記録するというものであった。第二に、調査対象地域は特定の村落とか限定された地域ではなく、初年度の調査対象地域は国東半島であったように、非常に広い範囲で設定していることである。広域的調査という考えはおそらく先行する九学会調査の影響であろう。九学会はフィールドワークを行う人文社会科学九つの学会連合によって行うものであり、規模は大きいので、それに対応して調査地域も対馬・奄美・能登・佐渡などとより一層広い範囲に設定していたが、民俗総合調査もそれに近い範囲を設定した。それを媒介したものとして民俗学研究所が実施した科学研究費補助金による大隅《おおすみ》半島の調査があった。民俗学研究所の末期であり、十分な成果をあげることなく、調査に参加した千葉徳爾・村田熙《ひろし》・小野重朗・郷田洋文・萩原龍夫が執筆した『大隅半島の民俗（中間報告）』という報告書（一九五八年）のみを残して忘れ去られた。

東京教育大学の民俗総合調査は、当初毎年同一の分類構成によって民俗調査を行い、また成果報告書を刊行した。社会伝承・経済伝承・儀礼伝承などという伝承に対象事象を冠した名称が採用され、この調査と成果報告書を通して普及していった。

大学研究室に学会事務局　一九五七年に民俗学研究所の解散に連動する形でいったん学会活動は休止状態になったが、その折それまでの学会役員も引退し、最上孝敬を代表理事とする新理事会となり、学会事務局は能田多代子の個人宅に置かれた。それから四年が経過した一九六一年十月の役員改選で新理事が選出された。新しい理事は川端豊彦・沢田四郎作・戸川安章・直江広治・長岡博男・萩原龍夫・堀田吉雄・堀一郎・本田安次・和歌森太郎の一〇名であったが、沢田・戸川・長岡・堀田は遠隔地在住であり、実質学会の運営にあたったのは六名であった。代表理事にはふたたび和歌森太郎が就任した。そして、学会事務局が和歌森の勤務する東京教育大学に移された。実際の事務局は和歌森が所属する日本史教室ではなく、史学方法論教室の民俗学研究室であった。なお、翌六三年十月の年会に際して会則にもとづく改選が行われたが、本田安次が退任し、今野円輔・平井直房・最上孝敬・和田正洲《まさくに》が新たに就任した。これ以前から置かれていたが、理事の下に委員が委嘱されて、実際の学会運営にあたった。このときに委員に委嘱されたのは伊藤幹治・大島建彦・亀山慶一・北見俊夫・小島瓔礼・竹田旦・西垣晴次・野口武徳・花島政三郎・藤川清・松岡謙一郎・宮田登・宮本瑞夫の一三名であった。柳田國男から直接教えを受け、また民俗学研究所に関係していた伊藤・大島・亀山・北見・竹田・西垣に加えて、新たに大学で民俗学を学び、研究を開始した若手が半数以上を占めていた。これは民俗学の変化を示すものであった。

これ以降、学会事務局は原則として代表理事の勤務する大学研究室に置かれることになった。一九六五年十月の改選で、代表理事が大藤時彦となり、大藤の勤務先である成城大学文芸学部に事務局は移された。このようにして、学会組織においてもアカデミック民俗学の姿を示すことになった。

二　民俗学全体像の提示

1　民俗学講座の刊行

『日本民俗学大系』の刊行　一九五八年四月、すなわち成城大学と東京教育大学において民俗学専門教育が開始された同じときに、『日本民俗学大系』の刊行がはじまった。全一三巻という大規模な講座であり、民俗学にとってはおそらく世界でも最初の体系的な講座であったと思われる。一九六〇年五月には最終配本である第一三巻が刊行されて完結した。編集委員は大間知篤三・岡正雄・桜田勝徳・関敬吾・最上孝敬の五名であった。この顔ぶれから分かるように、民俗学研究所の中心を担っていた人々ではなかったし、また大学の民俗学専門教育を推進した人々でもなかった。それらとは異なる第三のグループといってよい研究者であった。五人はもちろん同じ立場、同じ方法論で研究しているわけではなく、さまざまな見方・考え方によって民俗学研究を行っていたが、唯一の共通点は当時民俗学研究所にも日本民俗学会にもほとんど関与していなかったことである。言い換えれば、柳田國男との距離がある研究者たちであった。そして、この五人のもう一つの共通性としては、歴史研究としての民俗学という考えが必ずしも強くなかったことであった。民俗をフィールドワークによって把握し、分析し、考察するという点では間違いなく民俗学であったが、その分析・考察の方向は必ずしも狭い歴史ではなかった。結果として、民俗学研究所や日本民俗学会が主導してきた民俗学への批判が基底に存在したといえる。そこには、岡の民族学理論が少なからず影響しているし、関のドイツを中心とした欧米民俗学の知識が反映していた。また、民俗学研究所で大きな力を持っていた東京教育大学系の研究者はほとんど執筆しなかった。和歌森は一項目執筆しているが、直江広治・桜井徳太郎・竹田旦などはまったく執筆していない。同様に、反対派の中心人物となった大藤時彦も執筆していない。

『日本民俗学大系』は以下のように構成されていた。

第一巻　民俗学の成立と展開
第二巻　日本民俗学の歴史と課題
第三巻　社会と民俗Ⅰ（地域、年齢集団、親族集団、信仰集団、芸能集団、職業集団）
第四巻　社会と民俗Ⅱ（社会階層、社会規制、社会と個人）
第五巻　生業と民俗
第六巻　生活と民俗Ⅰ（住居、食生活、服飾）

第七巻　生活と民俗II（年中行事、俗信、民間医療）
第八巻　信仰と民俗
第九巻　芸能と娯楽（芸能、競技・娯楽、童戯）
第一〇巻　口承文芸（民話、語り物、民謡、なぞと文芸、ことわざ、命名と造語、隠語と忌み言葉、方言）
第一一巻　地方別調査研究
第一二巻　奄美・沖縄の民俗（奄美の民俗、沖縄の民俗、比較民俗学的諸問題）
第一三巻　日本民俗学の調査方法・文献目録・総索引

これで分かるように、民俗学の全体像が示された最初の講座といえよう。民俗学がそれまでに蓄積した研究成果にもとづき、各事項ごとに概観した論文を収録した。しかし、いまだ民俗学の研究成果のみで記述することは困難な段階であった。執筆者においても民俗学研究者とはかぎらず、関連諸科学の研究者も多く参加していた。たとえば、第三巻で親族を執筆したのは文化人類学の蒲生正男、第四巻の社会階層は社会学の喜多野清一、第五巻の生業と民俗では林業を近世史の所三男などが担当している。しかし、他方では多くの民俗学研究者がそれまでの研究蓄積を基礎に記述を展開している。もちろん多くの項目を執筆しているのは五人の編者であるが、それに加えて一九三〇年代から柳田國男のところで指導を受け、山村調査や海村調査に参加した宮本常一・牧田茂などの人々が重要な執筆者となっている。岡正雄や蒲生正男が執筆することで、民族学・文化人類学の用語や概念また岡学説の系譜を引く村落構造類型論が民俗学に入ることになったことも注目されよう。そして、古典的民俗学研究から脱しようとする若手研究者が執筆に加わり、新鮮な内容を作り出した。若手研究者としてこの体系で頭角を現したのは郷田洋文（後の坪井洋文）であった。当時の坪井にも明らかに岡や蒲生の影響が見られる。

『日本民俗学大系』収録のいくつかの論文がその後大きな影響を与えた。その筆頭にあげられるのは、桜田勝徳の論考であろう。桜田は第三巻で「村とは何か」を執筆しているが、これは旧来の民俗学の古い民俗を伝承する場としての村落理解を批判し、現代における村落の全体的把握を提唱したものである。その後、社会組織や社会制度の研究の問題提起には必ずのように「村とは何か」が引用されるようになった。また、最終配本で大間知篤三が「民俗調査の回顧」を書き、山村調査に代表される旧来の民俗調査が統計や文字資料を無視したこと、民俗語彙中心に陥っていたことを反省したことも注目される。

さまざまな講座類　『日本民俗学大系』の刊行に前後して民俗学の全体像を示す講座類がいくつか刊行された。まず一九五六年から六二年にかけて刊行された『写真に見る日本人の生活全集』全一〇巻がある。構成は、日本人の食事、日本人の服装、日本人のすまい、日本人の交際・礼儀、日本人の習俗・迷信、日本人の一生、日本人の芸能、日本人の祭礼、日本人の子供達、日本人の女性の一〇巻で、民俗学の研究対象をカバーしているが、生産・生業に関係する分野が抜けている。全体として分かりやすく解説しつつ、

桜田勝徳

写真で具体的なイメージを与えるように工夫している。

また、藤沢衛彦《もりひこ》『図説日本民俗学全集』全八巻が一九五九年から六一年にかけて刊行された。これは藤沢衛彦個人の著書であり、民俗学や民俗の理解も個性的である。第一巻が神話・伝説編となっているように、独特の構成と内容になっている。民俗調査によって獲得した民俗資料にもとづく記述というよりも、さまざまな文字資料・図像資料

を駆使した生活文化の記述というべきもので、民俗学の成果をまとめたとはいえない。

また、一九六四年から六五年に『日本の民俗』全一一巻が出された。小型の判型であるが、民俗学の全体を対象にしている。研究に資するためというよりも、民俗学の案内書という性格が強いシリーズである。宮本常一、和歌森太郎、今野円輔、瀬川清子などが、各巻原則として一人で執筆しており、それぞれ個性が出ている。また、民俗学の講座ではないが、『郷土研究講座』全八巻が一九五七年から翌年にかけて出され、各巻には必ず民俗学上の問題が設定され、民俗学的郷土研究という性格ももっていた。

実証的研究の進展　それまで民俗学の全体像を知りたいときは柳田國男の著書を読めばよいという考えが当然のように行われていたが、『日本民俗学大系』の刊行によって、大学における民俗学専門教育の開始と呼応して、柳田から独立して民俗学を学ぶ方法が作り出されたことを意味する。しかも、大系は全体的に一九三〇年代以降築かれてきた柳田中心の民俗学の方法や枠組みに対して反省が加えられており、新たな可能性を追求する出発点となった。大系が版を重ねたことは肯ける。なお、大系の編者たちが、自分たちの執筆した各分野の総論を下敷きに概説を共著として著した関敬吾編『民俗学』（一九六三年）がある。牧田茂『生活の古典』、和歌森太郎の『日本民俗学』（一九五三年、これは一九四七年に出版した『日本民俗学概説』の改訂版）につづく、三番目の概説書であるが、大学での教科書という印象を与える入門書である。この『民俗学』はほとんど知られることなく姿を消してしまった。

第二次大戦後の民俗学研究をまとめ上げるような大きな研究書が一九六〇年代に入る前後から刊行され出した。まず、堀一郎の『我が国民間信仰史の研究』（一九五三年）があげられる。次いで桜井徳太郎『講集団成立過程の研究』（一九六二年）、岩崎敏夫『本邦小祠の研究』（一九六三年）、竹田旦『民俗慣行としての隠居の研究』（一九六四年）、直江広治『屋敷神の研究』（一九六六年）、萩原龍夫『中世祭祀組織の研究』（一九六六年）、千葉徳爾『民俗と地域形成』（一九六六年）などである。これらは博士論文として執筆されたものが多く、旧制大学の制度的終了にともなう博士論文であった。言い換えれば、民俗学の研究が博士論文として認められたことを意味し、アカデミック民俗学の登場を表示した。

また民俗学が現実問題とも大きく関わることを示した石塚尊俊《たかとし》『日本の憑きもの』（一九五九年）が刊行されたことも注目されよう。この時期に、民俗学研究者ではなく、農業経済学者である我妻東策《あずまとうさく》の『嫁の天国』（一九五九年）が出された。民俗学研究の対象であった志摩半島の隠居制を具体的に調査し、それを「嫁の天国」と評して世間の注目を集めた。

『社会と伝承』の創刊　民俗学の研究対象である民俗事象は民俗学の独占物ではない。戦後の九学会連合の活動にも示されるように、民俗を研究するのは多くの人文科学・社会科学でも当たり前になった。宗教学や社会学・法社会学はいうまでもなく、さまざまな分野で民俗事象が研究対象になり、また研究資料として活用された。いわば学際的研究の場としての民俗となったのである。そのことを示すことになったのが『社会と伝承』の創刊である。すでに紹介したように、宗教史研究者原田敏明の個人的努力によって一九五六年六月に創刊された。形式的には、社会と伝承の会が発行する。年四回刊行の季刊誌であるが、その刊行はほとんど完全に原田の個人的負担と努力によって行われた。

『社会と伝承』には多くの注目すべき論文が掲載された。そのいくつかを挙げておこう。まず実質的な刊行者である原田敏明の論文がある。原田は毎号のように独創的な論文を発表している。たとえば、一巻二号に「会所と部落の宗教」（一九五六年）を発表して、近畿地方村落で集会施設としての会所が氏神や仏堂境内に建てられていることに注目して、その意義を明らかにした。一巻四号には「村の境」(一九五七年)を発表した。これはややもすると自明のこととして用いられてきた村境という用語を、実体的に検討し、集落へ道が入る地点に村境はあり、それが村落の中心にもなることを論じ、村の入り口の数は村落内部の組織に対応しているという注目すべき見解を提出した。この論文は大きな影響を与えた。原田の関心の中心は宮座を中心とした神社祭祀にあり、宮座に関する多くの論文を発表している。特に、「典型的な宮座」(三巻四号、一九五九年)、「部落祭祀の対象」(四巻二号、一九六〇年)、「宮座について」(六巻一号、一九六二年)、「宮座のいろいろ」(六巻三号、一九六二年)などを通して、旧来の宮座概念を見直し、宮座は村座から始まり、後に特権化して株座になったという主張を展開した。これらは後に『宗教と民俗』(一九七〇年)、『宗教と社会』(一九七二年)、『村祭と座』(一九七六年)、『村祭と聖なるもの』(一九八〇年)等にまとめられた。『社会と伝承』は宮座の研究誌と思われるほど、毎号各地の宮座についての調査分析した論考が収録された。

『社会と伝承』誌上において議論されることから始まった研究課題もある。戦後の民俗学が関心を注いできた両墓制についても、原田「両墓制の問題」(三巻三号、一九五九年)、「両墓制再論」(一〇巻二号、一九六七年)などで両墓制が新しいことを論じ、論点を明確にした。また、無墓制ともいうべき石塔を建立しない墓制を論じたのも『社会と伝承』であったし、いわゆる半檀家についても事例が報告され議論が展開された。これらの問題について、民俗学研究者だけでなく、さまざまな立場の研究者が議論に加わったことが大きな特色であり、大きな意義があった。しかし、惜しいことに、一九七〇年代に入ると刊行が遅延することになり、一九七七年に一五巻二号を出して終刊となった。

2　柳田國男の怒りと悲しみ

「日本民俗学の頽廃を悲しむ」

一九六〇年五月に柳田國男は千葉市において講演を行った。その題目はははっきりしないが、柳田自身の手帖に書かれたメモによれば「日本民俗学の頽廃《たいはい》を悲しむ」というものであった。原稿は残されていないので、ショッキングなタイトルの内容は分からない。その講演に列席した一人が記録したメモによって窺うのみであるが、それによればまず最初に次のように述べている点が注目される（菱田忠義のメモ、千葉徳爾「柳田國男の最終公開講演『日本民俗学の退廃を悲しむ』について」『日本民俗学』一九四号、一九九三年）。

頽廃を悲しむ講演
（大藤時彦・柳田為正編『柳田國男写真集』岩崎美術社，1981年，112ページ）

すなわち、「学問は国のためにならねばする必要は無いと思う。道楽にしている人は何も考えない。学問の種類を楽しみ、おもしろいだけではやってはいけない」と述べたのである。ここでいう「学問は国の為にならねばする必要は無いと思う」という主張は柳田が常に抱いていた一つの使命感であった。その次に「道楽にしている人は何も考えない」と批判している。学問を楽しみや面白さだけでやってはいけないという。これは当時の民俗学、あるいは柳田國男のもとに来ている弟子たちに対する批判であったと思われる。次のような文章がそこで注目される。「単刀直入に言うが今日流行の民俗学は奇談・珍談に走りすぎる。平和の中にあるのがいい。思い出せばああそんなことだったか、それでいい」と、ほとんど意味が通じないが、きびしい批判をしようとしていることはまちがいない。この「今日流行の民俗学は奇談・珍談に走りすぎる」が具体的にどういう人のいかなる論文や著書をいっているのか特定できないが、これが彼が憤っていた内容であろう。最後には、「私も気楽すぎた。日本は今憂うべき時機です。で、このまま過ぎて、特長のない国にしないことです。ベトナムくらいになるだけ。東南アジアの小国と同じになってはいけない。政治の問題は気になる。これが憂うべきものなら、それを基礎から固めておくとよい」。そして最後に「疲れたからこのへんで」ということで終わっている。

民俗学研究所解散問題から抱いていた門弟たちの民俗学研究への柳田の不満・怒りが爆発したものといえるが、すでに最晩年であり、論理的に思考をめぐらし説得するということはできなかった。思いは伝わるが、論としては理解できないものであった。それだけに柳田の深い悲しみと怒りを感じられる講演だったといえよう。しかし、この講演はごくわずかな聴衆であり、しかも「日本民俗学の頽廃を悲しむ」という演題があったわけではないので、柳田の意図を理解した者はほとんどいなかった。この講演が紹介されたり、取り上げられたりすることはなかった。後に『定本柳田國男集』別巻五の「年譜」にこの演題が掲載されてはじめて注目された。したがって、講演の記述は、学史的には、一九七〇年代まで下りなければならないかもしれない。

『定本柳田國男集』の刊行　一九六一年一月から『定本柳田國男集』の刊行が開始された。全三一巻に別巻が五冊あり、全部で三六冊となる巨大な著作集であった。柳田國男が健在な時期から編集が開始されていたので、著者である柳田の意向が強く反映した著作集となっている。三一巻にもなる著作集であるが、全集と謳うことができなかったのは、それに関係する。柳田が再録することを拒否した文章があり、また自ら執筆したとはいえない口述筆記の著作が除かれていた。前者は学生時代に書いた新体詩の多くであり、後者としては民俗学の総論書として多くの人に読まれていた『民間伝承論』（一九三四年）、『郷土生活の研究法』（一九三五年）があった。『民間伝承論』は最初の一章のみ、『郷土生活の研究法』は前半部のみであり、具体的な民俗事象について体系的に概観した後半部は除かれた。しかも、『定本柳田國男集』は著者の朱入れ本を底本とした。したがって、読者が実際に読んだ公刊当時の文章とはかぎらなかった。柳田における確定した文章表現であったが、発表当時とは異なる字句や文があり、研究史上で柳田の発表年次にそのまま利用することはできないという面があった。

『定本柳田國男集』の構成は必ずしも明確ではないが、テーマ別の編成となっていた。同じテーマと考えられる著書・論考が一つの巻に収録された。それまでは、個別に入手しなければ読むことができなかった柳田の著作を網羅的に読めるようになった。特に初期の作品などはほとんど手にすることができなかったので、柳田の全体像を知ることも困難であったが、これで容易に柳田の著作全体を見渡すことができるようになった。時あたかも第一次柳田國男ブームを迎えていた。

柳田國男の死去　柳田はそれ以前にすでに眼光鋭い人物ではなくなっていた。日本民俗学会代表理事の和歌森太郎は、一九六一年の日本民俗学会年会無事終了の報告のために柳田を訪れた際の訪問記を「柳田國男先生を訪ねて」と題して『日本民俗学会報』二一号（一九六一年）に発表した。そこでは以前の柳田とは異なることをつぎのように記して報告している。

（前略）しかし正直なところ、私にはこの一年の間に、先生がめつきりおやつれになつたという感じがいなめませんでした。ひげが伸び放題だつたということも手伝つたのでしようが、例の目つきも、よく高齢の老人がそうであるように、瞬間、うつろに見られるときがあつたりして。少なからずギクリとさせられことがありました。

先生は、学会の雑誌が近頃来ないのでどうもようすが分からないとなげかれるので「そんなことは決してありません」と私が言いますと、奥様も「遅れるということかもしれませんが、とにかくいただいていることだけは確かです。」と口添えなさいました。「そうかねぇ」と、先生はまだ納得しがたい面持でしたが、これからはじかにお届けしなければならないと思つた次第です。

その他、以前の柳田でないことを示す例をいくつか述べた上で、「このようなことを会員諸氏に御披露するのはまことに辛いことでありますけれども、先生がかならずしも二、三年前までの先生ではないということを御承知になつていただく必要があるかと思うからです」としている。柳田がもはや民俗学の指導者ではないことを会員に知らせようとした記事といえよう。

柳田國男は一九六二年八月八日に八八歳で死去した。『定本柳田國男集』の刊行途中であり、完結を見ずに亡くなつた。民俗学研究はいよいよ柳田を頼りにすることができなくなつた。柳田が築いた調査と研究の分業体制を、研究レベルで継承することは不可能であつた。各地に居住し、民俗に興味をもつて、周囲の民俗を調査して報告しても、もはやそれを評価して活用してくれる人がいないのである。この事態はすでに一九五〇年代末には生じていたが、柳田の死でそれは動かしがたい事実となつた。各地の民俗学研究者は励みになる目標を失った。この点からも野の学問としての民俗学にアカデミック民俗学が取って代わることは必然であった。

参考文献

赤坂憲雄『山の精神史―柳田國男の発生―』小学館、一九九一年
赤松啓介『民俗学』(三笠選書) 三笠書房、一九三八年(『赤松啓介民俗学選集』第一巻、明石書店、一九九九年)
網野善彦・宮田登・福田アジオ編『歴史学と民俗学』(日本歴史民俗論集一) 吉川弘文館、一九九二年
綾部恒雄『文化人類学群像』3日本編、アカデミア出版会、一九八八年
有賀喜左衛門『一つの日本文化論』未来社、一九八一年
石井正己『柳田國男と遠野物語』三弥井書店、二〇〇三年
石井正己『遠野物語の誕生』(ちくま学芸文庫) 筑摩書房、二〇〇五年
伊藤幹治『柳田國男　学問と視点』潮出版社、一九七五年
伊藤幹治『柳田國男と文化ナショナリズム』岩波書店、二〇〇二年
井之口章次『民俗学の方法』岩崎美術社、一九七〇年
井之口章次『歩く・見る・書く―民俗研究六十年―』岩田書院、二〇〇五年
岩田重則「日本民俗学の成立と展開」『講座日本の民俗学』一、雄山閣、一九九八年
岩本由輝『柳田國男　民俗学への模索』柏書房、一九八二年
牛島盛光『日本民俗学の源流―柳田國男と椎葉村―』岩崎美術社、一九九三年
内田武志『菅江真澄の旅と日記』未来社、一九七〇年
王　京『一九三〇、四〇年代の日本民俗学と中国』神奈川大学21世紀COEプログラム研究推進会議、二〇〇八年
大島暁雄『無形民俗文化財の保護』岩田書院、二〇〇八年
大島建彦「民俗調査の回顧と展望」『民俗調査研究の基礎資料』(講座日本の民俗別巻) 有精堂出版、一九八二年
大藤時彦「日本民俗学における沖縄研究史」東京都立大学南西諸島研究員会編『沖縄の社会と宗教』平凡社、一九六

五年
大藤時彦『日本民俗学史話』三一書房、一九九〇年
大間知篤三「民俗調査の回顧」『日本民俗学大系』第一三巻、平凡社、一九六〇年
荻野　馨『伊能嘉矩』遠野物語研究所、一九九八年
小熊英二『単一民族神話の起源』新曜社、一九九五年
折口博士記念古代研究所編『折口信夫手帖』一九八七年
鹿野政直『近代日本の民間学』岩波書店、一九八三年
川田　稔『柳田國男の思想史的研究』未来社、一九八五年
川田　稔『柳田國男のえがいた日本』未来社、一九九八年
川村　湊『「大東亜民俗学」の虚実』講談社、一九九六年
菊池勇夫『菅江真澄』（人物叢書）吉川弘文館、二〇〇七年
熊倉功夫・吉田憲司編『柳宗悦と民芸運動』思文閣出版、二〇〇五年
桑山敬己『ネイティヴの人類学と民俗学』弘文堂、二〇〇八年
郷田洋文「民俗調査の歴史」『日本民俗学大系』第一三巻、平凡社、一九六〇年
小国喜弘『民俗学運動と学校教育—民俗の発見とその国民化—』東京大学出版会、二〇〇一年
後藤総一郎『柳田國男論』恒文社、一九八七年
後藤総一郎編『柳田國男の学問形成』白鯨社、一九七五年
後藤総一郎編『柳田國男研究資料集成』全二〇巻、日本図書センター、一九八六・八七年
後藤総一郎編『柳田学前史』（常民大学研究紀要1）岩田書院、二〇〇〇年
今和次郎『日本の民家』相模書房、一九五四年（岩波文庫、一九八九年）
坂野　徹『帝国日本と人類学者』勁草書房、二〇〇五年
佐々木宏幹編『民俗学の地平—桜井徳太郎の世界—』岩田書院、二〇〇七年

佐藤健二「『大阪民俗談話会』を考える」『柳田國男研究論集』六、二〇〇八年
思想の科学研究会『共同研究・転向』全四巻、平凡社、
篠原徹編『近代日本の他者像と自画像』柏書房、二〇〇一年
女性民俗学研究会『軌跡と変容―瀬川清子の足あとを追う―』一九八六年
新谷尚紀『柳田民俗学の継承と発展』吉川弘文館、二〇〇五年
杉本　仁「切り捨てられた『野の学』―戦後の日本民俗学論争（一九四五～五八年）―」柳田國男研究会編『柳田國男・同時代史としての「民俗学」』（柳田國男研究五）岩田書院、二〇〇七年
成城大学民俗学研究所編『成城大学民俗学研究所二〇年の歩み』一九九三年
瀬川清子・植松明石編『日本民俗学のエッセンス―日本民俗学の成立と展開―』ぺりかん社、一九七九年
関　敬吾「日本民俗学の歴史」『日本民俗学大系』第二巻、平凡社、一九五八年（『関敬吾著作集』第七巻、一九八一年）
蘇理剛志「京都帝国大学民俗学会について―関西民俗学の黎明―」『京都民俗』一九、二〇〇一年
田口昌樹『菅江真澄』（民俗選書）秋田文化出版社、一九八八年
鶴見太郎『柳田國男とその弟子たち』人文書院、一九九八年
鶴見太郎『民俗学の熱き日々』（中公新書）中央公論社、二〇〇四年
寺田和夫『日本の人類学』思索社、一九七五年（角川文庫、一九八一年）
鳥越皓之『柳田民俗学のフィロソフィー』東京大学出版会、二〇〇二年
中生勝美編『植民地人類学の展望』風響社、二〇〇〇年
中込睦子編『草創期民俗学における女性民俗研究者の研究史的位置づけ』（科学研究費補助金研究成果報告書）二〇〇六年
永原慶二『二〇世紀日本の歴史学』吉川弘文館、二〇〇三年
西垣晴次編『民俗資料調査整理の実務』（地方史マニュアル第七巻）柏書房、一九七五年

日本民俗学会編『年表・日本民俗学会の五〇年』二〇〇〇年
日本民族学会編『日本民族学の回顧と展望』日本民族学協会、一九六六年
野口武徳『南島研究の歳月』東海大学出版会、一九八〇年
野口武徳・宮田登・福田アジォ編『現代日本民俗学』Ⅰ・Ⅱ、三一書房、一九七四・七五年
播磨学研究所編『再考柳田國男と民俗学』神戸新聞総合出版センター、一九九四年
比嘉春潮・大間知篤三・柳田國男・守随一編『山村海村民俗の研究』名著出版、一九八四年
広瀬千香『山中共古ノート』第一集～第三集、青燈社、一九七三～七五年
福田アジオ『日本民俗学方法序説』弘文堂、一九八四年
福田アジオ『柳田国男の民俗学』吉川弘文館、一九九二年（新装版二〇〇七年）
福田アジオ『民俗学者柳田國男』（神奈川大学評論ブックレット）御茶の水書房、二〇〇〇年
福田アジオ『日本民俗学の開拓者たち』（日本史リブレット）山川出版社、二〇〇九年
福田アジオ編『柳田國男の世界―北小浦民俗誌を読む―』吉川弘文館、二〇〇一年
福田アジオ編『日本の民俗学者―人と学問―』（神奈川大学評論ブックレット）御茶の水書房、二〇〇二年
藤井隆至『柳田國男　経世済民の学』名古屋大学出版会　一九九五年
船木　裕『柳田國男外伝』日本エディタースクール出版部、一九九一年
牧田　茂『柳田國男』中公新書、中央公論社、一九七二年
牧田茂編『評伝柳田國男』日本書籍、一九七九年
松本三喜夫『野の手帖　柳田國男と小さき者のまなざし』青弓社、一九九六年
宮田　登『日本の民俗学』（講談社学術文庫）講談社、一九七八年
宮田登他編『民俗学文献解題』名著出版、一九八〇年
宮本常一『民俗学への道』（宮本常一著作集一）未来社、一九六八年
宮本常一『民俗学の旅』文藝春秋、一九七八年

宮本常一先生追悼文集編集委員会編『宮本常一—同時代の証言—』日本観光文化研究所、一九八一年
村井　紀『南島イデオロギーの発生—柳田國男と植民地主義—』福武書店、一九九二年
村井　紀『新版南島イデオロギーの発生—柳田国男と植民地主義—』岩波現代文庫、岩波書店、二〇〇四年
柳田國男『民間伝承論』一九三四年（『柳田國男全集』第八巻、一九九八年）
柳田國男編『郷土会記録』大岡山書店、一九二五年
柳田國男編『日本民俗学研究』岩波書店、一九三五年
柳田國男『郷土生活の研究法』一九三五年（『柳田國男全集』第八巻、一九九八年）
柳田國男編『山村生活の研究』岩波書店、一九三七年
柳田國男編『海村生活の研究』日本民俗学会、一九四九年
柳田國男研究会『柳田國男伝』三一書房、一九八八年
尹　健次『民族幻想の蹉跌』岩波書店、一九九四年
ロナルド・モース（岡田陽一訳）『近代化への挑戦・柳田國男の遺産』日本放送出版協会、一九七七年
和歌森太郎『日本民俗学概説』東海書房、一九四七年
和歌森太郎『日本民俗学』弘文堂、一九五三年
和歌森太郎「民俗学の発達と現状」『日本民俗学講座』五、朝倉書店、一九七六年

あとがき

日本の民俗学の形成・展開の過程を歴史として記述することがいかに難しいかを今改めて痛感している。年表のように生起した事実を年代順に配列するだけでは学史にはならない。生起した事実を確定し、それらが相互に如何に関連し、影響し合い、全体として学問の動向を形成してきたかを明らかにしなければならないし、学問も社会全体の動きと無関係ではなく、社会の動向の一部を形成していることも把握しなければならない。このような学問の歴史を記述することは容易なことではないことは最初から分かっていた。そして大冒険を試みた結果、その難しさを思い知らされた。

民俗学史を記述する以上、まず記述対象となる事実を確定しなければならない。先輩たちが記述してくれた学史によって、取り上げるべき事項の多くは見当が付いていたが、それを自ら実証的に確定する作業が必要であった。また、先輩たちが取り上げた事項だけが民俗学史の内容ではないことも分かっていた。新たな事実を発掘し、学史のなかに位置づける努力もしなければならない。この数年間は悪戦苦闘の連続であったといってよい。柳田國男はじめ著名な研究者については、著作集や全集が刊行され、その主張や研究成果を把握することは比較的容易である。しかし、そのような巨人研究者だけで民俗学は形成されてきたのではない。日本の民俗学は、本書の副題に「『野』の学問の二〇〇年」と付けたように、学問研究の制度の外で自らの興味と判断に基づいて自らの意志で研究してきた成果である。それらの研究は個別に発表されてきたが、その個々の成果を確認し、それらが織りなす民俗学全体の動向を組み立てようとした。努力を重ねたが、成功したと言う自信はない。

民俗学史も歴史の記述である限り、物理的な均等な時間で進むのではなく、ゆったりと進む時期と急激な変化が見られる時期があり、その結果として時期区分することが期待される。歴史の記述に時代区分があるように、民俗学史にも民俗学の展開を段階的に把握する時期区分があるはずであり、それを把握しなければならない。民俗学史の時期区分は従来もされてきた。その場合の区分の指標と基準は、研究団体と研究雑誌の変遷に置いていた。どのような団体が成立し、如何なる雑誌が刊行されたかを基準に時期区分をしてきたことは「はじめに」で指摘した。しかし、学史は団体組織史や雑誌刊行史ではない。民俗学が何を明らかにしようとして、どのような方法で研究し、その研究は社会の動向と如何に関係していたかをとらえて段階区分することが期待されるであろう。

本書は全部で九つの章で構成した。この九章構成が、私が把握した日本民俗学史の時期区分といってよい。日本の民俗学は近世の文人たちの民俗発見から始まり（Ⅰ）、新たに欧米から輸入された人類学が展開した土俗調査（Ⅱ）という二つの出発をもって、民俗学研究は形成された（Ⅲ）。一九一〇年前後の柳田國男の登場によって、それらの流れは柳田國男に吸収され、彼の研究に組み込まれ、民俗学の主流を形成することになった。柳田國男の思想や使命感と深く関わりながら民俗学は完成した（Ⅳ）。一九三〇年代の危機的状況のなかで、実践性を強めるとともに、組織、研究法、調査法の組み立てに成功し、民俗学を確立させた（Ⅴ）。しかし、戦時体制下において体制に協力する学の方向を見せるとともに、植民地支配との関連も強めた（Ⅵ）。第二次大戦後の民俗学は、反省を経て、新たな展開を示した。戦後社会の課題に応えられる民俗学への取り組みをみせ（Ⅶ）、「野」の学問としての体制を民俗学研究所と日本民俗学会として完成させたが、一〇年ほどで行き詰まりを見せた（Ⅷ）。そこからの打開策として、大学における研究教育を目指すこととなった。指導者柳田國男の引退と相前後して、アカデミック民俗学は成立した（Ⅸ）。この時期区分が日本の民俗学の歴史を正しく把握した適切なものかどうか自信はないが、団体・雑誌中心段階区分を脱しようとした試みであることだけは了解していただけると思う。学史も歴史の記述であるから、古い時代は簡単に、現代に近づくほどに詳細に記述するのが原則である。本書でもその原則に従った。

「はじめに」で日本民俗学史を柳田國男の民俗学史にはしないことを表明したが、通して読み返してみると、結局柳田國男中心の記述に陥っていることを痛感した。柳田國男の存在の大きさを再確認した。しかし、柳田國男が民俗学を形成する時期に、同時代的に並行してさまざまな民俗学形成の努力もなされていた。柳田國男に組みせず、柳田國男に従属せず独自の民俗学形成を目指していた人々もいる。残念ながら、その点を十分に明らかにすることができなかった。校正刷りを読みながら、書くべき事項、紹介すべき人物や団体がいくつも落ちていることに気づいた。その点では不完全・不十分な学史である。一つの習作として読んでいただければ幸いである。

本書は、一九六二年の柳田國男の死で終えている。柳田の死は民俗学史にとって大きな画期になったことは間違いない。しかし、それはすでに五〇年近い前のことである。本書を世に出してしまった以上は、それからの半世紀の民俗学史を書き進め、日本民俗学史を完成させなければならないことを十分に自覚している。できるだけ早く続編としての「アカデミック民俗学の五〇年」を世に問いたいと思っている。その続編のためにも、読者の皆さんからの本書に対する忌憚のない批判をいただきたい。

本書では、原則として、漢字表記は常用漢字を用いたが、柳田國男については文献タイトルも含めてすべて柳田國男に統一した。記述に際しては、すべての事項について基本的に根拠となる文献にあたって確認する努力をした。しかし、執筆が長期に及んだため、出典や引用の記載が一貫していない。殊に柳田國男についての引用が単行本、『定本柳田國男集』、ちくま文庫版『柳田國男全集』、『柳田國男全集』などまちまちである。

本書の刊行を引き受けて下さった吉川弘文館に深く感謝したい。入稿時期を約束しながらたびたび先に延ばして多大のご迷惑をおかけした。そして、製作にあたっては、編集部の皆さんに大変お世話になった。あつくお礼申し上げる。

二〇〇九年七月

福田アジオ

福田アジオ著

柳田国男の民俗学

（歴史文化セレクション／解説＝福田アジオ）

四六判・三〇〇頁／二三一〇円

日本民俗学の父、柳田国男は、その後半生を新しい学問〝民俗学〟の開拓に捧げた。日本の名もなき人々の生活の中に歴史を発見しようとした柳田の民俗学の成果と限界を示しながら、今後の民俗学の方向性を展望する。

番と衆 日本社会の東と西

（歴史文化ライブラリー）

四六判・二一〇頁／一七八五円

関東と関西では、言葉や食物などを通して、生活・文化が違うと考えている人は多い。この相違はいかにして生れてきたのか。フィールド調査をもとに、東の「番」と西の「衆」をキーワードに日本社会の特質を解明する。

柳田国男の世界

―北小浦民俗誌を読む―

A5判・四二〇頁・口絵二頁／八四〇〇円

『北小浦民俗誌』は、柳田が著した唯一の民俗誌であるが、記述は日本全体の歴史像に及んでいる。柳田の意図は何か。全文を正確に読み解き、成立過程や資料的根拠を解明。「郷土で日本を」を標榜した柳田の思想に迫る。

北小浦の民俗

―柳田国男の世界を歩く―

A5判・三三六頁・口絵二頁／八四〇〇円

柳田国男の著した『北小浦民俗誌』は、北小浦・佐渡とはほとんど無関係に構築されたものであった。現地調査をもとに、北小浦の民俗の全体像を明らかにし、柳田の方法と対置させて検証。新しい北小浦民俗誌を提示する。

（価格は５％税込）

著者略歴
一九四一年、三重県に生まれる
一九七一年、東京教育大学大学院文学研究科修士課程修了
現在、神奈川大学大学院歴史民俗資料学研究科教授
〔主要著書〕
近世村落と現代民俗（吉川弘文館、二〇〇二年）　寺・墓・先祖の民俗学（大河書房、二〇〇四年）　歴史探索の手法―岩船地蔵を追って―（筑摩書房、二〇〇六年）

日本の民俗学
「野」の学問の二〇〇年

二〇〇九年（平成二十一）十月一日　第一刷発行

著　者　福田《ふくた》アジオ
発行者　前田求恭
発行所　株式会社 吉川弘文館
郵便番号一一三―〇〇三三
東京都文京区本郷七丁目二番八号
電話〇三―三八一三―九一五一〈代表〉
振替口座〇〇一〇〇―五―二四四番
http://www.yoshikawa-k.co.jp/
印刷＝株式会社 理想社
製本＝誠製本株式会社
装幀＝長谷川　徹

ISBN978-4-642-08024-8

事項索引

人名・著作物名を除く事項を収録した.
地名には現行地名を括弧内に補った.

あ 行

か　行

さ　行

た　行

な　行

は　行

ま　行

や　行

ら　行

わ　行

人名索引

あ行

か　行

さ　行

た　行

な　行

や　行

ら　行

わ　行

書名・論文名索引

あ　行

か　行

さ　行

た　行

な　行

は　行

ま　行

や　行

ら　行

わ　行

日本民俗学研究史年表

明治初年から1965年までの民俗学研究の展開を示すために，主として研究者の組織，雑誌の創刊および研究書の刊行について，重要事項を年表としてまとめた．事項末尾の*イタリックの数字*は該当の本文ページを示す．

西暦	和暦	事　　項
1877	明治10	7　司法省『民事慣例類集』刊行． *49*
1884	17	10　坪井正五郎，白井光太郎ら人類学会設立． *39*
1886	19	2　人類学会『人類学会報告』創刊．後に『東京人類学会雑誌』，『人類学雑誌』となる． *39* 3　渡瀬荘三郎「我国婚礼ニ関スル諸風習ノ研究」『人類学会報告』2号． *40*
1889	22	2　『風俗画報』（月刊）創刊．1916年478号で終刊． *51*
1893	26	5　坪井正五郎「人類学研究の趣意」『東京人類学雑誌』86号． *45*
1893	26	7　第1回土俗会開催．鳥居龍蔵の提唱によって開かれる．共通論題は「日本各地新年の風習」．以下毎年1回開催し，第6回まで開かれる．94年8月第2回土俗会，95年8月第3回土俗会，96年8月第4回土俗会，97年8月第5回土俗会，98年8月第6回土俗会． *41*
1894	27	2　坪井正五郎「土俗調査より生ずる三利益」『東京人類学会雑誌』95号． *42* 8　第2回土俗会，課題は「各地贈答の風習」．伊能嘉矩が参加し，「化学的土俗研究の必要」性を強調． *43*
1896	29	9　宮島幹之助「越後国三面村の土俗」『東京人類学会雑誌』126号．
1899	32	3　坪井正五郎「人類学上土俗調査の範囲」『東京人類学会雑誌』156号．
1909	42	3　柳田國男『後狩詞記』．08年の九州旅行の際，訪れた宮崎県椎葉村での聞き書の記録．柳田國男自ら調査した最初で最後の調査報告書． *66*
1910	43	5　柳田國男『石神問答』． *72* 6　柳田國男『遠野物語』．08年秋に遠野出身の佐々木喜善から聞いた話をまとめる． *69* 秋，郷土会創立．新渡戸稲造を中心とした農村・農業問題の

		研究会.	73
		12　柳田國男『時代ト農政』.	
1911	明治 44	9　柳田國男「『イタカ』及び『サンカ』」『人類学雑誌』27巻6号（翌年2月の28巻2号まで連載）.	84
		12　伊波普猷『古琉球』.	91
		12　上田敏が京都府立大一高女で「民俗伝説」を講演し，イギリスの folklore を俗説学と訳して紹介.	56
1912	45	4　石橋臥波・坪井正五郎・富士川游らが日本民俗学会設立. 翌年5月に『民俗』創刊.	59
1913	大正 2	3　柳田國男と高木敏雄で雑誌『郷土研究』を創刊. 翌年4月には柳田の単独編集となり，1917年3月まで刊行（4巻12号）.	74
		3　柳田國男「巫女考」『郷土研究』1巻1号に掲載（12号まで連載）.	76
		5　柳田國男「所謂特殊部落ノ種類」『国家学会雑誌』27巻5号.	84
1914	3	3　柳田國男「毛坊主考」『郷土研究』2巻1号（12号まで連載）.	83
		南方熊楠「虎に関する史話と伝説，民俗」『太陽』20巻1号，5号，9号.『十二支考』の連載開始.	79
		7　南方熊楠「『郷土研究』の記者に与ふる書」『郷土研究』2巻5号.	77
		9　柳田國男「郷土誌編纂者の用意」『郷土研究』2巻7号.	85
		3　柳田國男「柱松考」『郷土研究』3巻1号.	81
1915	4	4　折口信夫「髯籠の話」『郷土研究』3巻2，3号. 折口信夫の依代論を展開.	80
1918	7	8　郷土会による神奈川県津久井郡内郷村の調査行われる（8月15〜25日）.	86
1919	8	1　喜田貞吉『民族と歴史』創刊. 23年10巻4号で終刊.	95
		10　伊波普猷『沖縄女性史』.	
1920	9	12　柳田國男九州・沖縄を旅行（海南小記の旅）. 1月5日那覇着. 沖縄本島，宮古を巡り，2月7日那覇出発.	90
1921	10	5　渋沢敬三，アチックミューゼアムソサエティを組織する.	99
		7　折口信夫沖縄を旅行. 23年7月第2回沖縄旅行.	93
1922	11	3　柳田國男『郷土誌論』.	98
		3　伊波普猷『古琉球の政治』.	

1925	14	11 『民族』(隔月刊) 創刊. 1929年4巻3号で終刊. *95*
		12 渋沢敬三, アチックミューゼアムソサエティーをアチックミューゼアムと改称し, 本格的活動開始. *100*
1926	15	2 南方熊楠『南方随筆』.
		4 柳田國男『日本農民史』. *103*
		6 佐喜真興英『女人政治考』.
		11 柳田國男『山の人生』.
1927	昭和 2	4 柳田國男「蝸牛考」『人類学雑誌』42巻4号 (7号まで連載). 方言周圏説を提唱. *104*
		4 C.バーン (岡正雄訳)『民俗学概論』. *144*
		10 藤田元春『日本民家史』.
		11 田村浩『琉球共産村落之研究』.
		12 京都民俗談話会設立. 30年5月に京都民俗研究会と改称. *147*
1928	3	1 『民俗芸術』(月刊) 創刊. 1932年5巻6号で終刊. *97*
		1 『旅と伝説』(月刊) 創刊. 1944年17巻1号で終刊. *159*
		2 柳田國男『雪国の春』.
		3 柳田國男「聟入考」を史学会で講演. *107*
		4 柳田國男『青年と学問』.
		12 中山太郎『日本婚姻史』. *163*
1929	4	1 渋沢敬三ら愛知県奥三河を訪れ花祭りを見学. *101*
		1 折口信夫「常世及び『まれびと』」『民族』4巻2号.
		3 柳田國男『都市と農村』.
		4 折口信夫『古代研究』民俗学篇1. *94*
		6 柳田國男「葬制の沿革について」『人類学雑誌』44巻6号.
		6 柳田國男「野の言葉」『農業経済研究』5巻2号. *108*
		7 『民俗学』(月刊) 創刊. 『民族』を継承. 1933年12月5巻2号で終刊. *97*
		9 有賀喜左衛門「民俗学の本願」『民俗学』1巻3号.
		9 仙台放送局, 「東北と郷土研究」を2日連続番組として放送.
		10 柳田國男「聟入考—史学対民俗学の一課題—」『三宅米吉博士古稀祝賀記念論文集』. *107*
1930	5	4 早川孝太郎『花祭』. *154*
		4 柳田國男「民間伝承論大意」を講演 (長野県西筑摩郡洗馬村長興寺). *115*
		7 柳田國男『蝸牛考』. *105*

		7　中山太郎『日本若者史』.	*132*
		10　松村武雄『民俗学論考』.	*165*
		10　中山太郎『日本民俗学』全4巻刊行開始.	*163*
		11　ベヤリングウルド（今泉忠義訳）『民俗学の話』.	*145*
1931	昭和　6	1　柳田國男『明治大正史世相篇』.	*109*
		1　折口信夫「春来る鬼」『旅と伝説』4巻1号.	
		11　羽仁五郎「郷土なき郷土科学」『郷土科学』13号.	*166*
1932	7	4『ドルメン』創刊. 1935年4巻8号で休刊.	*162*
		9　ジェネップ（後藤興善訳）『民俗学入門』.	*145*
		11　赤松啓介「民俗学の，ある吟味」『郷土風景』1巻9号.	*168*
		12　柳田國男『女性と民間伝承』.	
1933	8	1『朝鮮民俗』創刊.	*183*
		3　赤松啓介「『旅と伝説』の任務に関して」『旅と伝説』6巻3号.	*160, 168*
		9　柳田國男宅で「民間伝承論」の講義開始. 12月14日まで毎週木曜日午前中に実施. 講義終了後は参加者の発表を行う研究会として存続（木曜会）.	*114*
		11　中山太郎『日本民俗学辞典』.	*164*
1934	9	5　山村調査開始. 調査実施のため柳田國男を中心に郷土生活研究所を組織し，5月に100項目の質問項目を記載した『郷土生活採集手帖』を印刷刊行. 35年3月に『山村生活調査第1回報告書』，36年3月『山村調査第2回報告書』，そして37年6月『山村生活の研究』刊行.	*122*
		7　中山太郎『日本盲人史』.	*163*
		8　柳田國男『民間伝承論』（現代史学大系7）. 一国民俗学から世界民俗学を志向.	*116*
		11　竹内利美『小学生の調べたる上伊那川島村郷土誌』. アチックミューゼアム彙報2であるが，彙報の第1回配本.	*151*
1935	10	1　日本民族学会『民族学研究』創刊.	*146*
		2　柳田國男「国史と民俗学」（岩波講座日本歴史）.	
		3　吉田三郎『男鹿寒風山麓農民手記』（アチックミュージアム彙報4）.	*151*
		7『アチックマンスリー』創刊.	*150*
		7　日本民俗学講習会開催. 7月31日～8月6日. 会場は日本青年館. 講習会の記録は12月に『日本民俗学研究』として刊行. 講習会終了時に民間伝承の会結成.	*133*
		8　有賀喜左衛門ら岩手県石神調査を実施.	*153*

		8　柳田國男『郷土生活の研究法』．学問救世を強調し「何故に農民は貧なりや」を最大の研究課題とする．　*118*
		9　民間伝承の会成立．『民間伝承』（月刊）創刊．　*138*
		10　柳田國男・橋浦泰雄編『産育習俗語彙』．　*142*
1936	11	1　柳田國男『地名の話』．
		5　アチックミューゼアム編『所謂足半（あしなか）に就て』（アチックミュージアム彙報 9）．
		6　アチックミューゼアム編『民具蒐集調査要目』（アチックミューゼアムノート 7）．　*151*
		7　宮本常一『周防大島を中心としたる海の生活誌』（アチックミュージアム彙報 11）．
		8　第 2 回日本民俗学講習会開催．　*136*
1937	12	5　東北帝国大学で日本民俗学を講義．講義の中で重出立証法を強調．　*148*
		5　海村調査（離島及び沿海昭和村に於ける郷党生活の調査）開始．38 年 6 月『海村調査報告第一回』刊行．49 年 4 月柳田國男編『海村生活の研究』．　*130*
		5　アチックミューゼアム編『民具問答集』第 1 輯（アチックミューゼアムノート 1）．　*151*
		8　渋沢敬三『豆州内浦漁民史料』全 3 巻 4 冊刊行開始．　*152*
		8　宮本常一『河内滝畑左近熊太翁旧事談』（アチックミュージアム彙報 22）．
		9　柳田國男『葬送習俗語彙』．　*142*
		12　木曜会のメンバーは民俗学読書会を開き，民俗学関係外国文献を読む．　*140*
1938	13	4　早川孝太郎校註『愛知県北設楽郡下津具村村松家作物覚帳』（アチックミュージアム彙報 1）．　*152*
		5　赤松啓介『民俗学』（三笠全書）．柳田國男の民俗学をプチブル民俗学と批判し，マルクス主義民俗学を目指す．　*168*
1939	14	1　柳田國男編『歳時習俗語彙』．　*143*
		2　アチックミュージアム編『塩俗問答集』（アチックミュージアム彙報 34）．
		3　倉田一郎「時局下の民俗学」『民間伝承』4 巻 6 号．　*171*
		3　山村民俗の会『あしなか』創刊．
		5　柳田國男『木綿以前の事』．
		6　山口麻太郎「民俗資料と村の性格」『民間伝承』4 巻 9 号．『山村生活の研究』の資料整理方法を批判．　*141*
		12　有賀喜左衛門『南部二戸郡石神村に於ける大家族制度と

		名子制度』(アチックミューゼアム彙報 43).
1940	15	2　中山太郎「民俗に見る国体精神」『歴史教育』昭和 15 年 2 月号. *173*
		3　『月刊民芸』2 巻 3 号で「日本文化と琉球の問題」を特集. *156*
		4　柳田國男『食物と心臓』.
		5　大藤時彦「民俗学と工芸」『民間伝承』5 巻 8 号. *158*
		10　クローン(関敬吾訳)『民俗学方法論』 *145*
1941	昭和 16	5　柳田國男・倉田一郎『分類山村語彙』. *143*
		7　『民俗台湾』創刊. 1945 年 1 月 45 号で終刊. *180*
		8　肥後和男『宮座の研究』. *166*
		9　民間伝承の会, 大政翼賛会の委託により食習調査を開始.
1942	17	2　柳田國男『こども風土記』.
		5　この頃, アチックミューゼアムを日本常民文化研究所と改称. *154*
		8　柳田國男・関敬吾『日本民俗学入門』. 詳細な調査質問文集. *144*
		8　倉田一郎「新しき国風の学」『民間伝承』8 巻 4 号. *172*
		12　柳田國男『日本の祭』. *148*
		12　橋浦泰雄『民間伝承と家族法』.
1943	18	1　和歌森太郎『修験道史研究』. *212*
		1　柳田國男・大藤時彦『現代日本文明史世相史』. 執筆はすべて大藤時彦. 『明治大正史世相篇』の続編として執筆.
		4　柳田國男『神道と民俗学』.
		5　柳田國男『族制語彙』. *143*
		8　「柳田國男先生古稀記念会趣旨」『民間伝承』9 巻 4 号. *174*
		9　松平斎光『祭』.
		9　井上頼寿『京都古習志』宮座と講.
		12　有賀喜左衛門『日本家族制度と小作制度』.
1944	19	1　「国際共同研究課題」『民間伝承』10 巻 1 号. *178*
		3　柳田國男『国史と民俗学』.
		4　堀一郎『遊幸思想』.
		5　P. サンティーヴ(山口貞夫訳)『民俗学概説』. *145*
		5　大藤ゆき『児やらひ』.
		8　山口貞夫『地理と民俗』.
		8　『民間伝承』休刊. *180*
		8　柳田國男『火の昔』.

		11　大間知篤三『家と民間伝承』.	
1945	20	9　柳田國男『村と学童』.	235
1946	21	4　柳田國男『先祖の話』.	185
		7　柳田國男『毎日の言葉』.	
		8『民間伝承』復刊.	192
		9　日本民俗学講座開催.	188
		11　柳田國男『家閑談』.	
		12　柳田國男『祭日考』(新国学談 1).	209
1947	22	2『日本民俗学のために』全 10 輯刊行開始.	179
		3　柳田國男自宅に民俗学研究所設立.	197
		5　六学会連合第 1 回連合大会開催. 六学会連合は後に九学会連合となる.	218
		6　柳田國男『山宮考』(新国学談 2).	209
		8　柳田國男は衆議院司法委員会に出席し，民法改正に関して学識経験者として意見を述べる.	203
		8　和歌森太郎『国史における協同体の研究上巻―族縁協同体―』.	214
		8　和歌森太郎『日本民俗学概説』. 民俗学は民俗史という歴史を構成するのが目的とする.	212
		10　民俗学研究所編『民俗学新講』.	189
		11　柳田國男『氏神と氏子』(新国学談 3).	209
		12　柳田國男編『沖縄文化叢説』.	261
1948	23	1　松村武雄『言語と民俗』.	
		1『民間伝承』12 巻 1 号で「社会科と民俗学」を特集.	206
		3　倉田一郎『経済と民間伝承』.	
		4　民俗学研究所が財団法人となる.	202
		6　後藤興善『社会科のための民俗学』.	208
		8　志賀義雄『もちはなぜまるいか』. マルクス主義の立場から柳田國男の民俗学を検討.	248
		8　柳田國男『婚姻の話』.	204
		11　牧田茂『村落社会』.	206
		11　有賀喜左衛門『村落生活』.	
		12『民間伝承』12 巻 11・12 合併号から「社会科の頁」の連載開始. 第 1 回は和歌森太郎「社会生活の理解と民俗学」.	207
1949	24	2『近畿民俗』復刊.	268
		2　岡正雄・八幡一郎・江上波夫・石田英一郎座談会「日本民族＝文化の源流と日本国家の形成」『民族学研究』13 巻 3	

		号. *196*
		4　民間伝承の会を日本民俗学会と改称．会長柳田國男．*219*
		4　全国民俗誌叢書刊行開始．第1冊目は柳田國男『北小浦民俗誌』． *224*
		4『岡山民俗』創刊． *268*
		6　民俗学研究所編『民俗学の話』． *232*
		9　日本民俗学会第1回年会を開催（東京朝日新聞講堂）．以後毎年秋に開催． *230*
		11『歴史学研究』142号で「歴史学と隣接科学」を特集．古島敏雄「民俗学と歴史学」掲載．民俗学の資料批判の甘さを批判． *249*
		12　柳田國男・折口信夫対談「日本人の神と霊魂の概念そのほか」『民族学研究』14巻2号． *197*
1950	昭和25	3　日本民俗建築学会成立． *267*
		4　民俗学研究所全国離島調査開始． *225*
		4　関敬吾『日本昔話集成』（全6巻）刊行開始．
		6　民俗学研究所『民俗学研究』刊行開始． *232*
		6　日本民俗建築学会『民俗建築』創刊． *267*
		7　瀬川清子『販女』． *240*
		7　九学会連合対馬共同調査を開始． *218*
		8　和歌森太郎『中世協同体の研究』． *216*
		10　柳田國男「宝貝のこと」『沖縄文化』2巻7号． *260*
		10　日本民俗学会会長制を廃し，代表理事制とする． *231*
		11『民族学研究』15巻2号で沖縄研究特集を組む． *264*
		12　日本常民文化研究所財団法人となる． *223*
1951	26	1　民俗学研究所編『民俗学辞典』．柳田國男監修． *232*
		3　平山敏治郎「史料としての伝承」『民間伝承』15巻3号．日本民俗学は日本民族の文化に関して国史の立場から考察する学問と説明．これを契機にして牧田茂，和歌森太郎，堀一郎らが民俗学性格論争を展開． *242*
		4　瀬川清子『日間賀島民俗誌』． *226*
		6　今野円輔『檜枝岐民俗誌』． *226*
		11　大間知篤三『常陸高岡村民俗誌』． *226*
		11　堀一郎『民間信仰』． *240*
1952	27	1　牧田茂『生活の古典』． *240*
		6　日本民族学協会編『日本社会民俗辞典』全4巻刊行開始．
1953	28	5　日本民俗学会機関誌として『日本民俗学』（季刊）創刊．57年5巻2号で終刊． *254*

		5　有賀喜左衛門「民俗資料の意味」金田一京助博士古稀記念『言語民俗論叢』. 民俗学は個別科学における民俗資料採集の方法であり，研究はすべて個別科学の立場で行わねばならないと主張. *252* 6　民俗学研究所編『年中行事図説』. *235* 6　和歌森太郎『日本民俗学』. *216, 240, 241* 11　堀一郎『我が国民間信仰史の研究』. *290*
1954	29	1　本田安次『霜月神楽之研究』. 5　文化財保護法が改定され，民俗資料が文化財の一種として位置づけられる. 民俗資料は有形民俗資料と無形民俗資料に区分し，前者は指定対象に，後者は記録作成措置の対象とした. *270* 10　『折口信夫全集』全31巻・別巻1刊行開始. 10　日本民俗学会第6回年会の公開講演で石田英一郎「人類学と日本民俗学」を講演. その内容は55年4月「日本民俗学の将来」『日本民俗学』2巻4号. 民俗学は講義の人類学の中で発展すべきと主張. *256* 10　民俗学研究所編『民俗学手帖』. *236* 12　柳田國男編『日本人』. *240*
1955	30	4　民俗学研究所編『日本民俗図録』. *236* 5　黒田俊雄「文化史の方法について」『歴史学研究』183号. 6　民俗学研究所編『綜合日本民俗語彙』全5巻刊行開始. *236* 12　柳田國男，民俗学研究所理事・代議員会の席で無能な民俗学研究所は解散すべしと発言. *273*
1956	31	1　石田英一郎『桃太郎の母』. 3　民俗学研究所理事・代議員合同協議会民俗学研究所解散を決議. 解散後の移管先として東京教育大学をあげる. *273* 4　橋浦泰雄『民俗学問答』. *240* 6　社会と伝承の会『社会と伝承』(季刊) 創刊. *267, 291* 8　民俗学研究所東京教育大学移管案中止. *275* 10　日本民俗学会第8回年会で「民俗学の限界」と題してシンポジウム開催. 57年1月『日本民俗学』4巻2号に掲載. *258* 10　『写真で見る日本人の生活全集』全10巻刊行開始. *289*
1957	32	3　和歌森太郎『年中行事』. 3　中村吉治『日本の村落共同体』. 4　民俗学研究所代議員会研究所の閉鎖を決議. *275*

		6　瀬川清子『婚姻覚書』.	
		6　西郊民俗談話会『西郊民俗』創刊.	268
		9『日本民俗学』休刊.	277
		10　竹田聴洲『祖先崇拝』.	240
		11　日本常民文化研究所編『日本水産史』.	
1958	昭和33	1　石田英一郎・岡正雄・江上波夫・八幡一郎『日本民族の起源』.	196
		1　日本常民文化研究所編『日本の民具』.	
		4　成城大学文芸学部文芸学科文化史コース開設．民俗学の専門教育開始.	281
		4　東京教育大学文学部史学科史学方法論専攻に学生定員．国立大学で民俗学の専門教育開始.	282
		4『日本民俗学大系』全13巻刊行開始．日本で最初の本格的民俗学講座.	286
		7　日本民俗学会は会誌として『日本民俗学会報』（隔月刊）を創刊．70年7月の67号から『日本民俗学』となり，87年2月の169号から季刊となる.	278
		8　東京教育大学民俗総合調査を大分県国東半島を対象に開始．→60年4月に『くにさき』刊行．調査は毎年対象地を変えて実施.	283
1959	昭和34	5　我妻東策『嫁の天国』.	291
		6　藤沢衛彦『図説日本民俗学全集』全8巻刊行開始.	289
		7　石塚尊俊『日本の憑きもの』.	291
1960	35	4　和歌森太郎編『くにさき』．70年までに全9冊日本列島各地の集中調査報告書を刊行.	
		5　柳田國男は千葉市において「日本民俗学の頽廃を悲しむ」を講演．ただし，当日の講演題目にはなし.	293
		6　蒲生正男『日本人の生活構造序説』.	
1961	36	1『文学』1月号で柳田國男を特集.	
		2　石塚尊俊「民間伝承の地方差とその基盤」『日本民俗学会報』16号.	
		7　柳田國男『海上の道』.	259
1962	37	1『定本柳田國男集』全31巻・別巻5刊行開始.	294
		3　桜井徳太郎『講集団成立課程の研究』.	290
		4　文化財保護委員会は全国で民俗資料緊急調査を実施．各県30ヵ所の調査値を設定し，統一項目による調査を行う．その成果で『日本民俗地図』が編さんされ，また各県の民俗を概観した『日本の民俗』（47巻）が刊行される.	

		8　柳田國男死去.	*296*
1963	38	3　和歌森太郎「民俗資料の歴史学的意味」『東京教育大学文学部紀要』41 集.	
		3　岩崎敏夫『本邦小祠の研究』.	*290*
		3　千葉徳爾「民俗周圏論の検討」『日本民俗学会報』27 号.	
		4　関敬吾編『民俗学』.	*290*
		11　柳田國男『分類祭祀習俗語彙』.	
1964	39	3　竹田旦『民俗慣行としての隠居の研究』.	*290*
		6『日本の民俗』全 11 巻刊行開始.	*290*
1965	40	3　日本民俗学会が卒業論文発表会を始める.	
		11『折口信夫全集』全 31 巻・別巻 1 刊行開始.	
		12　文化財保護委員会『民俗資料調査収集の手引き』.	

参考文献：福田アジオ「日本民俗学研究史年表」『日本民俗学方法序説』1984 年.
福田アジオ「日本民俗学研究史年表」『講座日本の民俗学』11 巻，民俗学案内，2004 年.
日本民俗学会『年表・日本民俗学会の 50 年』2000 年.